TEN SLOTTE

TEN SLOTTE

Eben Etzebeth

Jonathan Ball Uitgewers
JOHANNESBURG & KAAPSTAD

Alle regte voorbehou.
Geen gedeelte van hierdie publikasie mag gereproduseer of
in enige vorm of op enige wyse oorgedra word, sonder skriftelike
toestemming van die uitgewer of kopiereghouers nie.

© Eben Etzebeth (2025)
© Gepubliseerde uitgawe Jonathan Ball Uitgewers (2025)

Oorspronklik in Engels in 2025 in die VK uitgegee deur
Hodder & Stoughton.

Uitgegee in 2025 deur
JONATHAN BALL UITGEWERS
'n Afdeling van Media24 (Edms.) Bpk.
Posbus 33977
Jeppestown
2043

ISBN 978-1-77619-449-0
e-ISBN 978-1-77619-450-6

Alle redelike pogings is aangewend om kopiereghouers op te spoor en toestemming te verkry vir die gebruik van kopieregmateriaal. Die uitgewer vra om verskoning vir enige foute of weglatings en verneem graag van kopiereghouers met die oog op regstellings of byvoegings in toekomstige uitgawes van hierdie boek.

jonathanball.co.za
x.com/JonathanBallPub
facebook.com/Jonathan-Ball-Publishers

Geset deur Melanie Kriel
Geset in Minion Pro

INHOUD

Proloog: Wanneer groot manne huil	vii
1 'Jy's sag, soos 'n jelly baby'	1
2 Die teësinnige *enforcer*	20
3 Hard terug aarde toe	45
4 Die bitter smaak van vernedering	62
5 'Nóóit weer nie, manne …'	86
6 'n Wonderwerk in Wellington	121
7 My WB-droom byna daarmee heen	144
8 Trane, tatoes en 'n drie weke lange paartie	167
9 'Julle lieg vir die land!'	197
10 Liefde en nuwe perspektiewe	217
11 Trane van blydskap en pyn	242
12 Driekuns	253
13 Steeds honger	283
Erkennings	301
Foto-erkennings	305

Proloog

WANNEER GROOT MANNE HUIL

Toe die eindfluitjie blaas, het ek te skaam gevoel om enigiemand in die oë te kyk. Die Springbokke het pas die mees vernederende klap in hul 124 jaar lange geskiedenis gekry ... en ek was deel daarvan.

Die telbord daardie dag in Brighton is in my geheue ingebrand.

Japan 34, Suid-Afrika 32.

Enige Bok-verloor maak seer, maar hierdie was anders. Dit was die uitslag wat nooit kon gebeur nie, wat nooit móés gebeur nie. Dit was 'n nasionale ramp.

Om sake te vererger het dit op rugby se grootste verhoog gebeur: die Wêreldbeker-toernooi. Boonop was die argitek van die Bokke se ondergang iemand wat Suid-Afrika net agt jaar tevore gehelp het om die Webb Ellis-trofee te lig: die Aussie-afrigter Eddie Jones, nou aan die stuur van Japan.

Terwyl die skare van 30 000 mal gegaan het omdat hulle pas een van die grootste sport-opskuddings ooit gesien het, het ek en my spanmaats gewens die aarde sluk ons in.

Ons kon nie vinnig genoeg in die tonnel verdwyn nie. Gelukkig het die TV-kameras meer belang gestel in die spelers met die rooi-en-wit truie. Soos ons kon die Japanners nie glo wat pas gebeur het nie. Hulle het op en af gespring van blydskap, mekaar omhels en van vreugde gehuil.

In die skare was daar ook Springbok-ondersteuners wat ver gereis het en groot geld uitgehaal het om hul span in Engeland te gaan ondersteun. Anders as ons kon hulle nie net in die kleedkamer verdwyn nie. Met hul Groen-en-goud-truie het hulle seker soos seer duime uitgestaan terwyl hulle deur die strate van Brighton teruggestap het. Ek kan my net indink hoe hulle gespot en geterg is. En hoe hartseer die jong laaities moes wees wat hul eerste Wêreldbeker saam met Pa gaan kyk het.

Vir 'n goeie 24 uur wou ek nie aan my foon raak nie. Ek wou nie weet wat enigiemand te sê het nie, nie eens my familie en vriende nie. "Wat bedoel jy met 'wat het gebeur?' Ons het verloor! Het jy nie na die wedstryd gekyk nie?" Ek het gesidder om te dink wat die media en die TV-kenners alles oor ons sê. Om nie eens van sosiale media te praat nie.

Agter die toe deur in my hotelkamer het ek probeer om tot verhaal te kom. Wat op dees aarde het pas gebeur? Hoe het die Japanners dit reggekry om sirkels om die Bokke se groot manne te hardloop? Die vrae het bly maal in my kop. Ek weet nie of ek dit ooit heeltemal sal kan beantwoord nie, maar een ding het ek wel daardie dag geleer: Dis nooit 'n goeie idee vir Goliat om Dawid te onderskat nie.

Ek het probeer om my van al die negatiewe reaksie af te sluit, maar ek kon nie anders as om aan die mense by die huis te dink nie: Aan die ouens wat 'n lekker Saterdagmiddag-braai saam met pêlle gereël het om die wedstryd te kyk. Aan die duisende

TEN SLOTTE

Suid-Afrikaners wat in kroeë en restaurante saamgetrek het om van ver af vir hul span te skree. Aan die kinders wat by hul pa's of oupas gehoor het van die Wêreldbeker-helde van 1995 en 2007, en gedink het hulle gaan ook so iets beleef.

Toe dinge begin suid gaan, het elkeen van hierdie Suid-Afrikaners dit seker op hul eie manier hanteer, en ek kon my die toneel net voorstel: Die ou wat vloek en skel elke keer as ons droogmaak. Die oom in die hoek wat net al hoe stiller en stiller word terwyl hy nog 'n brannas nadertrek. En die kinders wie se oë vol trane skiet wanneer hulle agterkom hul helde het voete van klei.

Op 19 September 2015 het die tjops en wors dwarsoor die hele Suid-Afrika bra bitter geproe.

Die media het die wedstryd die Wonderwerk van Brighton gedoop. Vir die Bokke was dit die Boggerop van Brighton. Dit het gevoel soos die einde van die wêreld.

Die eerste spanvergadering ná die wedstryd het soos 'n berg voor ons gelê. Die grootste skok in die geskiedenis van Bokrugby was ons skuld en nou moes ons mekaar in die oë kyk. Dit was soos 'n lykskouing.

In 'n konferensiekamer in 'n hotel in Brighton het van die beste spelers wat nog ooit vir die Bokke gespeel het een vir een vorentoe gegaan en verantwoordelikheid aanvaar vir die ramp. Van hulle kon nie die trane keer nie.

Ons het hard en eerlik met mekaar gepraat en elke speler het 'n kans gekry. Ek self het gebieg en gesê: "Ons was nie goed genoeg nie. Ek was nie goed genoeg nie."

Die skaamte het dik in die lug gehang. Groot manne wat nie

terugdeins vir enigiemand op die veld nie, het trane in hul oë gehad. Ons het die Japanners onderskat en nie alles gedoen wat ons kon om ons land te laat wen nie.

Toe maak ek 'n belofte aan myself en my spanmaats: Nóóit weer nie.

1

'JY'S SAG, SOOS 'N JELLY BABY'

Om die Bulle op Loftus te stamp is altyd lekker. Daarom kon niks die glimlag van my gesig afvee nadat die Stormers vroeg in Junie 2012 'n taai Superrugby-wedstryd in Pretoria gewen het nie. Nie eens 'n seer skouer nie.

Ons voorspelers het 'n tawwe game gehad teen die Bulle se pak, en ek self het net 50 minute gespeel weens my besering. Maar ons verdediging het gehou en danksy 'n laat drie van Bryan Habana kon ons hom deurtrek.

In die Stormers kleedkamer het dinge vrolik gegaan. En toe raak dit nóg lekkerder.

Ons afrigter, Allister Coetzee, het ons gelukgewens met die vasbyt-wen. Toe maak hy keel skoon en sê: "Die volgende manne is vir die Bokke gekies: Bryan, Jean ..." 'n Stilte. "... en Eben."

Springbok-slotte mag seker nie huil nie.

Ek het probeer om my trane te sluk, sonder veel sukses. My spanmaats kon sien presies wat dit vir my beteken. Ek is van alle kante omhels en gelukgewens.

Toe ek baie klein was, het ek 'n lys doelwitte met kryt teen my kamerdeur geskryf. Een daarvan was om 'n Springbok te word. Daardie kinderdrome het skielik waar geword.

G'n wonder die trane het gerol nie.

As laaitie het dit vir my gevoel of ek een van die grootste Springbok-ondersteuners in die land was. As jy daai tyd vir die Bokke uitgedraf het, het jou foto waarskynlik teen my kamermuur gepryk. Wanneer Pa die *Huisgenoot* gekoop het, het hy my gewaarsku: "Jy beter nie iets uitskeur voordat ek klaar is nie, anders is daar moeilikheid." Indien die middelblad 'n foto van een van my Springbok-helde was, kon ek nie wag dat hy klaarmaak sodat ek dit langs die ander foto's kon opplak nie.

'n Foto van Bobby Skinstad het 'n ereplek teen my muur gehad, en die enigste oorsese speler wat ooit 'n beurt gekry het, was die All Black-stoomtrein Jonah Lomu. Laat ek 'n klein geheimpie vertel: Wanneer ek Jonah Lomu Rugby op die PlayStation gespeel het, móés ek Nieu-Seeland wees, want sy mannetjie was twee keer so groot soos die res en feitlik onmoontlik om plat te duik. Baie realisties, dus.

Ek was net drie jaar oud toe die 1995-Wêreldbekertoernooi in Suid-Afrika gespeel is – te jonk om te onthou hoe Lomu amok gemaak het. Ek het wel later na video's gekyk van hoe die reuse-vleuel vir Mike Catt en die res van die Engelse span platloop. En natuurlik na video's van die Springbokke se roemryke oorwinning oor die All Blacks in die eindstryd, met oud-president Nelson Mandela wat in 'n no. 6-Bok-trui die trofee aan Francois Pienaar oorhandig het.

Teen die tyd dat die 1999-Wêreldbeker aangebreek het, was ek wel oud genoeg om die aksie te volg. As sewejarige was ek klaar 'n massiewe rugby-fên. Ek onthou Lomu se stoomrollerdrie in die halfeindstryd soos gister. 'n Stuk of sewe Franse verdedigers kon hom nie plattrek nie. Die groot, atletiese man wat sommer vir die pret bo-oor sy opponente hardloop, het my jong verbeelding aangegryp.

Op 'n kampterrein in Robertson het ek gekyk hoe die Boklosskakel Jannie de Beer 'n verstommende vyf skepdoele deur die pale jaag in die kwarteindstryd teen Engeland. Ek het gedink De Beer is 'n superheld.

Ongelukkig is my helderste herinnering aan daardie 1999-toernooi ons halfeindstryd teen Australië, toe Stephen Larkham, wat byna nooit geskepskop het nie, in die doodsnikke 'n skepdoel van bykans 45 meter oorgesit het. Die een oomblik het ek in my verbeelding gesien hoe die Springbokke die Wêreldbeker omhoog hou, en die volgende oomblik was ek in sak en as.

In die vroeë 2000's, toe die Nieu-Seelandse agterlyn manne soos Lomu, Christian Cullen, Tana Umaga en Justin Marshall ingesluit het, het ek en my ouma altyd gestry wanneer hulle teen die Bokke speel. Sy was oortuig dat die All Blacks elke wedstryd wat hulle speel, sou wen – ook teen ons – en ek het gesê: "Ouma, jy weet nie waarvan jy praat nie. Ons is beter as hulle – en jy moet die Bokke ondersteun!"

Ouma was baie keer reg. In daardie jare was die All Blacks 'n ongelooflike span, net soos hulle vandag nog is. Natuurlik het ek nooit opgehou om vir die Bokke te skree nie, selfs nie toe Engeland ons in 2002 op Twickenham met 50 punte vermorsel het nie.

Min of meer daardie tyd het Ma my na die Canal Walk-winkelsentrum in Kaapstad geneem waar 'n paar Bokke handtekeninge uitgedeel het. Ek het ure lank ongeduldig in die tou gestaan voordat ek die handtekeninge van my helde kon kry. (Ek onthou spesifiek hoe beïndruk ek met die grootte van die haker Lukas van Biljon was.)

Daardie dag was ek in die sewende hemel.

My eie rugbyloopbaan het bra beskeie begin. Ek was beslis nie een van daai wonderkinders wat al op 14 'n stoppelbaard het en 'n jaar later vir die skool se eerste span uitdraf nie. Om die waarheid te sê het ek nog op 19 melkbaard gedra. Ek kon nie eens Hoërskool Tygerberg se onder 16A-span haal nie.

Maar soos dit 'n rugbymal laaitie betaam, kon niks my entoesiasme demp nie.

Dit het alles begin by Laerskool Goodwood Park in die noordelike voorstede van Kaapstad. By Goodwood Park was jou onderwyser gewoonlik sommer ook jou rugbyafrigter, maar toe Pa ontdek my onderwyser is 'n vrou, het hy besluit om oor te vat. Vroue kan mos nie rugby afrig nie! Of so het Pa altans geglo. Hy was baie tradisioneel wat sulke dinge betref, soos die meeste Afrikanermans van daardie tyd.

Ons was 'n groot Stormers-familie, en Pa wou hê ons onder 8-span moes in replikas van hul truie speel. Die skoolhoof het hom egter herinner dat Goodwood Park se kleure eerder blou as swart is, soos die Stormers se truie in daardie stadium was. Maar 'n boer maak 'n plan. Pa het iewers geborgde blou truie in die hande gekry met 'n geel streep waarop "Stormies" gestaan het. Ons het gedink dit lyk sommer eersteklas.

Omdat Bobby Skinstad my groot held was, het ek die no. 8-trui gedra, al het ons nog nie regtig volgens posisies gespeel nie.

TEN SLOTTE

Bobby was ek beslis nie, maar ek het darem goed genoeg gevaar dat ek drie jaar in 'n ry as Goodwood Park se victor ludorum aangewys is.

Daarmee het ek 'n sportbeurs by Hoërskool Tygerberg losgeslaan – net om die draai van Goodwood in Parow. Tygerberg was glad nie een van die Kaap se top-rugbyskole nie, maar hulle het daarvan gedroom om saam met die groot honde soos Boishaai en Paarl Gim te blaf.

Dis danksy dié drome dat ek by Tygerberg beland het, want 'n deel van hul plan was om die beste talent uit laerskole in die omgewing te lok.

Skielik was ek 'n middelmatige vissie in 'n baie groter dam. Ek het nie meer eerste gekom as ons resies gehardloop het nie en nie meer die verste of die hoogste gespring, of selfs vir die A-span rugby gespeel nie.

Daai jare was ek nog 'n agterspeler – en nie 'n besonder goeie een nie.

Van onder 14's tot by die onder 16's het ek B-span gespeel – iets waarmee die skool nie juis ingenome was nie. Hulle het natuurlik veel meer van hul beurshouers verwag. Ek het vas geglo ek is goed genoeg vir die A-span, maar die een keer toe ek kans kry om in die plek van 'n beseerde binnesenter te speel, het ek drooggemaak. Die afrigter het my blitsig teruggepos B-span toe.

My loopbaan as agterspeler het omtrent soveel momentum soos 'n 50cc-motorfiets gehad, maar ek het ten minste soos die ware Jakob gelýk. Met die beurs het ek 'n bepaalde bedrag per jaar gekry om toks en ander toerusting te koop, en ek het dit alles op 'n skrumpet, shoulder pads, second skins en handskoene geblaas. Dit het vir my sin gemaak om soveel as moontlik uit te gee aangesien my ouers nooit daardie soort goed sou kon bekostig nie. Boonop het ek my verbeel ek lyk soos die Aussie Sam Norton-Knight, 'n veelsydige agterspeler van die Waratahs wat homself ook van kop tot toon so aangetrek het.

As ek nou terugkyk, besef ek die ander kinders het seker stilletjies gelag vir hierdie outjie met die baie toerusting en die min vaardighede.

Halfpad deur graad 10 het Tygerberg se geduld met my geploeter opgeraak. Dit was soos 'n vuishou in die maag toe die skool dreig om my beurs weg te vat. Ek sou na 'n ander skool moes gaan, want my ouers kon nie Tygerberg se skoolgeld bekostig nie. Gelukkig kon Pa en Ma die skoolhoof oortuig om my nog 'n laaste kans te gee om myself te bewys. Dis toe dat ek besluit het om in die gimnasium te begin oefen.

My eerste work-out sal ek nooit vergeet nie. Toe ek my armspiere voor die gimnasium se spieël wou bult, het my broer Ryen en sy vriend Edzard begin lag vir die mannetjie met die maer arms.

Ek het egter aangehou oefen en die hele tyd gehoop die Etzebeth-gene gaan iewers inskop. Pa en my ooms was almal lank – en Ryen het beslis hul lengte geërf. In vergelyking met die res van die Etzebeth-mans was ek maar 'n buksie.

Genadiglik het ek uiteindelik tydens my onder 16-seisoen begin groei. Teen die einde van die jaar was ek 'n lang en lenige vleuel.

TEN SLOTTE

Ek het die grootste deel van die afseisoen in die gim deurgebring en was mal daaroor om yster te pomp. Dit was lekker om te sién hoe harde werk beloon word. My spiere het mooi begin ontwikkel en ek was heelwat fikser. Ek het gehoop dat dit van my 'n beter rugbyspeler sou maak. Toe my graad 11-skooljaar begin, was ek lank én stewig. Die afrigters, menere Page en Beresford, was verstom oor die nuwe Eben en het my summier herontplooi. My dae as agterspeler was verby. Van toe af was ek 'n slot.

Skielik moes ek, 'n voormalige vleuel, saam met hardebaardmatrieks in die skrum sak tydens oefeninge. En toe kry ek boonop veel vroeër as verwag 'n kans in die eerste span. Tygerberg se eerste wedstryd van die seisoen was teen Hoërskool Outeniqua in George, een van die land se 10 top-rugbyskole die vorige jaar.

Om van vleuel vir die onder 16B's na slot vir die eerste span te skuif, was 'n reuse-sprong. Alhoewel ons met iets soos 30 punte verloor het, en ek nie regtig geweet het wat ek doen nie, het die afrigters blykbaar gedink ek het nie te vrot gevaar nie.

My ouers het my nooit te erg gedruk in my rugby nie. Hul houding was dat ek self moet besluit wat vir my belangrik is en hoeveel werk ek gaan insit. Ek was van nature luierig en meneer Beresford het sy bes gedoen om dit uit my uit te kry. Hy het hoë eise aan ons gestel, soos dat ons elke oggend voor skool ons verdediging teen duiksakke moes opskerp, en tydens ons gimsessies met al hoe swaarder gewigte moes werk. Op dié manier het hy die hele span fisies en geestelik sterker gemaak.

Rugby was gou een van die belangrikste dinge in my lewe. Alhoewel ek in my eerste drie jaar op hoërskool akademies taamlik goed gevaar het, het ek teen graad 11 bitter min geswot en 'n klomp klasse weens my rugby-pligte misgeloop. My punte het geval – nie dat ek té bekommerd daaroor was nie. Ek het my roeping gevind, en dit het niks met boeke uit te waai gehad nie.

Op die rugbyveld was ek nog nie aggressief genoeg nie. Ná 'n wedstryd het 'n oom wat altyd agter die pale gestaan en kyk het hoe ons speel, vir my gesê: "Jy het goed gespeel, maar jy's te sag, soos 'n jelly baby. Jy't nie genoeg hond in jou nie."

Dit het seergemaak, waarskynlik omdat dit waar was.

In daardie tyd het Pierre Spies na vore getree as die model van die moderne rugbyvoorspeler. Die Springbok-agtsteman was 'n spiertier, en boonop vinnig en rats. Ek het gedink ek moet soos hy wees om my merk te maak. Ek het gelees van Pierre se kragwerk in die gimnasium, en natuurlik wou ek probeer om so na as moontlik te kom aan die gewigte wat hy glo kon lig.

Teen graad 11 het ek 117 kg geweeg en die hele seisoen slot gespeel – ten spyte daarvan dat nie een van ons stutte sterk genoeg was om my in die lynstane te kon optel nie. Ek is daardie seisoen in die finale ronde van die Cravenweek-proewe uitgeskakel, maar in my matriekjaar het ek die WP-skolespan gehaal. Die WP se stutte was Frans Malherbe en Steven Kitshoff, saam met wie ek later vir die Bokke sou speel, asook Adriaan Botha. Dié drietal was sterk genoeg om my op te tel, maar omdat ek geweier het om my bene te strap, kon hulle nie genoeg vashouplek kry om my ordentlik te lig nie.

Een van my grootste teleurstellings is dat ek ná die Cravenweek nie vir die Suid-Afrikaanse Skolespan gekies is nie, maar die toernooi het steeds vir my deure oopgemaak.

By elke Cravenweek is daar provinsiale talentsoekers wat die hele tyd rondhang in die hoop om 'n toekomstige Springbok of twee op te raap. Ná die toernooi is ek vir die Suid-Afrikaanse hoëprestasieprogram vir onder 18's gekies en het ek ook aanbiedinge ontvang van die Haaie, Leeus en die WP. Die Haaie en die Leeus het my ongeveer R6 000 per maand aangebied, heelwat meer as die WP se byna niks.

Toe Hennie Bekker, voormalige Springbok-slot en bestuurder van WP Jeugrugby, my vra hoekom ek nog nie my tuisprovinsie se aanbod aanvaar het nie, het ek hom vertel van die ander aanbiedinge. Kort daarna het hy na ons huis toe gekom en ons vertel dat die WP bereid is om die Leeus en Haaie se aanbiedinge te ewenaar.

By die Westelike Provinsie Internasionale Rugbyinstituut in Stellenbosch is enige oorblywende luigatgeit uit my geboender. Iets het net gekliek, en my spel het vinnig begin verbeter.

Toe ek klein was, het ek vir Ma gesê ek wil eendag beroemd wees, alhoewel ek nie geweet het waarvoor nie. En toe ek in die laerskool was, het 'n onderwyser vir my gevra waar ek in 2010 sou wees. "Ek wil 'n WWE-superster wees," het ek gesê, "en The Rock se plek inneem." Nou was dit 2010 en die stoeiambisie was vergete. Die rugbydroom was egter nog sterk.

Mense het my heeltyd gevra: "Wat is jou plan B?" En dan het ek altyd geantwoord: "As jy 'n plan B het, beteken dit jy dink jou plan A kan misluk." Ek was oortuig dat ek my belofte aan my ma sou nakom as ek net hard genoeg werk.

My eerste ontmoeting met Victor Matfield, kort voor die 2011-Wêreldbeker in Nieu-Seeland, het my selfvertroue ook 'n hupstoot gegee. In 'n stadium het Victor se agent my probeer werf, maar ek was reeds verbind tot 'n ander agentskap. Omdat lojaliteit belangrik is vir my, het ek sy versoek beleef van die hand gewys. Nogtans het ons kontak behou, en toe vra hy my op 'n dag of ek graag vir Victor by sy huis wou ontmoet.

Victor was een van my groot helde, iemand wat toe reeds 110 toetse vir die Bokke gespeel het en een van die beste slotte in die geskiedenis, dus het ek geweldige ontsag vir hom gehad.

Ek kan amper niks onthou van wat hy vir my gesê het nie, behalwe dat hy gereken het dat ek binne 'n jaar 'n Springbok kon wees. Ek was net 19 jaar oud, twee jaar uit die skool, en het nog nie eens vir die Stormers gespeel nie. Dit was 'n bietjie onrealisties. Ek, op die ouderdom van 20 vir die Bokke speel? Vier jaar jonger as wat Victor was toe hy sy debuut vir die Bokke gemaak het? Kan tog nie wees nie. Maar omdat Victor dit gesê het, het ek amper verplig gevoel om dit wel te vermag.

En ek het begin dink dat die doel wat ek kleintyd in kryt op my deur geskryf het, dalk kon waar word. Ek kon 'n Springbok word. WP het my kontrak met twee jaar verleng, en ek het besluit om ook Varsitybeker te speel, hoofsaaklik om fiks te bly. Ek wou Stellenbosch toe gaan, maar toe hulle my ignoreer, het die Universiteit van Kaapstad se hoofafrigter, Kevin Foote, my opgeraap.

Dit was nie eens nodig om te maak of ek studeer nie; ek was net daar om te oefen en wedstryde te speel. My Engels was

TEN SLOTTE

beroerd, en nadat ek in een van my eerste wedstryde vir Ikeys as Speler van die Wedstryd aangewys is, het ek waarskynlik die vrotste TV-onderhoud in die geskiedenis gehad. Nes my rugby het my Engels darem geleidelik verbeter.

Die Ikeys het daardie jaar vir die eerste keer die Varsitybeker gewen toe ons Tukkies voor 15 000 toeskouers in Pretoria baasgeraak het.

Ons het 'n monster-span gehad, met toekomstige Stormers-spanmaats soos Demetri Catrakilis, Nic Groom, Nick Fenton-Wells, Nizaam Carr (wat ook vir die Bokke gespeel het), Don Armand (wat ook vir Engeland gespeel het) en Marcel Brache (wat ook vir Amerika gespeel het). Daar was selfs 'n Springbok in ons geledere: Die veelsydige voorspeler Hilton Lobberts, wat 'n paar jaar tevore twee toetse gespeel het. (Deesdae word Springbokke nie meer toegelaat om in die Varsitybeker te speel nie.)

Tydens die Varsitybeker-seisoen is ek vrygestel om as lid van die Junior Springbokke aan die Junior Wêreldkampioenskap in Italië deel te neem. My ervaring daar het egter teleurstellend geëindig. Ons het Skotland en Ierland taamlik maklik gewen, maar in ons laaste groepwedstryd het ons net-net teen Engeland verloor. Dit was die eerste keer dat die Junior Springbokke nie die halfeindstryd kon haal nie.

Engeland het 'n goeie span gehad, met spelers soos Joe Launchbury, Mako Vunipola, George Ford en Owen Farrell, maar die nederlaag was steeds 'n bitter pil om te sluk. Ons het immers ysters soos Siya Kolisi en Bongi Mbonambi aan ons kant gehad.

Maar op die ou end kan jy nie stry teen die rekordboeke nie: Amptelik was ons die swakste Junior Bok-span in die geskiedenis. Later daardie jaar het ek my eerste groot besering opgedoen toe ek my enkel seergemaak het terwyl ek vir die WP se onder 21's gespeel het. Ek was bitter teleurgesteld, want daar is vir my gesê dat ek dalk die volgende week my debuut vir die senior span in die Curriebeker sou kon maak.

Party mense meen die koms van Superrugby in die middel 1990's het die Curriebeker se glans laat verdof, maar dit beteken steeds baie vir plaaslike rugbyspelers. Elke groot speler in Springbok-rugby het vir Curriebeker-spanne gespeel. My oom Cliffie Etzebeth was boonop tussen 1977 en 1981 'n staatmaker in die WP-span en ook lid van die span wat in 1979 die Curriebeker-titel met Noord-Transvaal gedeel het. Ná die gelykop uitslag in die eindstryd het die WP-kaptein, Morné du Plessis, gereken dit is "soos om jou suster te soen".

Pleks daarvan om in sak en as te gaan sit weens die besering, het ek vir WP se onder 21-kondisioneringsafrigter gesê: "Luister, ek gee nie om of ek elke dag opgooi nie, kry my net gereed. Ek wil volgende jaar 'n groot seisoen hê."

Wat die kondisioneringsafrigter my ook al laat doen het, het ek voluit gedoen – geen teëpratery nie. Toe ek twee maande ná die besering terugkeer vir die onder 21's se Curriebekerhalfeindstryd, was ek die fiksste wat ek nog ooit was. Ná 'n goeie voorseisoen en twee opwarmingswedstryde, het Allister Coetzee my vir die Stormers se 2012-Superrugby-groep gekies.

Ek het al voorheen saam met goeie spelers gespeel, maar hierdie was anders. Toe ek voor my eerste Stormers-oefensessie

TEN SLOTTE

by die kleedkamer instap, het Bryan Habana, Schalk Burger en Jean de Villiers – almal Wêreldbeker-wenners van 2007 – almal daar gesit. Andries Bekker, een van my helde sedert ek begin slot speel het, was ook daar – 'n man wat 5 cm langer was as ek en al 29 toetswedstryde gespeel het. So ook die Bok-vleuel Gio Aplon, die Bok-senter Juan de Jongh, die haker Tiaan Liebenberg – wat etlike jare al deel was van die Suid-Afrikaanse rugby-opset – en die losvoorspeler Duane Vermeulen wat geruime tyd vir groter roem geoormerk was.

Net 'n paar jaar gelede het ek so amper-amper my sportbeurs verloor omdat ek nie die mas as skolerugbyspeler kon opkom nie. Nou was ek tussen hierdie rugbykonings. Intimiderend? Ja. Opwindend? Beslis. Hulle het my almal verwelkom, veral Andries, wie se pa, Hennie, saam met oom Cliffie vir WP gespeel het. (Waarskynlik het Hennie vir sy seun opdrag gegee om 'n ogie oor my te hou.)

Dit het gehelp dat ek reeds van die jonger ouens in die groep geken het – Carr, Kolisi, Malherbe, Ntubeni en Steven Kitshoff. Tydens Cravenweek toe WP teen die Oostelike Provinsie gespeel het, het ek besef watter talent Siya is. My spanmaats het my voor die tyd gewaarsku om op my hoede te wees vir hierdie OP-agtsteman omdat hulle hom die vorige jaar vir die Suid-Afrikaanse Skolespan sien speel het. Elke keer wat ons die bal geskop het, het hy dit in die hande gekry en daarmee teruggekom, gewoonlik verby drie of vier verdedigers, voordat iemand hom grond toe kon bring. Ons het daardie dag amper 50 punte teen hulle opgestapel, maar Siya is aangewys as die Speler van die Wedstryd.

Nie lank daarna nie het Siya aangesluit by die WP se hoëprestasieprogram. Dit was die begin van 'n wonderlike vriendskap.

My hoërskool was Afrikaans, en alhoewel ek 'n paar bruin klasmaats gehad het – onder wie een van my beste vriende, Seth Pienaar (wat 'n dekselse goeie sanger was!) – het ek op sosiale vlak min kontak met swart kinders gehad. Ek was dadelik mal oor Siya. Hy het altyd gelag en grappies gemaak en was die siel van die kleedkamer. Ek het dikwels vir hom gevra om vir my te glimlag, net omdat dit so aansteeklik was.

Ek het van die eerste dag af 'n paar dinge by die Stormers-veterane geleer. Ek het byvoorbeeld net een paar toks gehad, 'n Adidas agt-stud. Die eerste ding wat Schalk Burger vir my gevra het, was: "Waarom oefen jy daarmee?" Ek het nie geweet waarvan hy praat nie, en hy het gesê: "Jy moet vir jou 'n paar pantoffels kry." Nou was ek nog meer verward. Pantoffels? Dit blyk toe dat Schalk sy oefen-toks pantoffels noem omdat hulle soveel ligter en gemakliker is as die gebruiklike wedstryd-toks. Trouens, almal het. En van daardie dag af het ek ook.

Ek het oor die volgende paar maande goed genoeg gespeel om vir die eerste opwarmingswedstryd teen Boland gekies te word. Daar was 'n klomp slotte met beserings, soos Andries, Rynhardt en Hilton, maar ons het gemaklik met 'n jong, eksperimentele span gewen. Ek het gedink ek het oukei gespeel, maar Andries het my die Maandag laat roep en gesê: "Jy het 'n goeie wedstryd gehad, geluk, maar ek gaan vir jou 'n paar videogrepe wys." Hy het my raad gegee oor my posisionering in die lynstaan, en hy wou veral hê dat ek mense harder moes duik.

TEN SLOTTE

"As jy daardie ou liewer só neergetrek het, sou jy hom baie meer opgedonder het."

Ek is die volgende week gekies om teen die Leeus te begin, hierdie keer saam met Burger, Habana, De Villiers en die res van die veterane. Die eerste keer toe hul skrumskakel sy hande op die bal sit, het ek hom opgetel en 'n paar tree verder op sy rug neergeplak. Andries se woorde het beslis 'n indruk gemaak.

My eerste mededingende wedstryd vir die Stormers was teen die Hurricanes op Nuweland. Andries het my vooraf gewaarsku dat Rynhardt nog nie van sy besering herstel het nie, en dat ek dalk gaan speel, maar dit was steeds ietwat van 'n skok toe Allister my naam vir die beginvyftiental uitlees.

Schalk het ná 15 minute sy knie seergemaak (en sou vir die volgende 18 maande nie speel nie), maar Siya was uitstekend in sy plek en het binne die eerste 10 minute van sy debuut vir die Stormers 'n drie gedruk. Die Hurricanes het die Wêreldbeker-wenners Conrad Smith, Cory Jane en Victor Vito in hul span gehad, almal ouens wat ek op TV gesien het, asook 'n jong Beauden Barrett. Andries was egter 'n groot kalmerende invloed, en ek het geweet as daar 'n boggerop kom, sal my ander superster-spanmaats – Bryan, Schalk, Jean en Duane – my kan help. Toe Allister ná die wedstryd met die media praat, het hy my uitgesonder vir lof. Ons het met 39–26 gewen. Ek het geensins gedink dat ek nou "gearriveer" het nie. Indien enige jong outjie die fout maak om windgat te raak, sou een van die senior spelers hom gou op sy plek sit. Ek het steeds gedink ek sou gepos word wanneer Rynhardt weer fiks is. Toe hy egter uiteindelik terugkeer, was dit in die lostrio.

Nadat ons die Haaie in week twee van die Superrugbyreeks geklop het, het ek, saam met Siya, Steven Kitshoff en Frans Malherbe, 'n verlenging van my kontrak onderteken. Drie verdere oorwinnings het gevolg, en toe nóg 'n wen in my eerste toerwedstryd – teen die Highlanders in Dunedin. Ses wedstryde as 'n professionele speler – ses oorwinnings. As ek geweet het dit sou nie altyd só maklik wees nie, sou ek dit waarskynlik destyds meer waardeer het.

Ons is terug aarde toe gebring teen die Crusaders in Christchurch, toe ek binne die eerste 15 minute die veld met 'n besering moes verlaat, en ons op die ou end verloor het. Ek het die AC-gewrig in my skouer beskadig, en ná 60 minute teen die Reds in Brisbane die volgende naweek kon ek nie meer my arm oplig nie.

Teen einde April het die Springbok-afrigter, Heyneke Meyer, my na sy eerste kamp genooi. Daar was ook 20 ander Stormers, dus was ek nie té opgewonde nie. Ek het wel 'n bietjie hoop gekry toe Heyneke sê hy sou my kies om vir die Bokke te begin indien hulle die volgende naweek sou speel.

'n Paar weke later het daardie wedstryd teen die Bulle op Loftus aangebreek. Ek kon tydens die kapteinsoefening nie die bal na links uitgee nie omdat my skouer so seer was, en ek moes voor die wedstryd 'n inspuiting kry. Nogtans moes ek iets reg gedoen het, want Heyneke het my opgeneem in sy groep vir die reeks van drie toetse teen Engeland. Toe Allister ná die wedstryd daardie aankondiging in die kleedkamer maak, was my skouer skielik nie meer so seer nie.

Voor die eerste toets in Durban het die span in die Beverly

TEN SLOTTE

Hills Hotel oorgebly. Ons is deur BMW geborg en die groep het 10 motors tot hul beskikking gehad. Ek het 'n sleutel in die hande gekry en het dit geniet om heen en weer te ry na my gesin se hotel 'n paar kilometer van ons s'n af.

My grootste teenstander vir 'n plek in die beginspan was die Bulle se Flip van der Merwe. Ek het bly terugdink aan wat Heyneke twee maande tevore vir my gesê het: dat hy my sou gekies het om vir die Bokke te begin indien hulle die volgende naweek sou speel. Maar dit was nie meer April nie, en Heyneke het net vyf dae gehad om ons vir die wedstryd voor te berei.

Hy was nog nuut in die pos en moes vinnig iets doen om die twyfelaars se monde te snoer. Die Suid-Afrikaanse media en rugbypubliek is nie bekend vir hul geduld nie. Met Victor Matfield en die veteraan-kaptein John Smit wat kort tevore uitgetree het, het Heyneke nie veel van 'n keuse gehad nie – hy moes maar eksperimenteer. Boonop was Schalk Burger, Andries Bekker en Duane Vermeulen beseer. Bakkies Botha was in Frankryk en nog twee Wêreldbeker-wenners, Danie Rossouw en Fourie du Preez – waarskynlik die beste skrumskakel ter wêreld – het nou in Japan gespeel en kon dus nie gekies word nie.

Die Maandag voor die wedstryd roep Heyneke my in vir 'n persoonlike gesprek en lig my in dat ek in die beginspan is. Yes! Vir 'n Suid-Afrikaanse rugbyspeler kan daar nie beter nuus wees nie.

Ek kon nie wag om daar weg te kom en my ouers en broer te bel nie. Hulle het gebars van trots, en het 'n groot lawaai oor die foon gemaak. Ma sou daardie naweek 50 word, wat dit nog meer spesiaal gemaak het. En toe Ma en Pa die res van die familie laat weet, het my foon nooit ophou piep nie.

Jean, wat as kaptein aangewys is, het vir my gesê: "Maak seker dat jy alles inneem, want dit gaan bitter gou verby wees." Ek het my bes gedoen, maar dis nie maklik wanneer jy op die ouderdom van 20 vir die Springbokke gekies word nie.

My skouer was nog nie reg nie, maar daar was nie 'n manier dat ek dit vir Heyneke sou sê nie. Netnou verander hy van plan! En hoe nader die toets gekom het, hoe meer het ek self in my opgewondenheid van die besering vergeet.

Nadat ek my Groen-en-goud-trui ontvang het, het ek daarmee op my skoot gesit en wie weet hoe lank daarna gestaar. Ek kon nie glo ek sou die volgende dag 'n toets in daai trui speel nie. Toe hulle die spanfoto neem, het ek hoendervleis gekry. Daar staan ek in die middel van die agterste ry met 'n ietwat oorblufte glimlag, asof ek dink: *Kan dit regtig waar wees?*

Met sy vyf tale – Xhosa, Zoeloe, Sotho, Afrikaans en Engels – kan 'n mens dink dat ons volkslied moeilik gaan sing. Maar sedert die einde van apartheid sing die meeste Suid-Afrikaners dit regdeur hul skooljare, en dit is waarom die Springbokke dit so goed sing. Toe die groot oomblik egter die Saterdag op Kings Park aanbreek, kon ek skaars die woorde uitkry. Daar het net 'n piepgeluid uitgekom, só groot was die knop in my keel. My hele lyf het gebewe, en dit het gevoel asof my hart uit my borskas gaan spring. *Kophou, Eben, daar lê 'n wedstryd voor ...*

Toe Juandré Kruger, my slotmaat wat ook sy debuut gemaak het, die eerste lynstaan se roep vir my deurgee, kon ek voel hoe ek gespanne raak. 'n Mens wil regtig nie jou eerste lynstaan

TEN SLOTTE

verbrou wanneer jy by Victor Matfield en Bakkies Botha oorneem nie. Gelukkig kon ek 'n maklike bal wen, wat gehelp het om my rustiger te maak. Soos Jean voorspel het, het die wedstryd vinnig verbygeflits.

Ek onthou wel dat ek 'n strafskop teen my gekry het en dat Owen Farrell dit deur die pale gejaag het; dat ek rustyd my ou geel stewels aangetrek het omdat ek meer van hulle gehou het as van die nuwes wat ek gekry het; dat Jean en Manu Tuilagi mekaar goed gefoeter het; dat Morné Steyn vroeg in die tweede helfte in die hoek gaan druk het, en dat Jean nog 'n drie gedruk het net nadat ek van die veld af is. Ek onthou egter hoofsaaklik dat ek op die bank gesit en dink het: *Ek kon meer gedoen het. Ek móés meer gedoen het.* Vreemd, aangesien ek skaars enigiets onthou van wat ek gedoen het. Ek onthou wel dat ek nooit gevoel het ek hoort nie daar nie. Engeland was beslis 'n uitdaging, maar ek het darem al 'n bietjie Superrugby gespeel en kon myself handhaaf teen die bestes in die Suidelike Halfrond.

Ons het Engeland daardie dag 22–17 geklop – ons agtste oorwinning in 'n ry teen hulle. Die volgende week in Johannesburg het ons hulle wéér geklop, voordat ons in Port Elizabeth gelykop gespeel het toe Farrell 'n skepskop verbrou het nadat die speeltyd verstreke was.

Ná die reeks het 'n verslaggewer vir Heyneke gevra of ek moontlik "die volgende Bakkies Botha" gaan wees.

Sy antwoord het my verstom, maar ook bly gemaak: "Ek dink hy kan selfs verder gaan."

Dáái is nou wat jy noem druk!

2

DIE TEËSINNIGE *ENFORCER*

Suid-Afrikaanse rugby het 'n lang tradisie van "enforcers" – hardegatte met 'n bietjie vark in hulle wat hul man dubbel en dwars staan wanneer die opponente hulle of hul spanmaats probeer boelie.

Ek behoort te weet, want ek het 'n hele paar enforcers in my familie.

Pa, sy ses broers en twee susters het in Epping – 'n industriële gebied in Kaapstad nie ver van Goodwood af nie – grootgeword. Al die broers het in een kamer geslaap en hulle was so arm dat hulle soms tortelduiwe met ketties geskiet het om iets te ete te kry. Toe die tortelduiwe skaars raak, het hulle twee van hul pa se resiesduiwe gesteel en dit geëet. Dit was 'n rof en onbeskofte tyd.

Die Kaap lê vol van stories oor die Etzebeth-broers. Al sewe was so taai soos ratels, maar oom Skattie, die oudste, en oom Cliffie was in 'n klas van hul eie.

Albei was vinnig met hul vuiste, hetsy by die werk as uitsmyters, of in hul vrye tyd. Een van die stories wat gereeld in ons familie oorvertel word, gaan oor die epiese bakleiery tussen Skattie en 'n boer genaamd Appel buite Nuweland.

TEN SLOTTE

'n Toeskouer het glo vir Cliffie gesê Appel gaan vir Skattie opneuk, waarop Cliffie geantwoord het: "Dit sal ons sien!" Ná ongeveer 45 minute van appels swaai het Skattie en die boer besluit om die geveg gelykop te verklaar. Hulle het toe 'n paar drankies in die kroeg gaan drink, waarna hulle dik pêlle geword het.

Cliffie het Springbok-kleure in stoei verwerf en op 62-jarige ouderdom was hy nog sterk genoeg om 'n wêreldtitel vir veterane te wen. Soos Skattie was hy 'n rowwe jek. Een van die vele faaits waarin hy betrokke geraak het, het vir 'n ongewone koerantopskrif gesorg: "Springbok breek boer se kakebeen".

Toe iemand hom eenkeer vra wat hy gedoen het as die aksie in 'n kroeg 'n bietjie stadig was, het hy geantwoord: "Wel, iemand sal darem altyd kwaad raak as jy aan hulle vrou of drank vat." Ek dink hy het 'n grap gemaak, maar ek is ook nie so seker nie.

Al die Etzebeth-broers het redelik goed rugby gespeel, en Cliffie het as vaskopstut én slot vir die Westelike Provinsie uitgedraf. Vaskopstut is natuurlik 'n spesialis-posisie en jy sal nie sommer vandag kry dat iemand op die top-vlak dit met slot kombineer nie. Dit wys jou hoe baie die spel verander het, maar ook hoe 'n veelsydige sportman Cliffie was.

Ten spyte van sy wilde reputasie het Cliffie 'n goeie hart gehad. As hy aan jou kant was, sou hy enigiets vir jou doen. Daar was so baie mense wat lief was vir hom en hom gerespekteer het.

Op die rugbyveld was hy wel 'n bliksem. En in die amateurera kon jy met veel, veel meer wegkom as nou. Nie net was daar geen TV-skeidsregter in sig nie, maar die blasers óp die veld was baie meer toegeeflik. Al die spanne het twee of drie vuiluile gehad wat goed geweet het hoe ver hulle die reëls kon buig. Ouens soos Moaner van Heerden, Noord-Transvaal se berugte "meanie".

In daardie jare was Cliffie die WP se groot enforcer. Hy het hard gespeel én gekuier.

In die Curriebeker-halfeindstryd van 1977 was Cliffie se kaptein, Morné du Plessis, in 'n erg omstrede voorval betrokke toe hy Noord-Transvaal se skopkoning, Naas Botha, met 'n laatvat bewusteloos geduik het. Die skare op Loftus Versfeld was woedend en het Du Plessis se bloed gesoek. Terwyl hy deur briesende Blou Bul-fêns uitgeskel is, is Morné deur die polisie van die veld begelei.

Ook ná die tyd was daar kommer oor sy veiligheid. Die WP-legende Boy Louw, wat deel was die Streeptruie se bestuurspan, het Cliffie en die reuse-stut Flippie van der Merwe opdrag gegee om Morné daardie aand op te pas om hom te beskerm teen enige stoere Bul-ondersteuners wat dalk sou wou wraak neem. Dit was egter 'n geval van wolf skaapwagter maak. Die twee "lyfwagte" het smoordronk geword en Morné ongeveer middernag in die bed gaan stop. Pleks daarvan om die res van die nag by hom te sit soos hulle moes, het hulle uitgegaan en verder gedrink.

My pa was amper so groot soos Skattie en Cliffie – ongeveer 1,93 m en 105 kg – en 'n moeilike ou op sy dag. Hy het egter 'n polisieman geword eerder as 'n uitsmyter en moes deur die jare 'n paar keer sy broers uit die moeilikheid help. Dalk was

TEN SLOTTE

dit hoekom hulle in die eerste plek so maklik baklei het!

Teen die tyd dat ek professioneel begin speel het, kon jy nie meer 'n outydse enforcer soos Cliffie of Moaner wees nie. Om in die moderne era sommer met jou kop, knieë en elmboë onder jou opponente in te klim, is moeilikheid soek. As dit nie die skeidsregter is wat jou vasvat nie, gaan die arendsoog van hoëdefinisie-televisiekameras sorg dat jy blitsig van die veld gejaag word.

In die vroeë 2000's was Bakkies Botha sonder twyfel die Bokke se hardste koejawel. Hy was so goed in die enforcer-rol dat hy kon saamgesels met van die bestes van alle tye: spelers soos Colin Meads, Frik du Preez, Willie-John McBride en Martin Johnson. Die gemene deler is dat hulle almal slotte is. Ouens wat groot, lank en sterk is, maak maar net beter boelies.

Bakkies en Victor Matfield was waarskynlik die beste slotpaar in die geskiedenis. Hulle het 'n dekade lank saam vir die Bulle en die Bokke gespeel. Hul lang lys gesamentlike prestasies sluit in 'n Wêreldbeker-kroon, twee Drienasies-titels, 'n reeksoorwinning oor die Britse en Ierse Leeus en drie Super-rugby-titels.

Daarom kan 'n mens verstaan waarom Bok-ondersteuners so gestres het toe dié twee bielies se loopbane einde se kant toe begin staan het. Bakkies het sy laaste toets in 2014 gespeel en Victor 'n jaar later by die Wêreldbeker-toernooi in Engeland.

Die Suid-Afrikaanse rugbymedia was vas oortuig dat ek die enforcer-rol by Bakkies sou oorneem. Die praatjies het my geirriteer, maar hulle het net aangehou en aangehou.

Ek het probeer om my soveel as moontlik daarvan af te sluit en nie te dink aan die groot skoene wat volgestaan moes word nie. Ek het heeltyd vir myself gesê dat Bakkies en Victor net twee van die 832 Bokke was wat voor my gekom het. Ek was net nog 'n ou in die Groen-en-goud en ek hoef nie die volgende Bakkies of die volgende enigiemand te wees nie. Ek moes net die beste weergawe wees van myself.

Vergelykings tussen verskillende rugby-eras het my nog nooit aangestaan nie. Omdat die spel so vinnig verander, is dit soos om appels met pere te vergelyk. Dis mos heeltemal onsinnig om iemand wat rugby vir 'n lewe te speel – en boonop toegang het tot die beste tegnologie en kundiges – te probeer opweeg teen iemand wat amateur-rugby in die 1960's gespeel het.

Die eras waarin ek en Bakkies gespeel het, is natuurlik veel nader aan mekaar. Trouens, hulle oorvleuel gedeeltelik. Maar selfs hulle verskil so radikaal dat 'n vergelyking nie juis sinvol is nie.

Bakkies is een van die beste Bok-slotte van alle tye en was 'n yster in die enforcer-rol, maar die spel het aanbeweeg sedert hy in 2002 sy internasionale debuut gemaak het. In sy 85 toetse het hy net vier geelkaarte gekry, en nie 'n enkele rooie nie.

Hy sou egter nooit in vandag se tye op sy gewone manier kon speel nie. Spelerveiligheid is deesdae Wêreldrugby se no. 1-prioriteit. Daarom is skeidsregters veel meer bedag op kopkontak, spelers wat roekeloos instorm in losskrums en gevaarlike duikslae.

Ek geniet dit om deel te wees van 'n makro-pak wat die teenstanders domineer, en ek het nog nooit gehuiwer om op te staan

TEN SLOTTE

vir 'n spanmaat wat deur die opposisie geboelie word nie. Tog maak die enforcer-etiket my kriewelrig. Dié term het sekere konnotasies wat te kenne wil gee dat die betrokke speler die reëls oortree. En as die etiket van 'n vuiluil eers om jou nek gehang is, hou die skeidsregters jou nog fyner dop.

As jy deesdae gereeld die reëls oortree, gaan jou span gedurig met 14 man oor die weg moet kom. Om van die lang skorsings ná die tyd nie eens te praat nie.

Net soos wat Bakkies minder beweegruimte het as kêrels soos Moaner en Cliffie in die 1970's, het ek weer minder grasie as Bakkies. En wie ook al ná my kom, gaan waarskynlik met nóg minder kan wegkom. Dis maar hoe die tendens in rugby loop.

Die ander rede hoekom ek nie juis vatplek aan die enforcer-etiket kon kry nie, was my vrees dat dit arrogant sou wees om te verkondig dat ék nou die Bokke se groot enforcer is. Hoe kan jy op daardie titel aanspraak maak as jy saam met spelers soos Willem "The Bone Collector" Alberts, Beast Mtawarira en Bismarck du Plessis in die skrum sak?

Die mos ouens wat vir niemand op die rugbyveld terugstaan nie.

As ek terugkyk, het die stories oor my prestasies in die gimnasium waarskynlik die enforcer-bohaai aangeblaas. Die bekendste staaltjie was dat die Stormers se kondisionerings-afrigter, Steph du Toit, nuwe gewigte moes aanskaf omdat dié wat ons gehad het, nie swaar genoeg was nie.

Ek en Steven Kitshoff was voor die aanbreek van die seisoen saam in die gimnasium, en ná vier of vyf weke het ons die bench press met 65 kg-handgewigte te maklik gevind en iets swaarders gesoek. Ons het eerstens probeer om kleiner gewigte bo-op die handgewig vas te maak, maar dit was net so gevaarlik as wat dit klink. Toe het ek van die bruin strapping uit die fisiokamer gaan gaps en twee 5 kg-plate aan die handgewigte se punte vasgemaak om dit tot 75 kg op te stoot.

Steph was verheug toe hy hoor ons is lus is vir nuwe uitdagings. Toe ek en Kitsie 'n paar weke later daar opdaag, het ons 'n paar behoorlike 75 kg-handgewigte in die gimnasium aangetref.

Hoewel ek en Kitsie dit geniet het om met die swaarder gewigte te oefen, was van die meer senior ouens waarskynlik nie beïndruk met hierdie twee laaities nie. Hulle sou weet dat die hoeveelheid gewigte wat 'n mens in die gimnasium lig, bitter min te make het met hoe jy op die rugbyveld gaan vaar. Maar die media was gaande oor sulke stories.

En 'n ware storie word gou 'n mite, in so 'n mate dat bewonderaars my nou en dan vra of dit waar is dat ek 'n bicep curl met 'n 75 kg-handgewig kan doen. Vir die rekord: Ek kon dit nog nooit gedoen het nie.

Die enforcer-praatjies het verdere momentum gekry ná die Stormers se Superrugby-halfeindstryd teen die Haaie in 2012 op Nuweland. Nadat ek die bal naby die middellyn ontvang het, het Bismarck, die Haaie se rateltaai haker, my probeer stuit. Hy het egter sy tydsberekening verkeerd gekry.

Twee weke later was ons albei terug by die Bokke se oefenkamp, en ek en Bismarck was besig om ons ontbyt te eet toe Frans Steyn aangesuiker kom. Hy wou so ewe weet of alles nou

TEN SLOTTE

oukei is tussen ons. Frans wou net 'n grappie maak, maar sy opmerking het my ietwat ongemaklik laat voel.

Die media het 'n groot bohaai gemaak oor die insident en die videogrepe duik tot vandag toe nog op my sosiale media op, maar ek wil nie juis daaroor praat nie. Bismarck is een van die beste hakers wat Suid-Afrika nóg opgelewer. Maar daar is nog 'n rede hoekom ek eerder nie aan daardie dag herinner wil word nie: Ons het verloor.

Dit was 'n bitter pil om te sluk, want die Stormers was die oorweldigende gunstelinge voor die halfeindstryd. Ons het immers boaan die punteleer geëindig, terwyl die Haaie by die agterdeur ingeglip het om die uitspeelstryde te haal.

Indien ons daardie dag op ons tuisveld gewen het, sou die Waikato Chiefs al die pad van Nieu-Seeland moes reis om die eindstryd op Nuweland te kom speel. Ná daardie halfeind-verloor het ek nooit weer naby daaraan gekom om 'n Super-rugby-titel te wen nie.

Nog 'n voorval in 2012 wat bygedra het tot die enforcer-etiket, was in die Rugbykampioenskap-toets teen Australië in Perth. Om een of ander rede – ek kan nie eens lekker onthou hoekom nie – was ek nie 'n groot aanhanger van die Aussies se veteraan-slot Nathan Sharpe nie. Voor die wedstryd het ek vir my goeie pêl Marcell Coetzee gesê: "Ek hoop iets gebeur tussen my en Sharpe ..."

Soos die noodlot dit wou hê, gryp Sharpe toe vir Marcell in die eerste helfte van agter, en ek klim dadelik in. Ek kan nie onthou of ek hom opsetlik met my kop wou stamp nie, maar genadiglik het Bryan Habana en Willem Alberts my teruggehou. My voorkop het sy gesig net-net gemis. Ná die wedstryd – my eerste nederlaag in 'n Springbok-trui – is ek uitgewys weens vuil spel en vir twee weke geskors. As my kop kontak gemaak het, sou dit langer gewees het.

Die voorval het my darem 'n waardevolle les geleer. Ek het besef ek moes harder werk om my humeur in toom te hou. Dis alles goed en wel om vir jou vriend op te kom, maar jy laat jou hele span in die steek as jy afgestuur word of gedurig strafskoppe afstaan.

Die skorsing het beteken dat ek ons volgende wedstryd teen Nieu-Seeland in Dunedin sou misloop. Om magteloos langs die kantlyn te sit terwyl jou span speel, is nie lekker nie.

Nog iets wat ek tydens die 2012-toernooi geleer het, is dat party spanne in monsters verander wanneer hulle in hul eie agterplaas speel. Op Nuweland het ons Argentinië redelik maklik geklop, maar die volgende week in Mendoza was die mees fisieke wedstryd wat ek nóg gespeel het.

Die atmosfeer was vyandig – meer soos by sokker as rugby – en dit het gemaak dat die Argentynse spelers baie meer aggressief was. En hoe meer hulle die oorhand gekry het, hoe harder het die skare gebrul. Dit was soos om in die middel van 'n orkaan te speel – 80 minute se oorverdowende lawaai terwyl jy van alle kante beetgepak word.

Ons was gelukkig om rustyd net 13–3 agter te wees. Danksy 'n verdoelde afstormdrie deur Frans Steyn laat in die wedstryd, kon ons darem met 'n gelykop-uitslag ontsnap.

In 2013 het ons in Johannesburg 70 punte teen Argentinië opgestapel, en net die volgende week het die Poemas ons amper geklop – weer eens in Mendoza. Twee strafskoppe van Morné Steyn teen die einde het ons net-net oor die wenstreep gekry.

Hoe kan 'n span binne sewe dae so drasties verander?

Dis duidelik dat die Argentyne behoorlik deur hul tuisskare aangevuur word, alhoewel daardie passie hulle ook die gekste dinge kan laat aanvang – soos toe die Poema-agtsteman, Leonardo Senatore, my in 2013 aan die voorarm gebyt het ná 'n duikslag. Ek weet daai soort ding het lank gelede op die rugbyveld gebeur, maar ek het nie gedink ek sou dit ooit beleef nie. Ek sou veel eerder wou hê dat Senatore my slaan – dit sou baie eerliker gewees het as om sy tande te gebruik.

Ek was so ontsteld dat ek hom platgedruk en teen die agterkop geklap het toe hy probeer opstaan. Die skare was rasend van woede en Argentinië het boonop 'n strafskop gekry. Nadat ek die bytmerke op my arm vir die skeidsregter, Steve Walsh, gewys het, het hy gesê die TV-skeidsregter kon nie sien wie die skuldige is nie. My antwoord was: "Hel, jy't tog gesien wie my geduik het en ek het nie myself gebyt nie!"

Agterna is Senatore vir nege weke geskors.

Ondanks sy gedrag het ek steeds Argentinië se veggees op hul tuisveld bewonder. Hulle was nog altyd my taaiste teenstanders weg van die huis. As jy in daardie kookpot koelkop kan bly, kan jy dit enige plek regkry.

Mettertyd het ek agtergekom watter teenstanders uit hul pad gaan om my te tart, en ek het geleer om daarvoor te lag. Dis hoekom jy my dikwels met 'n grynslag op die gesig sal sien wanneer 'n skermutseling op die veld uitbreek. Nogtans raak ek altyd ontsteld wanneer ek sien dat iemand 'n spanmaat van my probeer afknou – soos met die Nathan Sharpe-voorval in Perth.

My kopverloor daai dag het beteken ek sou langer moes wag om my eerste toets teen die All Blacks te speel – een van my groot rugbydrome.

John Smit het eenkeer gesê dat 'n Bok twee debute maak: Wanneer hy sy eerste toets speel, en wanneer hy vir die eerste keer teen die All Blacks speel. Daar is geen groter tweestryd in rugby as Nieu-Seeland teen Suid-Afrika nie.

Die All Blacks het in 1921 in Dunedin die eerste toets tussen die twee spanne gewen voordat die Bokke teruggeslaan het om die reeks gelykop te maak. (Die derde toets in Wellington het 0–0 geëindig!)

In die vroeër jare het die Springbokke meer gewen as wat hulle verloor het, maar dinge loop heeltemal anders sedert Suid-Afrika se hertoelating tot internasionale rugby in 1992 – die jaar nadat ek gebore is.

Die Bokke het wel daardie beroemde oorwinning oor die All Blacks in die eindstryd van die 1995-Wêreldbeker behaal, maar sedertdien het Nieu-Seeland die kitaar geslaan. Tussen 2001 en 2004 het hulle agt wedstryde in 'n ry gewen, wat vir my as jong Bok-ondersteuner suiwer hel was. Nogtans het die manne in hul Groen-en-goud-truie teen my kamermuur steeds my helde gebly.

In die 2007-Wêreldbeker was Nieu-Seeland se dood Suid-Afrika se brood. Frankryk het die All Blacks in die kwarteind uit die toernooi geboender, wat die Bokke se pad na die Webb Ellis-trofee geplavei het.

Die All Black-span wat die Wêreldbeker in 2011 op tuisbodem

TEN SLOTTE

gewen het, was een van die beste spanne in die geskiedenis, selfs al het hulle die eindstryd teen Frankryk net met 'n enkele punt gewen. Tussen 2012 en 2017 het hulle van krag tot krag gegaan en nóg 'n Wêreldbeker gewen. Dié tydperk het my beginjare in die Bok-span ingesluit. Terwyl ek my in die span probeer vestig het, het ek geen twyfel oor my grootste uitdaging gehad nie – die Bokke se twee toetse elke jaar teen die All Blacks.

Alhoewel ek die kans verspeel het om hulle in Dunedin te pak, was ek drie weke later in die beginspan vir die herontmoeting in Johannesburg.

Watter ervaring was dít nie. Nie almal hou van die haka nie, hoofsaaklik omdat hulle glo dit gee die All Blacks 'n sielkundige voorsprong, maar ek het daardie idee op sy kop gekeer. Deur dié spesiale uitdaging te respekteer, en hulle in die oë te kyk, absorbeer ek 'n deel van daardie energie. Teen die tyd dat die rituéel klaar is, voel dit amper asof ek die haka sáám met hulle gedoen het. Ek is eufories, ek haal diep asem, my hart klop woes, ek bal my vuiste, en is slaggereed vir die stryd wat kom.

Daardie groep All Blacks het ysters in élke posisie gehad. Trouens, as jy die beste All Black-span van alle tye moes kies, sou meer as die helfte van hulle sterk meeding om insluiting.

Die voorry, Tony Woodcock, Andrew Hore en Owen Franks, sou uiteindelik gesamentlik meer as 300 toetse speel. Die plaasvervanger-haker, Keven Mealamu, het 'n Kiwi-legende geword. Op slot het hulle vir Brodie Retallick en Sam Whitelock gehad – seker die All Blacks se beste slotpaar ooit.

Die agtsteman Kieran Read, 'n toekomstige kaptein van Nieu-Seeland, was dinamies en vaardig, terwyl die oopkantflank

Richie McCaw na my mening onder die top-3 All Blacks van alle tye tel.

In die agterlyn het die blitsige Aaron Smith vir Fourie du Preez as die beste no. 9 op die planeet vervang, aangesien Fourie in Japan gespeel het. Op losskakel het Dan Carter nie sy gelyke gehad nie. In die middelveld was Ma'a Nonu en Conrad Smith die perfekte samestelling van moed, brein- en spierkrag. Die agterste driehoek – Israel Dagg, Cory Jane en Hosea Gear – kon almal dodelik afrond.

Om só 'n span te klop moes ons op ons allerbeste wees. Maar met 'n paar van ons ervare spelers beseer, het ons daardie dag net te veel insinkings beleef. Aan die ander kant was die All Blacks soos altyd genadeloos. Dit is nie asof hulle jou 80 minute lank tot oorgawe wil boelie nie, maar hulle is ongelooflik slim en klinies, selfs roofdieragtig.

Ons het ons man gestaan in die skrums en lynstane en kon die All Blacks vir groot dele van die eerste 40 minute in hul eie helfte vaspen. Tog het hulle steeds daarin geslaag om twee drieë te druk, en toe nog twee vroeg in die tweede helfte. Nadat ons soos besetenes gespeel het om teen rustyd 'n kosbare voorsprong van 16–12 op te bou, was ons skielik 10 punte agter.

Dit was 'n bietjie soos "rope-a-dope" in 'n boksgeveg. Ons was die harde slaner wat homself uitwoed terwyl hulle teen die toue geleun het, gereed om blitsig terug te slaan as ons net 'n halwe gaping laat. Elke span sal een of twee keer konsentrasie verloor, en dit is al wat Nieu-Seeland nodig het.

In die tweede helfte het ons 'n algehele insinking beleef. Ons kon nie 'n enkele verdere punt aanteken nie en het op die ou

TEN SLOTTE

end met 16–32 verloor. Die All Blacks het wéér die Rugbykampioenskap gewen, terwyl ons met die derde plek tevrede moes wees.

Die wedstryd in Johannesburg het net weer onderstreep hoe giftig die All Black-agterlyn kon wees, selfs wanneer hulle oënskynlik op die agtervoet was. Hulle was groot, vinnige ouens wat blitssnel van rigting kon verander, en hul balhantering was in 'n ander liga as die res van die wêreld. Carter het tereg die grootste lof gekry, maar die twee manne aan sy buitekant, Nonu en Conrad Smith, was net so belangrik.

Smith was nie besonder vinnig nie, maar hy het 'n uitsonderlike aanvoeling vir die spel gehad en instinktief geweet watter ondersteuningslyne om te hardloop. Boonop was hy 'n puik balverspreider en doodvatter wat die All Black-verdediging meesterlik georganiseer het. Nonu het ontwikkel van 'n direkte baldraer tot een van die beste balverspreiders ter wêreld. Jy het nooit geweet wat om van hom te verwag nie, en dit het hom uiters gevaarlik gemaak. Net wanneer jy dink hy gaan vir 'n spanmaat ruimte skep, sou hy systap, die bal onder sy arm druk en bo-oor 'n verdediger hardloop.

Nonu kon jou ook genadeloos duik. In een van die eerste wedstryde wat ek teen die All Blacks gespeel het, het ek die bal gedra toe dit voel of ek teen 'n muur vashardloop. Ek is hard grond toe gevat. Ek dog eers dit was een van die All Blacks se stutte, maar toe ek opkyk, was dit Nonu.

'n Goeie duikslag soos daai behels baie meer as om bloot op 'n aanvaller af te storm en hom so hard as wat jy kan te plettervat. Dis 'n kuns op sy eie.

Tydsberekening is die eerste sleutel-aspek. Jy moet die baldraer fyn dophou en probeer antisipeer wat hy gaan doen sodat jy in die regte posisie is om so dominant moontlik te wees, sonder om te hoog in te gaan – 'n doodsonde in moderne rugby. Wat tegniek betref, moet jy seker maak dat jou skouer hom korrek tref en jou voete reg geplant is om 'n soliede basis te skep sodat jy die duikslag met plofkrag kan uitvoer en nie afgestamp word nie. Om dit alles reg te kry, verg baie oefening.

Dit was nie net die All Blacks se agterspelers wat jou met hul aangeë, 'n skielike versnelling of vernuftige voetwerk kon ore aansit nie; hulle het ook voorspelers gehad wat jou kon laat bloos. Geen ander land se voorspelers kon by hulle kers vashou wat balvaardighede betref nie. Retallick het byvoorbeeld as 'n skakel tussen die voor- en agterspelers gedien en sou dikwels tussen die afbreekpunte en die losskakel opduik. So het hy verskillende aanvalsgeleenthede geskep wat dan deur 'n ander voorspeler afgerond kon word.

Al die Nieu-Seelandse voorspelers was op hul eie manier slim, maar die mees uitgeslape van almal was McCaw. Hy was dalk nie so prominent soos baie ander oopkantflanke nie, maar hy het meer invloed op die spel gehad as enigeen van hulle.

McCaw het die reëls soos die palm van sy hand geken en het 'n sesde sintuig gehad wat hom gehelp het om die skeidsregter te lees, veral wat sy hantering van die afbreekpunte betref. Hy het geweet hoe ver hy die reëls kon buig sonder om gestraf te word. Die afbreekpunte is 'n morsige grys gebied en baie hang af van die skeidsregter se vertolking op die dag. McCaw het dit meesterlik tot sy voordeel uitgebuit – hoewel sy kritici

TEN SLOTTE

natuurlik gekla het dat hy met moord wegkom.

Die All Black-kaptein het ook goeie mensekennis gehad. Hy het nie oor elke liewe foutjie gekerm nie, want hy het geweet dit gaan die skeidsregter net irriteer en die 50/50-besluite teen sy span laat gaan. Deur die skeidsregter se aandag op iets te vestig slegs wanneer dit werklik nodig was – altyd kalm en duidelik – het hy hulle laat dink: Tot dusver het die kaptein nog nie veel gesê nie; dalk was ek verkeerd.

Die mense wat McCaw van kullery beskuldig, sit die pot mis. Hy het bloot binne die reëls probeer om die maksimum voordeel vir sy span te kry.

Met my manier van speel probeer ek sy voorbeeld navolg deur ook die reëls so goed as moontlik te ken.

Ná die teleurstellende Rugbykampioenskap was die jaareindtoer na Europa volgende op die Bok-kalender. Ek sal eerlik wees: In daardie stadium het ek nie te veel van rugby in die Noordelike Halfrond gewcet nie.

Engeland het nog tot verhaal probeer kom ná 'n swak Wêreldbeker in 2011, en Frankryk was vasgevang in 'n identiteitskrisis, ten spyte daarvan dat hulle 'n jaar tevore amper vir Nieu-Seeland in die Wêreldbeker-eindstryd geklop het. Ierland en Skotland was nog nie naastenby so goed as wat hulle vandag is nie. Wallis, die Sesnasies-kampioen, het wel 'n goeie jaar agter die blad gehad, maar hulle was nie op ons skedule vir hierdie toer nie.

Wat die Bokke betref, sou enigiets anders as 'n skoonskiptriomf in die jaareindtoetse as 'n nederlaag beskou word.

Ten spyte van dié hoë verwagtinge en die feit dat die meeste

Noordelike Halfrond-spanne nog besig was om te herbou, was dit 'n taai toer.

Ierland het ons so byna in Dublin ore aangesit voordat ons 'n ietwat makliker wen teen Skotland in Edinburgh beklink het. In hierdie toets het ons ons enigste drie van die toer afgestaan. Die volgende toets was egter die grote: teen Engeland op Twickenham.

Ek is nie seker hoekom nie, maar om die een of ander rede kan Suid-Afrikaners nie die Engelse rugbyspan verdra nie. Oud-Bokke sou vir my sê: "Julle kan teen énigiemand anders verloor, net nie teen húlle nie."

Hoekom is Engeland so 'n ongewilde span? Ek skat dis deels weens die land se koloniale geskiedenis en deels omdat mense dink hul spelers en ondersteuners is 'n bietjie windmakerig. En dalk is daar selfs 'n bietjie afguns omdat Engeland die rykste rugbynasie is.

Dit herinner my 'n bietjie aan die situasie in Suid-Afrika, waar die Bulle as hierdie arrogante spulletjie uit die Noorde gestereotipeer word. Dit is wel waar dat party van die Bulle se ondersteuners nogal intens en vyandig is (niks fout daarmee nie), maar toe ek die Bulle-spelers leer ken het, het ek gou besef hulle is eintlik 'n lekker klomp ouens.

Het ons die Engelse spelers behoorlik leer ken, sou ons dalk ook agtergekom het dat die persepsies oor húlle verkeerd is. Maar tot tyd en wyl dit gebeur, is die stereotipe van die arrogante, ryk en aanmatigende Engelsman die ideale manier om 'n Bok-span te motiveer. Ons kom immers van 'n veel minder bevoorregte land, een wat deur swaarkry en vasbyt gekenmerk

TEN SLOTTE

word. Daarom vat ons enige toets teen die Rose persoonlik op.

Op die ou end het ons die Slag van Twickenham met 'n enkele punt gewen. Met die telling 16–12 in ons guns en die uurglas besig om leeg te loop, het die Engelse besluit om 'n strafskop pale toe te korrel, eerder as om hoek toe te skop en te probeer om drie van die lynstaan te druk. Hoewel Owen Farrell die skop oorgesit het om die telling 16–15 te maak, het die Engelse nie genoeg tyd gehad om die wenpunte te probeer aanteken nie. Die naelskraapse wen het ons onoorwonne rekord oor Engeland sedert 2006 behou. Hulle kon ons in 11 toetse nie klop nie.

Die oud-Bokke kon daardie aand rustig slaap.

Wanneer 'n nuwe afrigter oorvat, is daar altyd onsekerheid oor spankeuses – onder almal van spelers tot rugbyjoernaliste en -ondersteuners. So was dit ook toe Heyneke Meyer in 2012 die Springbok-breier geword het.

Almal wou weet: Het die ou manne nog genoeg petrol in die tenk om die Wêreldbeker-toernooi in 2015 te haal? En het die jong spelers wat Heyneke ingebring het voldoende murg in die pype om hul plek in die Bok-span vas te messel? (Hiervan was ek natuurlik self 'n voorbeeld aangesien ek maar 'n paar dae voor die begin van die jaareindtoer 21 geword het.)

Met al hoe meer Bokke wat hul klubrugby oorsee gespeel het, het Heyneke die net wyd gegooi, hoewel hy steeds voorkeur gegee het aan spelers wat in Suid-Afrika gebaseer is.

Hy het onder andere die ervare skrumskakel Fourie du Preez uit Japan ontbied om weer vir die Bokke te kom speel. Teen die einde van die 2013-Rugbykampioenskap het Fourie vir Ruan Pienaar in die Bok-beginspan vervang.

Fourie is in 2011 Japan toe en voor 2013 het ek nooit die voorreg gehad om saam met of teen hom te speel nie. By die Bokke het ek egter gou besef sy rugby-IK is op 'n heel ander vlak. Fourie se vermoë om die spel te lees, was verstommend. Dit het gelyk asof hy altyd weet wanneer om uit te gee, wanneer om te skop en wanneer om te hardloop. Maak nie saak hoe rof dinge op die veld gegaan het nie, Fourie het altyd kalmte uitgestraal.

Sy ervaring en kennis was ook goud werd op die oefenveld, veral vir die jonger ouens. Fourie was nie die soort ou wat daarvan gehou het om bier in die hand te sit en lang stories te praat nie, maar jy kon soveel leer deur bloot te kyk wat hy doen. Toe Handré Pollard in 2014 as 'n bloedjong losskakel by die span aansluit, het ek gedink hy kon nie vir 'n beter leermeester en skakelmaat gevra het nie. Dit was soos 'n jong grapjas wat die kans kry om deur Leon Schuster touwys gemaak te word.

Maar hoe goed Fourie en die Bok-veterane ook al was, die All Blacks was steeds nommer een. Ek het egter bly glo ons kan hulle klop.

In 2013 het ek my kans gekry om my eerste toets teen die All Blacks ín Nieu-Seeland te speel. Dit sou op Eden Park in Auckland wees – 'n veld waar die Bokke laas in 1937 kon wen. Ons onlangse rekord teen hulle was ewe beroerd – tuis én weg. Van ons vorige sewe toetse teen die All Blacks kon ons net een wen – 'n 18–5-oorwinning in Port Elizabeth in 2011.

Die Kiwi-skares is nie besonder lawaaierig of vyandig nie, maar die All Black-ondersteuners kry ander maniere om jou verkeerd op te vryf. Sodra jy in hul land aankom, herinner hulle

TEN SLOTTE

jou heeltyd daaraan dat jy teen die beste span ter wêreld gaan speel en dat daar geen manier is wat hulle kan verloor nie.

Mense sal na jou toe kom en sê: "Ons gaan julle met 50 punte klop," waarna hulle met 'n selftevrede glimlag byvoeg: "Nietemin, sterkte vir julle." Die onderliggende boodskap is duidelik: Net die idee dat julle kan wen, is vergesog.

Ten spyte van alles het ons wel 'n kans gehad om daardie wedstryd op Eden Park te wen. Maar toe kom een van die onregverdigste rooikaarte wat ek nog ooit gesien het.

In die 41ste minuut het die Franse skeidsregter Romain Poite vir Bismarck du Plessis van die veld gejaag nadat die Bok-haker sy tweede geelkaart van die wedstryd gekry het.

Die tweede geelkaart, vir 'n stywe arm teen Liam Messam se nek, was debatteerbaar, maar ten minste verdedigbaar.

Die probleem was dat die eerste geelkaart geheel en al belaglik was. Dit moes om die waarheid te sê nie eens 'n strafskop gewees het nie. In die 15de minuut het Bismarck 'n hengse duikslag op Dan Carter uitgevoer en die All Black-losskakel gelyk met die aarde gemaak. Maar dit was nie hoog nie en hy het albei sy arms gebruik – heeltemal wettig dus. Poite het egter 'n geelkaart uitgepluk, vermoedelik omdat Carter in die duikslag beseer is en omdat die plettervat 'n hele onderonsie op die veld afgegee het.

Hoewel die kykweer bevestig het dat Bismarck niks verkeerds gedoen het nie, het Poite by sy besluit gehou.

Met 14 man het ons kanse minder geraak teen die All Black-masjien. 'n Drie deur Sam Cane het die wedstryd buite ons bereik geplaas.

Bismarck se rooikaart is ná die wedstryd geskrap, maar dit was skrale troos.

Ten spyte van die terugslag op Eden Park het ons nog 'n geringe kans gehad om die Rugbykampioenskap te wen. En ons volgende toets teen die All Blacks was op Ellispark – die fort van Bok-rugby waar die All Blacks ons laas in 1997 kon klop.

'n Stampvol Ellispark kan die opposisie intimideer en die Bokke moed gee. En aanvanklik het dit gelyk of die toets dié bekende draaiboek sou volg.

Bryan Habana het twee drieë in die eerste helfte gedruk en Willie le Roux het ná rustyd nog een bygevoeg. Toe Jean de Villiers boonop bo-oor Beauden Barrett en verby Nonu hardloop om 'n prag-drie te druk het Ellispark ontplof. Met nog 23 minute se speeltyd oor, het ons die kritieke bonuspunt vir vier drieë in die sakkie gehad.

Maar ongelukkig was die wen nog glad nie in die sakkie nie. Soos so dikwels gebeur, het die Kiwi's vinnig en hard teruggeslaan. Barrett het deur ons verdediging gesny om die All Blacks se eie bonuspuntdrie te druk. wat beteken het dat ons nie meer die toernooi kon wen nie. En toe druk Kieran Read 'n briljante drie onder die pale om 'n All Black-oorwinning met 38–27 te beklink.

Die Bokke se fort het geval.

Dit was 'n aanskoulike wedstryd en die media was liries oor die nuutste klassieke kragmeting tussen die Bokke en die All Blacks. Ons is geloof omdat ons die gaping tussen ons en die All Blacks kleiner gemaak het. 'n Kleiner gaping het ons egter nie juis gepaai nie – ons wou dit heeltemal uitwis. Die

TEN SLOTTE

foute wat ons die wedstryd gekos het, sou nog lank by ons spook. Weens twee geelkaarte moes ons 20 minute lank met 14 man speel en ons het boonop veels te veel blapse op die verdediging begaan.

Weer eens het ons meer as hulle geraas en geblaas, maar helaas, dit was ons eie huisie wat ineengetuimel het.

Nieu-Seeland se twaalfde agtereenvolgende oorwinning in die Rugbykampioenskap het aan hulle hul tweede titel in 'n ry besorg. Daar was geen twyfel wie die konings van wêreldrugby was nie.

Ons eie veldtog het darem twee goeie oorwinnings oor die Wallabies ingesluit. Die wen met 38–12 in Brisbane was besonder lekker, aangesien dit ons grootste sege nóg in Australië was. Boonop het ons Argentinië met 73–13 weggeblaas in die Baai.

Ons tweede plek in die Rugbykampioenskap was 'n verbetering teenoor die vorige jaar se derde plek, maar natuurlik was silwer nie ons mikpunt nie.

Vir die jaareindtoer in Europa het Heyneke nog 'n veteraan uit sy Blou Bul-dae nadergetrek – Bakkies Botha. Hy was 'n lekker ou om in die span te hê – snaaks en vol stories – en niks soos sy hardekwas-persona op die veld nie. Die spelers het ná etes begin om 'n bietjie langer om die tafel te bly. Hulle het Bakkies se staaltjies uit die ou dae baie geniet.

Omdat Bakkies in die 2003-Wêreldbeker gespeel het, was hy die skakel na 'n ander era. Die ouens het hom gepeper met vrae oor sy legendariese spanmaats en opponente, en hy het hulle almal geduldig geantwoord.

Noudat ek self 'n senior speler is, dink ek soms dat die jonger ouens nie genoeg die ouer garde se kennis tap nie, maar ek verstaan ook waarom dit nie gebeur nie. Die ouer spelers wil nie lyk of hulle vir die jonges preek nie en die jonges is soms te teruggetrokke om raad te vra. Wanneer jy in jou vroeë 20's is, voel jy soos 'n seuntjie langs die manne in hul 30's, veral dié wat al in 'n paar Wêreldbekers gespeel het.

Ek is grootgemaak om ouer mense te respekteer, en toe ek 'n groentjie van 20 in die Bok-groep was, wou ek ook nie te veel uit my beurt praat nie. 'n Jong outjie wat die eerste keer by die Bokke inval, moet in elk geval nie té gemaklik voel nie. Hy moet eers respek verdien. En dit kan net op die veld gebeur.

Ek het eers in 2013 begin om bietjie meer op my gemak te voel tussen die groot bere. Ek het die senior spelers leer ken – ouens soos Pierre Spies, Bismarck en Jannie du Plessis en Beast – en om vir Jean as kaptein te hê, het regtig gehelp. Hy was glad nie een van daardie hooghartige leiers wat nie na die mening van 'n junior speler wou luister nie. 'n Mens het gevoel jy kan enige kwessie met hom bespreek.

Bakkies se terugkeer het natuurlik ook 'n potensiële impak op my eie Bok-loopbaan gehad. Skielik was daar veel strawwer kompetisie vir die no. 4-trui. Bakkies was immers nog lank nie koud nie en het as lid van Toulon onder meer die Heinekenbeker gewen.

Ek het egter besluit om my nie daaroor te bekommer nie en dit eerder as 'n uitdaging te beskou. Boonop glo ek gesonde mededinging is goed vir 'n span. My plan was om harder te oefen en Bakkies op die bank te hou.

Vir die eerste wedstryd op toer – teen Wallis in Cardiff – het

TEN SLOTTE

ek inderdaad my plek in die beginspan behou. Nadat ons die Walliesers uitgestof het, het Heyneke besluit om my op die plaasvervangerbank te sit teen Skotland, met Bakkies wat die no. 4-trui oorgeneem het. Dit was frustrerend omdat ek élke toets wou speel, of dit nou teen die All Blacks of 'n kleiner land is.

Vir ons laaste wedstryd teen Frankryk was ek terug in die beginspan, met Bakkies op die plaasvervangerbank. Ek was net 10 minute op die veld toe ek die ernstigste besering van my kort loopbaan opgedoen het. Dit het alles begin toe ek die bal by 'n losskrum wou steel – 'n afwyking van my gewone spelpatroon aangesien ek gewoonlik probeer om so gou moontlik op my voete kom om weer by die verdedigingslyn aan te sluit. Terwyl my kop in die losskrum was, het 'n Fransman my geclean en my voet het vasgehaak. Ek het probeer aanspeel, maar het nie my gewone krag in die skrum gehad nie. Ek moes toe vra om af te gaan, wat beteken het dat ek die grootste deel van ons oorwinning van 19–10 van die bank af aanskou het.

My voet was nie buitengewoon seer nie, maar terug in Suid-Afrika het ek nogtans 'n X-straalfoto laat neem, al was ek nie werklik bekommerd nie. Toe ek egter 'n gewig kry en gevra word om op een been te staan, het die X-straal getoon dat die Lisfranc-ligament geskeur het, wat 'n breë gaping tussen my voetbeentjies veroorsaak het. Dit gebeur gewoonlik wanneer 'n voertuig oor jou voet ry of as jy iets swaars daarop laat val. Indien dit nie behandel word nie, kan dit ernstige langtermyngevolge hê. Ek moes geopereer word en sou vir ten minste ses maande buite aksie wees.

Ná die eerste operasie moes ek ses weke in gips deurbring, nog ses weke in 'n moonboot met krukke en laastens vier weke met 'n moonboot sonder krukke. Ek het nog nooit besonder groot kuite gehad nie, maar teen die tyd dat ek uiteindelik van die moonboot ontslae was, was die een net die helfte so dik soos die ander. Toe ek probeer om 'n kuitoefening te doen, kon ek my hak net 'n paar sentimeter van die grond af lig.

'n Skielike vrees het my beetgepak: Wat as ek nooit weer kan rugby speel nie?

3

HARD TERUG AARDE TOE

Mense praat oor Goodwood, my grootwordplek, asof dit een van die rofste plekke op aarde was, maar dit was darem nie so erg nie.

Nou kyk ... as jy by die verkeerde kroeg ingestap het en wou skoorsoek terwyl die verkeerde mense daar drink, sommige van my ooms byvoorbeeld, het jy ongetwyfeld getender vir moeilikheid. Maar die meeste van die buurt se inwoners was aangename, plat-op-die-aarde mense, soos my ouers.

Status het niks vir Pa beteken nie en hy het almal dieselfde behandel – met respek. As jy egter met hom skoorgesoek het, het hy nie gehuiwer om jou vinnig vas te vat nie. Ek het baie by hom geleer in daardie opsig.

Pa was redelik jonk toe hy ná 20 jaar diens in die polisie besluit het om uit te tree en 'n skuldinvorderaar te word. Dit was 'n gevaarlike werk in die rowwer dele van Kaapstad. Sy oudste broer, Skattie, is in 1993 vermoor, juis toe hy iemand se skuld wou gaan invorder – en dit nadat hy 'n paar jaar tevore sy lewe vir die Here gegee het en sy lewe omgekeer het.

Ten spyte van die risiko's was Pa egter gewillig om die werk te doen sodat hy vir sy gesin kon sorg.

Wanneer Pa nie gewerk het nie, het hy baie tyd saam met my ooms deurgebring in pubs en kroeë in en om Goodwood.

Gevolglik was dit Ma wat moes seker maak dat alles tuis glad verloop. Sy was die rots in ons drie manne se lewe, en ek dink as dit nie vir haar was nie, sou die gesin uitmekaar geval het.

My ouers het grense gestel, en wanneer ek en my broer Ryen te erg handuit geruk het, is ons op ons plek gesit. Ek sou egter nie sê dat hulle té streng was nie. Hulle het nie soos ander ouers vir ons voorgeskryf en ons byvoorbeeld verbied om te drink of te rook nie; hulle het ons toegelaat om ons eie besluite te neem omdat hulle geglo het ons sou so vinniger leer. Ek is ontsaglik dankbaar dat hulle dit gedoen het, want nie net het dit my selfstandig gemaak nie, dit het my ook in staat gestel om die lewe se uitdagings beter te navigeer. En as tiener het ek nooit gedrink óf gerook nie.

Toe die tyd aanbreek dat ek my eerste professionele ooreenkoms moes onderteken, het al die ander spelers se pa's hul kontrakte bestudeer en die besluite vir hulle geneem. My ouers het egter gesê: "Luister, dit is jou loopbaan, jý moet besluit. Ons wil baie graag hê jy moet in Kaapstad bly, maar as jy dink dit is beter vir jou om Durban of Johannesburg toe te gaan, doen dit."

Ek het besluit om in Kaapstad te bly omdat WP die Haaie en die Leeus se aanbiedinge geëwenaar het.

As jy wonder waar my ambisie en vasbyt vandaan kom, benewens die Etzebeth-gene, hoef jy nie verder as my broer te kyk nie. Pas nadat ek die eerste keer vir die Bokke gekies is, het Ryen in 'n onderhoud gesê ek is so taai omdat hy my so geboelie het.

Hy het natuurlik oordryf, want ons was eintlik baie na aan mekaar, maar daar het tog 'n tikkie waarheid in gesteek.

Ryen is drie jaar ouer as ek en 'n goeie sportman. Gewoonlik het ek heelwat skrape en kneusplekke oorgehou wanneer ons mekaar op die sportveld aangevat het. Soms het ons tweestryd op 'n vuisgeveg uitgeloop; ek onthou ons laaste vuisslanery was oor 'n bier wat oom Gerrit vir ons gekoop het en huis toe gebring het om te deel. Eintlik het ek nie veel gedrink daai tyd nie, maar ek wou nogtans my helfte hê – hardkoppig soos ek is. En dis mos regverdig, of hoe?

Hoe meer Ryen my ondergekry het, hoe minder wou ek verloor. En omdat ek in my kinderjare die hele tyd probeer het om my ouer broer baas te raak, en geglo het dat ek dit eendag gaan regkry, het ek begin om ander onmoontlike dinge ook te glo. Soos dat ek eendag vir die Springbokke gaan speel. Sonder dat ek dit geweet het, het Ryen my ambisie aangevuur, en gehelp om my voor te berei vir die taai tye wat voorlê.

Ryen Etzebeth, Eben se ouboet: *Ek onthou Eben het in 'n stadium gedroom om 'n WWE-stoeier te word, maar teen die tyd dat hy 11 of 12 jaar oud was, was dit hoofsaaklik rugby. Vandat Eben in die laerskool was, het ons saam na die Springbokke gekyk. Hy was veral mal oor Bobby Skinstad. Hy het begin om sy doelwitte teen sy kamerdeur neer te skryf, soos om die 100 m by die skolesport te wen of vir die Bokke te speel. En hy het dit alles vermag.*

Ons pa en sy broers was baie sportief en kon lekker rof wees. Pa het vir die provinsie gestoei, was 'n goeie pool-speler en het vir die polisie en die Epping-klub rugby gespeel.

Alhoewel hy nooit eerste moeilikheid gesoek het nie, het hy dit nie geduld as iemand hom of sy familie in die gesig gevat het nie.

Voor Ma en Pa getroud is, het hulle een aand gaan dans. Ma was fyn uitgevat en ná die tyd in die pub het 'n klompie ouens haar heeltyd beloer en oor haar gepraat. Toe Pa sien wat aangaan, het hy in sy geradbraakte Engels probeer verduidelik dat hy nie omgee dat hulle na sy meisie kyk nie, maar dat hulle liefs nie oor haar moet praat nie. Een van die ouens het gereageer met "Fuck you!" wat Pa natuurlik nie aangestaan het nie en 'n bakleiery het uitgebreek. Ma wou Pa keer – sy het selfs 'n asbak na hom gegooi – maar hy het op die ou end die een ou se arm gebreek. Ma was baie kwaad vir hom, maar moontlik ook verlig dat nie een van sy broers in die pub was nie. Stel jou voor dat jy teen al sewe van hulle moet baklei.

Dit is dus geen verrassing dat ek en Eben so mededingend is nie. Ek het twee keer in die laerskool die victor ludorum-toekenning vir die beste atleet gekry voordat Eben dit drie keer daarna gewen het. Dus het die trofee vyf jaar agtereenvolgens in ons huis gestaan. Goodwood was 'n rustige, veilige plek om in groot te word. Ons het altyd in die strate of op die rugbyveld naby ons huis rugby gespeel, en ek het Eben hárd geduik. Dis seker waar dat ek hom geboelie het, en ons het baie baklei, maar dit is een van die redes waarom hy vandag so 'n tawwe ou is!

Ná daardie geveg oor 'n bier toe ek my hand gebreek het nadat ek hom oor die kop geslaan het, het ons egter nooit weer baklei nie. Ons was teen daardie tyd 'n bietjie te groot daarvoor, veral Eben, wat voorheen 'n skraal outjie was wat vir die B-span vleuel gespeel het en nou in hierdie enorme slot ontwikkel het wat vir

TEN SLOTTE

die eerste span speel. Ma skryf sy skielike groei toe aan al die grondboontjiebotter-en-stroop-broodjies wat hy daardie somer verorber het. Sy was veral bly dat ons bakleidae verby is, aangesien daar geen wenner kon wees nie.

Pa het baie vir ons omgegee, maar hy was nie werklik by ons skoollewe betrokke nie en het meer daarvan gehou om met sy vriende in kroeë rond te hang (dit is waarskynlik waarom hy so goed pool gespeel het). Ma moes dinge by die huis aan die gang hou.

In Ma se dae was daar gelukkig geen sosiale media nie en videospeletjies was nie die in-ding nie, dus was sport al wat Eben wou doen, wat 'n baie gesonder verslawing is. Ma het gedink dat sy eerstespanafrigter by Tygerberg hom te hard laat oefen het – Eben sou voor en ná skool gaan oefen en soms sesuur in die oggend begin en teen vyfuur smiddae klaarmaak. Sy het egter haar seun se deursettingsvermoë en selfstandigheid bewonder. Hy het nooit gekla nie aangesien hy geweet het dat dit sy toekoms gaan wees.

Om 'n professionele rugbyspeler te word, was ons albei se droom. Alhoewel ek 'n bietjie vir Westelike Provinsie se opkomende span gespeel het, was ek nie op Eben se vlak nie. Ek het egter nooit opgehou om die ouer broer te wees nie, hoe suksesvol en beroemd Eben ook al geword het. Ons band het trouens nog sterker geword sedert hy in 2012 sy debuut vir die Stormers en die Springbokke gemaak het.

Dit is moeilik om vir iemand buite Suid-Afrika te verduidelik presies hoe belangrik die Springbokke in ons land is. Om dus my jonger boetie op die veld te sien draf met daardie Groen-en-goudtrui en die volkslied te sien sing, voel soos iets uit 'n ander wêreld.

Vir hom om sy droom te verwesenlik, was ook vir my 'n droom wat waar geword het, en ek kry steeds hoendervleis wanneer ek aan daardie wonderlike dag op Kings Park dink.

Eben het die volste reg gehad om daardie week net aan homself te dink – hy was net 20 jaar oud – maar hy het nie vergeet dat dit die dag ná die wedstryd Ma se vyftigste verjaardag was nie. Ma het gewonder hoe om die geleentheid te vier, maar Eben het vir ons al drie 'n vlug na Durban en plek in 'n hotel bespreek. Hy het selfs gereël dat daar 'n koek by Ma en Pa se kamer afgelewer word. Sy kon nie vir 'n beter verjaardag gevra het nie.

Die mense van Goodwood is ongelooflik trots om met Eben geassosieer te word. 'n Buurtgroep op Facebook noem hom hulle "Goodwood-boykie". Dit sal nou en dan gebeur dat iemand na hom toe kom en iets sê soos: "Onthou jy my? Ek het langs jou tannie gebly." En alhoewel Eben nie altyd weet wie hulle is nie, is hy altyd vriendelik en beleefd. Hy bly selfs geduldig wanneer mense na hom toe kom as hy net 'n rustige ete saam met sy gesin wil geniet. Hy weet dat dit deel is van die pakket.

Om vir Eben met die res van Suid-Afrika te deel, het in die vroeë jare van sy Springbok-loopbaan 'n bietjie vreemd gevoel. Ek sou sien hoe 'n klompie kinders met stukkies papier en penne in hul hande na hom toe kom en dan dink ek: Sjoe dit is my jonger broer. Sekere dinge verras my steeds. Ek was nou die dag in 'n restaurant toe 'n klein seuntjie na my toe kom en vir my 'n bal gee om te teken, waarskynlik omdat iemand vir hom gesê het ek is Eben se broer. Ek kan my nie eens indink hoe daardie vlak van aandag vir Eben moet wees nie, maar hy het beslis nie toegelaat dat sukses hom verander nie.

TEN SLOTTE

Eben hanteer die hoë verwagtinge wat mense van hom het baie goed. Trouens, dit is daardie druk wat hom motiveer: Hoe meer hy sukkel, hoe harder oefen hy. Hy kan ook nederlae vinnig op die agtergrond skuif en op die volgende wedstryd fokus, alhoewel dit hom dalk 'n bietjie langer as gewoonlik geneem het toe die Bokke in 2015 teen Japan verloor het ...

Ons as gesin sou gewoonlik ná 'n wedstryd met hom kontak maak om hom geluk te wens, maar nie ná daardie een nie. Ons het geweet hoe graag hy wou wen en hoe terneergedruk hy sou wees; dus het ons hom met rus gelaat.

Dit was nog nooit aangenaam om te sien hoe 'n span waarvan Eben deel was verloor nie, maar ek was meer filosofies as baie ander mense. Die meeste spanne gaan deur moeilike tye en kyk waar staan die Bokke vandag – met Eben en die res van die ouens wat waarskynlik die beste rugby speel wat die Bokke nog ooit gespeel het.

Wat my en Eben betref, ons gee nou meer as ooit om vir mekaar. Hy vra steeds my raad oor feitlik alles en ek het amper al sy persoonlike assistent geword. Ek maak nie meer vir hom kos soos toe ons saam in Japan gewoon het nie, maar ek hanteer die meeste van sy administrasie en ek dink nie dit gaan gou verander nie.

Ek sê soms vir hom: "Ek kan nie glo wat jy bereik het nie, dit lyk soms onwerklik." Maar hy is nog nie so oud nie – sê nou hy wen nóg 'n Wêreldbeker? Wat hy ook al verder bereik, hy sal nooit ophou om my liewe klein boetie te wees nie.

Ek maak al jare lank kort notas oor my rugby, maar dis eers nadat ek vir die Bokke begin speel het dat ek op Heyneke

Meyer se aanbeveling begin het om my langtermyn-doelwitte neer te skryf. Indien 'n verslaggewer sou vra wat ek in rugby wil bereik, het ek my planne dig gehou. Ek het egter êrens in 2012 'n aantekening gemaak dat ek graag die Wêreldbeker sou wou wen.

Die skedule vir 'n Springbok is genadeloos. Ons sou reguit van Superrugby na 'n tuistoetsreeks gaan, weer terug na Superrugby, en dan reguit na die Rugbykampioenskap. Dan word daar van Bokke verwag om in die laaste paar wedstryde van die Curriebeker te speel voordat hulle vir die jaareindtoetsreeks na Europa vertrek. Dan het ons darem in Desember 'n paar weke af voordat alles weer van voor af begin.

Geen afrigter het al ooit vir 'n speler gesê: "Jy lyk 'n bietjie moeg, sit hierdie wedstryd uit," nie. Dit kan dalk in Ierland of Nieu-Seeland gebeur aangesien hulle sentrale kontrakte het, maar ons klubs betaal die grootste deel van ons salarisse en daarom kan 'n mens verstaan dat hulle hul pond vleis wil hê. In Europa kan spelers nou en dan in 'n liga- of bekerwedstryd uitsit as hulle teen 'n sukkelende span speel, maar in Superrugby is daar geen maklike wedstryde nie. Om een of meer ouens vir 'n wedstryd te laat rus, kan die verskil tussen wen en verloor wees, en dit kan bepaal wie in die uitspeelwedstryde betrokke gaan wees.

Dit was geen verrassing dat al daardie rugby 'n verwoestende uitwerking op my lyf gehad het nie. Daar was die skouerbesering wat ek opgedoen het net voordat ek die eerste keer vir die Bokke gekies is, en ek toe amper drie maande van die 2013-Superrugby-seisoen misgeloop het nadat ek die ligamente in my enkel in 'n opwarmingswedstryd geskeur het. En nou was dit weer so, met ek wat dag ná dag en week ná week desperaat probeer om met die hulp van die Stormers se fisio 'n bietjie krag terug te kry in my beseerde been.

Ek het net 20 minute vanaf die Westelike Provinsie Internasionale Rugbyinstituut gewoon, maar ek het besluit om 'n maand en 'n half lank daar te bly om al die oefening en behandeling te kry wat ek nodig het. Dit het hoofsaaklik bolyfsessies in die gim, insluitende twee "mongrel"-sessies (hoë-intensiteit kardiovaskulêre sessies) op Maandae en Woensdae behels. Alhoewel my begeerte om weer betyds fiks te wees vir die Bokke se tuistoetse teen Wallis en Skotland my hele lewe oorheers het, was dit steeds 'n donker en eensame tyd. Die feit dat Andries Bekker na Japan verhuis het en die Stormers nog vyf of ses beseerde slotte gehad het, het my nóg slegter laat voel. Een week toe ek die span in Nieu-Seeland op die veld sien draf, moes ek google wie een van die slotte is.

Ek was pas gereed vir die internasionale wedstryde in Junie toe my situasie eintlik lagwekkend geraak het. Ongeveer vier weke voor die eerste toets teen Wallis het ek op 'n dag uit die stort geklim, en na my slaapkamer gestap. Soos ek die badkamer verlaat het, het ek my toon teen 'n muur by die glasskuifdeur gestamp. Ek het my toon al baie gestamp, maar hierdie keer was die pyn onbeskryflik. En toe ek die ellendige toon vir die Stormers se fisio wys, stuur hy my vir 'n X-straalfoto wat wys dat ek dit gebreek het. Ek was toe reeds sewe maande buite aksie, en het honderde ure se rehabilitasie agter die rug gehad, dus kan jy dink hoe ek gereageer het. Waar ek eers soos die Hulk gevoel het, gereed om uit my klere te bars, het ek nou ietwat pateties gevoel.

Die volgende dag was die media vol van die nuus dat ek my toon in die stort gebreek het. Hoekom die dokter nie maar net gesê het dat dit in die gimnasium gebeur het nie, weet ek nie. Daar was heelwat goedhartige spottery van my spanmaats wat wou hoor presies hoe dit gebeur het en wat presies in die stort aangegaan het. Die media het ook pret gehad en bespiegel oor hoe dit moontlik is dat 'n Springbok hom op só 'n bisarre manier kon beseer. Met die vooruitsig van nog ses weke op die kantlyn, was ek nie juis lus vir hierdie grappies nie. Ek sou nooit daardie drie toetse terugkry nie.

In my afwesigheid het Victor Matfield ook ná sy uittrede uit internasionale rugby 'n terugkeer gemaak, en vir al drie toetse in Junie 2014 was hy in die beginspan. Ek het geweet wanneer ek uiteindelik weer kon speel, sou ek teen twee van die beste Springbok-slotte in die geskiedenis moes meeding: Victor en Bakkies. Boonop was daar nuwe sterre op die horison, soos die Cheetahs se Lood de Jager.

Geen sportman wil beseer word nie, maar om nege maande se rugby mis te loop, was dalk 'n goeie ding. Daardie tyd weg van die oefenveld en mededingende wedstryde was soos sabbatsverlof – 'n kans om my batterye stadig te herlaai. Dalk het dit selfs my loopbaan verleng.

Uiteindelik kon ek in Augustus 2014 terugkeer na die speelveld – nege maande nadat ek my voet teen Frankryk beseer het.

Die wedstryd was die eerste een in die Curriebeker, met WP wat OP in Port Elizabeth gaan pak het. Ek het net gespeel

TEN SLOTTE

omdat Heyneke wou hê dat ek voor die Rugbykampioenskap speelkans moet kry. Vreemd genoeg sou dit my laaste verskyning in hierdie kompetisie wees.

Die Curriebeker het oor die afgelope dekade in 'n ontwikkelingskompetisie verander. Die besluit om die Bokke nie aan die kompetisie te laat deelneem nie, is verstaanbaar – dit het beteken dat ons 'n behoorlike voorseisoen voor die Rugbykampioenskap kon hê, en dan ons fokus na die jaareindtoetsreeks kon verskuif. Maar dit het die ondersteuners erg gefrustreer, veral omdat honderde talentvolle Suid-Afrikaners vir oorsese klubs gespeel het. In oom Cliffie se dae is die Curriebeker voor stampvol stadions gespeel, maar deesdae is die stadions nie eens kwartpad vol nie – selfs nie vir uitspeelwedstryde nie.

Ek wonder soms hoe die Curriebeker sou gelyk het indien die Bokke nog betrokke was, asook al daardie Suid-Afrikaanse spelers wat hul beroep in Europa en Japan beoefen. Dink net hoe goed daardie sewe of agt spanne kon wees. Vir die ondersteuners sou dit wees soos om elke week 'n toets te gaan kyk. Dit bly egter 'n goeie kompetisie wat hope talent oplewer, en dit sal altyd 'n spesiale plekkie in my hart hê as die eerste senior trofee wat ek gewen het.

Dit het in 2012 gebeur – my eerste seisoen as professionele speler – en een van die redes wat dit so lekker maak, is dat ons nie veel van 'n kans gegun is nie. WP het sedert 2001 nog nie die Curriebeker gewen nie. Ons het die reputasie ontwikkel dat ons altyd oor die laaste hekkie struikel.

Die Haaie, ons opponente in die eindstryd, het ons in die afgelope vier Superrugby-wedstryde geklop, en boonop op hul tuisveld gespeel. Hulle het 'n spul Bokke in hul span gehad terwyl die gemiddelde ouderdom van ons beginspan maar net 23 jaar was. Ons kanse het nie juis verbeter toe Bryan Habana vroeg reeds beseer is nie, maar Demetri Catrakilis het 'n laat strafskop en twee skepskoppe oorgeklits om ons te laat wen.

Ek het die Curriebeker-wedstryd teen OP sonder probleme voltooi. Ek kon dus by die Bok-groep aansluit vir ons openingswedstryd in die 2014-Rugbykampioenskap teen Argentinië in Pretoria. Rustyd het ek vir Bakkies vervang en ons het net-net gewen. 'n Paar weke later, teen Australië in Perth, het ek my eerste toets langs Victor begin. Ek was nog in die laerskool toe Victor sy debuut vir die Bokke gemaak het, en nou het hy meer as 100 toetse agter die blad gehad. Om as slot langs hom te speel, was 'n spesiale ervaring. Dit was ook Bryan se 100ste wedstryd, maar die feit dat ons verloor het, het die opwinding ietwat gedemp.

Met die wedstryd op Nuweland ná ons terugkeer het ek vir die eerste keer 'n toets saam met Schalk Burger gespeel, met Schalk wat ná 'n reeks nagmerrie-ervarings na die span teruggekeer het. Hy het as gevolg van 'n kniebesering die hele 2012 misgeloop en toe tydens die volgende voorseisoen sy kuitspier verrek. Ons het verwag dat hy net 'n paar weke buite aksie gaan wees, maar tydens die operasie ontdek hulle toe 'n sist in sy rug.

Ek was toe nog jonk en het Schalk nie baie goed geken nie. Eers later het ek uitgevind hoe ernstig die situasie was. Ná 'n operasie om die sist te verwyder, het hy bakteriële meningitis opgedoen wat hom amper doodgemaak het. Hy kon vier maande lank nie buitentoe gaan nie, en daar was gerugte dat hy nooit weer sal kan rugby speel nie. Hy het egter in September 2013 'n wonderbaarlike terugkeer vir die WP gemaak en was die volgende Junie terug in die nasionale groep. Dit was die begin van een van die aangrypendste herstel-stories in sport.

Dis moeilik om aan nog 'n speler te dink wat so 'n Jekyll & Hyde-persoonlikheid het. Wanneer Schalk oor die kantlyn getree het, het hy in 'n bulhond verander, iemand wat die wedstryd aan die strot gryp en nooit laat los nie. Maar sodra die wedstryd verby is, was hy 'n heel ander mens. Dit was groot pret om hom in die span te hê. Schalla het min dinge meer geniet as om agteroor te sit en oor 'n paar biere te sit en gesels. Waarskynlik was hy die rustigste ou in die span, iemand wat die lewe vat soos dit kom. Dalk is dit waarom hy nog baie toetse vir die Bokke kon speel nadat die dokters vir hom gesê het sy loopbaan is na alle waarskynlikheid verby.

Met Schalk op die bank het ons op Ellispark wraak geneem vir die vorige jaar se verloor teen Nieu-Seeland. Dit was die eerste keer sedert 2011 dat ons die All Blacks kon klop.

Maar ons het so ampertjies 'n wedstryd verloor wat ons veronderstel was om gemaklik te wen. Ons het die All Blacks aanvanklik oorrompel en in die eerste helfte drie drieë teenoor een gedruk. Handré Pollard – wat 'n reuse-wedstryd gespeel het – het twee van ons drieë gedruk. Daardie All Black-span was egter soos 'n monster uit 'n gruwelfliek: Amper onmoontlik om te verslaan. Eers het Ben Smith 'n verdoelde drie gedruk om die gaping na vier punte te verklein en toe het Dane Coles in die oorkantste hoek oorgeduik om Nieu-Seeland die voortou te gee, met 10 minute oor. Tipies.

Gelukkig het Liam Messam drie minute voor die einde in 'n losgemaal kop verloor en Schalk hooggevat. Pat Lambie het die strafskop van binne ons halfgebied oorgeskop om die wedstryd met 27-25 te beklink. Die 60 000 toeskouers op Ellispark het mal gegaan. Ons het feesgevier asof ons die Rugbykampioenskap gewen het, alhoewel die trofee wéér in Nieu-Seeland staanplek gekry het.

Ons het drie maande lank amper niks anders gedoen as geoefen nie en ons moes eers ná 'n paar weke weer by ons klubs en provinsiale spanne aansluit. En ons het pas die beste span ter wêreld geklop. Dit alles was 'n resep vir net een ding: die moeder van alle paarties.

Ons noem so 'n opskop ná 'n wedstryd 'n "kontiki". My heel eerste kontiki was ná my eerste Stormers-toer, toe ek op 'n stoel moes staan, 'n paar grappe vertel en 'n liedjie sing. Omdat dit 2012 was, was die Olimpiese Spele die kostuumtema, en aangesien my arm in 'n hangverband was, het ek as 'n Paralimpiese atleet gegaan.

In 2013 moes ons soos superhelde aantrek. Sommige ouens het dit baie ernstig opgeneem. Jean de Villiers het byvoorbeeld as die Silver Surfer opgedaag, en was van kop tot tone in tinfoelie toegedraai.

Ook die Springbokke het soms 'n kostuum-kontiki gehad en so het Jannie du Plessis al soos 'n WWE-stoeier aangetrek en Willem Alberts soos 'n verkeerskonstabel – ter ere van Leon Schuster wat hom dikwels as 'n spietkop vermom het vir sy poetse. Gewoonlik is die persoon in beheer van die kontiki die een wat die meeste wedstryde gespeel het, die kaptein uitgesluit,

TEN SLOTTE

en dus was dit vir 'n lang ruk Bryan Habana. Die mees ervare speler sit dan voor, saam met die twee spelers wat naas hom die meeste wedstryde gespeel het, en beheer die hele storie – van boetes vir kastige oortredings tot toekennings vir dinge wat in die week gebeur het. Toe Bryan ophou speel, het Beast oorgeneem, met ek, Francois Louw, Frans Steyn en Duane Vermeulen wat beurte gemaak het om sy adjudante te wees.

Tydens 'n kontiki word alle selfone weggesit. Almal geniet 'n drankie saam en die grappe vlieg. En die spanning wat oor die vorige weke of maande opgebou het, verdamp soos mis voor die son. Ek dink nie ek sal al die oefensessies mis wanneer ek uiteindelik uittree nie, maar ek sal beslis die vreugde en kameraderie ná 'n groot wen mis.

Met elke kontiki sal die afrigter of die spankaptein 'n toespraak lewer, en almal maan om hulle te gedra en uit die moeilikheid te bly. Jy kan egter nie vir 'n ou wat 'n klomp brandewyne sterk is, sê wat om te doen nie. Alle gesonde verstand is teen daardie tyd by die venster uit. Die beste plan is om die gefuif tot die span se hotel te beperk.

Toe ek nog vir Toulon gespeel het, kon die Franse ouens ná 'n groot wen kwaai uitrafel, maar vir 'n Springbok is dit helaas nie 'n opsie nie. Waar ons ook al gaan, word ons dopgehou.

Ná een van Heyneke se eerste spanvergaderings het hy gesê ons moet mik om konsekwent die beste span ter wêreld te wees. Om die 2015-Wêreldbeker te wen, sou bloot die kersie op die koek wees. Toe ons uiteindelik die All Blacks kon klop, het dit gelyk of ons op koers is. Maar toe bring die jaareindtoetse ons hard terug aarde toe.

Een tree vorentoe, twee tree terug.

Sedert Skotland ons in 2010 op Murrayfield geklop het, het die Bokke nog nie teen 'n Sesnasies-span verloor nie, en ons was vol vertroue dat ons op die 2014-toer ook onoorwonne sou wees. As ons Nieu-Seeland – die beste span ter wêreld – kon klop, wat het ons dan tog te vrees van Engeland, Ierland, Wallis en Italië?

Wanneer ek terugkyk, besef ek ons het dalk te veel op die toets teen Engeland gefokus, en vergeet dat Ierland die destydse Sesnasies-kampioene was en dat Wallis die twee vorige toernooie gewen het.

Met die Nieu-Seelander Joe Schmidt as hoofafrigter het die Iere al klaar 'n bietjie soos die All Blacks begin speel. Voorlangs was hulle sterk, en hulle kon die bal vir fase ná fase in die hand hou. Hulle het ook goeie agterspelers gehad wat jou foute blitsig kon uitbuit. Met Johnny Sexton het hulle boonop 'n skerpskutter-skopper gehad. Hy het 16 punte aangeteken toe Ierland ons in Dublin met 29–15 verslaan het.

Voor die wedstryd teen Engeland was Heyneke nie baie gelukkig met hoe dinge in die Bok-kamp verloop nie. 'n Paar senior spelers het laat opgedaag vir vergaderings en nog iemand was laat vir Vrydag se trui-oorhandiging. Nogtans het ons gewen en sodoende ons triomftog teen Engeland tot 12 wedstryde gerek. Heyneke was egter steeds briesend en het vir die senior spelers gesê hy gaan homself bietjie onttrek.

Trouens, vir die wedstryd teen Italië het hy teruggestaan en die leisels aan sy assistent, Johann van Graan, oorhandig. Vir my was dit 'n vreemde situasie, maar ek was nog baie jonk

TEN SLOTTE

en wou net gefokus bly op my rol in die span.

Ná die Italië-wedstryd het Bakkies sy uittrede uit internasionale rugby aangekondig, al moes ons nog teen Wallis speel. Hy was nie in die span in Rome nie, en het besluit 'n oorwinning oor Engeland op Twickenham, saam met sy ou maat Victor, sal die perfekte afsluiting vir sy toetsloopbaan wees. Bakkies het 'n paar mooi dinge oor ons jong slotte te sê gehad, en al was hy steeds 'n yster op die veld, het hy in sy laaste toespraak gesê hy sien nie kans vir nog 'n Wêreldbeker-voorseisoen nie.

Dinge het van kwaad na erger gegaan toe Wallis ons in die laaste wedstryd van die toer geklop het. Dit was maar die tweede keer in die geskiedenis dat die Drake die Bokke kon baasraak. Boonop het Jean, ons kaptein, 'n ernstige kniebesering opgedoen. In daardie stadium het dit nie gelyk of hy betyds vir die 2015-Wêreldbeker sou herstel nie.

Ek kan nog sy pynkreet hoor toe hy by die losskrum geclean is.

Ons is stert tussen die bene terug Suid-Afrika toe. Vir 'n span met groot drome om die beste ter wêreld te word het ons misluk. En "die kersie op die koek" het veral vir mense buite die span amper onmoontlik gelyk.

4

DIE BITTER SMAAK VAN VERNEDERING

Vroeg in 2015 het Allister Coetzee aangekondig dat hy WP aan die einde van die seisoen gaan verlaat. Vir my persoonlik was dit hartseer nuus: Hy het 'n 20-jarige outjie 'n kans in die Stormers se no. 4-trui gegee, wat weer tot 'n kans in die Bokke se no. 4-trui gelei het.

Hoewel Coetzee nie die hoogtes bereik het wat die stoere WP-ondersteuners vereis nie, was die geluk ook nie aan sy kant nie. Hy het vir 'n volle seisoen amper geen slotte gehad om van te kies nie. In 'n ander seisoen was al die losskakels beseer, en so ook Schalk Burger, wat vir bykans 18 maande buite aksie was. Allister het amper nooit die luukse gehad om sy span uit 'n voltallige groep te kies nie, en dit het dikwels gelyk of die keuse vir 'n posisie uit die ouens in die sesde of sewende plek gemaak moes word.

Ek weet nie mooi hoekom dit so was nie. Dalk was daar te veel kontakoefensessies, dalk het van die ouens te veel wedstryde gespeel terwyl die rustydperke tussenin weer te kort was. Bes moontlik was dit so ietsie van alles – maar wat ook al die redes, jy gaan sukkel in Superrugby as jou beste spelers gereeld buite aksie is.

TEN SLOTTE

En hoewel ons nooit 'n Superrugbytitel kon wen nie, moet 'n mens onthou dat die WP onder Allister vier agtereenvolgende Curriebeker-eindstryde gehaal het – én twee van hulle gewen het (2012 en 2014). En soos vir elke afrigter van 'n Suid-Afrikaanse Superrugby-span, geld ander reëls as dié vir die Nieu-Seelandse spanne. Amper al Nieu-Seelandse se top-spelers het in die land gebly omdat die All Blacks se kontrakte sentraal gehanteer word en hulle nie gekies word as hulle oorsee speel nie. Op hul beurt het die Suid-Afrikaanse spanne 'n groot klomp spelers aan die euro, pond en jen afgestaan.

Dis nie al rede waarom Nieu-Seeland die Superrugby-kompetisie tussen 1996 en 2019 met 17 titels teenoor Australië se vier en Suid-Afrika se drie oorheers het nie, maar dit het beslis 'n rol gespeel.

'n Mens kan nie die spelers blameer wat die keuse uitgeoefen het om oorsee te gaan speel nie. 'n Rugbyloopbaan is kort en dikwels uitmergelend. En afhangend van hoe jou lewe ná uittrede loop, is die rugbygeld wat jy as jong man verdien waarskynlik die grootste salaris wat jy ooit gaan kry.

Dit gaan ook nie altyd nét oor geld nie. Party spelers vat die pad omdat hulle dink dat die Springbok-deur vir hulle gesluit is. Dink aan 'n ou soos die haker Schalk Brits, wat moes meeding in 'n posisie waar Suid-Afrika ryklik met talent geseën was. John Smit, Bismarck du Plessis en Adriaan Strauss was almal voor hom in die Bok-tou.

Schalk het die Stormers verlaat om vir die Engelse klub Saracens te gaan speel. Schalk het 'n paar toetskanse misgeloop, maar hy het 'n wonderlike Saracens-loopbaan gehad en baie meer geld gemaak as wat hy in Suid-Afrika sou kon doen. En boonop kry hy toe onverwags die kans om teen die einde van sy loopbaan 'n Wêreldbeker-medalje te wen.

Dan is daar die spelers wat die kat uit die boom kyk en besef dat hulle moeilik 'n Bok-span gaan haal, maar dat daar dalk groener internasionale weivelde elders is: "As ek 'n paar jaar in Engeland of Skotland speel, word ek dalk vir hulle nasionale span gekies en kan ek in 'n Wêreldbeker speel."

Ek beskou hierdie spelers nie as verraaiers nie. Hulle maak jou net nog trotser op die diepte van Suid-Afrikaanse rugby – veral as dit iemand is wat jy ken. David Ribbans het byvoorbeeld 'n klompie senior wedstryde vir WP gespeel voordat hy in 2017 na Northampton verhuis en daar naam gemaak het. Hy het op die ou end 11 toetse vir Engeland gespeel. Ek glo almal by die WP het hard vir hom geskree toe hy sy kans op die groot verhoog kry.

Aan die begin van 2015 het ek vir iets soos 600 dae geen Superrugby gespeel nie. Toe ek vir die voorseisoen opdaag, was daar baie ouens wat al 'n paar wedstryde vir die Stormers gespeel het en wat ek nog moes leer ken.

In Allister se laaste jaar as Stormers-afrigter het ons derde op die Superrugby-punteleer geëindig. Dit was goed genoeg om 'n tuis-uitspeelstryd te beklink, maar ons het heeltemal uit die bus geval teen die Brumbies op Nuweland. Dit was beslis nie die afskeid wat Allister verdien het nie.

Voordat hy weg is, het ek vir hom een van my Springboktruie gegee. Vir elke wedstryd het ons twee truie gekry, en soms sou ek een ruil, maar die ander het ek vir myself gehou. Ek het

TEN SLOTTE

nie truie soos Smarties uitgedeel nie, maar dit net gegee aan mense wat 'n diep impak op my lewe gehad het – in my private lewe óf op die rugbyveld.

Ek sal altyd dankbaar wees dat Allister my op 'n jong ouderdom vir die Stormers gekies het en dat ek onder hom my eerste trofee op senior vlak kon wen.

Hoewel ek dit nie toe besef het nie, sou ons paaie spoedig weer kruis.

Die Springbokke se eerste wedstryd in die Wêreldbeker-jaar was 'n "vriendskaplike" kragmeting teen 'n Wêreld XV-tal op Nuweland. Maar dinge is selde vriendskaplik wanneer jy 'n Bok-trui dra, veral wanneer daar agt Suid-Afrikaners in die ander span is.

'n Paar dae voor die wedstryd het Heyneke na my toe gekom en gesê: "Jy gaan hierdie naweek jou eerste drie vir die Bokke druk."

Ek het in daardie stadium al drie jaar lank vir Springbokke gespeel sonder om die doellyn oor te steek. Heyneke het dit elke keer gesê wanneer hy my sien, en sowaar, ek het onder die pale gedruk nadat Bismarck du Plessis van agter 'n losskrum vir my die bal aangegee het. My groot vriend Marcell Coetzee was die eerste een wat my kom omhels het, net soos ek die eerste een was om hóm te omhels toe hy sy eerste drie vir die Bokke gedruk het.

Ek en Marcell Coetzee het in 2012 saam ons debuut vir die Bokke gemaak en sedertdien het ons 'n spesiale vriendskap opgebou. Ek sal nooit die storie vergeet wat Pa my vertel het van die aand wat ons ons debuut gemaak het nie. Pa het toilet toe gegaan en daar iemand raakgeloop wat hy uit die polisie of van elders herken het. Hy sê toe vir hom dat hy daardie dag die trotsste man in die stadion is. Die ander man antwoord toe dat dit onmoontlik is, want hý is die trotsste. Hulle het gou uitgepluis dat hulle álbei die pa's van Bok-debutante was!

Bakkies was kaptein van die Wêreldspan en dit was die eerste en enigste keer dat ek teen hom gespeel het. Ek het nie verwag om hom weer op die rugbyveld te sien ná sy uittrede uit internasionale rugby nie, dus was dit 'n bonus. Soos 'n mens kon verwag, het ons een of twee keer mekaar by die afbreekpunt gekry, maar darem niks te erg nie. Van meer belang is dat Jean de Villiers daardie dag vir die eerste keer ná sy kniebesering weer gespeel het. 'n Gemaklike oorwinning teen 'n goeie span het soos die ideale voorbereiding gelyk vir 'n verkorte Rugbykampioenskap en die Wêreldbeker later.

Voor ons openingswedstryd van die Rugbykampioenskap teen Australië het Heyneke vir my gesê: "Ek weet ek het verlede week vir jou gesê jy gaan jou eerste drie vir die Bokke druk, maar hierdie week gaan jy jou eerste drie in 'n toets druk." Ek het gedink: Dit raak nou 'n bietjie weird – hy't my nog nooit vooraf gesê dat ek gaan druk nie, en nou hou hy nie op daarmee nie. Dinge het nóg vreemder geraak toe ek inderdaad 'n drie in Brisbane gedruk het deur op my knieë in die hoekie oor te skuif. Jean, wat graag die jonger ouens geterg het, het agterna gesê: "Volgende keer wanneer jy 'n drie druk, moet jy dit tog behoorlik doen." Wat het hy verwag? 'n Vollengte-duikslag? Ek sal myself beseer as ek dit probeer, want as jy so lank is soos ek, is dit 'n ver pad ondertoe.

TEN SLOTTE

Ongelukkig het die Wallabies twee laat drieë gedruk om die wedstryd te wen, en toe ek vir Heyneke vra of hy gedink het ek gaan die volgende week teen Nieu-Seeland druk, het hy net gesê: "H'm, ek weet nie." Daardie dag het ek nie gedruk nie, en Heyneke het nog nooit weer voorspel dat ek gaan druk nie. Vir wie weet hoe lank sou ek nooit weer 'n drie in 'n toets druk nie.

Iets wat my oneindig meer gepla het, was dat ons nóg 'n toets teen die All Blacks op Ellispark weggesmyt het. Met sewe minute oor het ons met drie punte voorgeloop, maar toe die eindfluitjie blaas, het die telbord gelui: Nieu-Seeland 27, Suid-Afrika 20.

Dit was die movie wat ons al so baie gesien het. Ons oorheers vir lang tye en dan straf Nieu-Seeland ons as ons vir 'n oomblik konsentrasie verloor.

Vroeg in die tweede helfte het ons 'n reeks skrums onder die All Black-pale gehad, maar ons het nie 'n enkele punt gehad om daarvoor te wys nie. Boonop moes die plaasvervanger-vaskop, Vincent Koch, die veld met 'n besering verlaat, wat tot onbetwiste skrums gelei het. Een van ons groot wapens is daarmee geneutraliseer. Hul wendrie het van 'n oefenveld-beweging gekom: Met groot vertoon is Kieran Read agter in die lynstaan opgetel, maar Codie Taylor gooi toe 'n wankelrige bal voor in, en McCaw het deur die middel van die lynstaan gebars.

Die nederlaag het beteken dat die Bokke vir die eerste keer sedert 2011 drie toetse op 'n streep verloor het. Maar dinge was op die punt om nóg erger te raak.

Ons was 'n makliker wedstryd teen Argentinië in Durban te wagte. Die Poemas boesem nie so baie vrees in wanneer hulle weg van die huis speel nie. Ons oorgerustheid het ons egter duur te staan gekom, want daardie dag was die Argentyne aan die brand.

Die vleuel Juan Imhoff het binne 20 minute 'n driekuns behaal. Ons het gesteier.

'n Troosdrie van Bryan Habana het die telbord 'n rapsie beter laat lyk, maar om met 25–37 op jou tuisveld teen Argentinië te verloor is steeds 'n taai klap. Dit was boonop die Poemas se eerste oorwinning ooit oor die Bokke.

In daardie jare was Argentinië nog nie een van die "groot spanne" nie en die Suid-Afrikaanse media het ons behoorlik oor die kole gehaal. Een Engelse joernalis het ons spel as "utterly deplorable" beskryf en 'n ander het gesê die uitslag het soos die einde van die wêreld gevoel. Dit was so erg dat Heyneke gevoel het hy moet in die openbaar om verskoning vra.

Ons kon beswaarlik 'n vrotter opbou na die Wêreldbeker gehad het. Ons was die eerste Bok-span sedert 1965 wat vier agtereenvolgende toetse teen verskillende opponente verloor. Heel verstaanbaar het niemand ons 'n kans gegee om die Webb Ellis-beker te lig nie.

Om moed op te gee is egter nie deel van 'n ware Springbok se DNA nie. Ons het onsself daaraan herinner dat ons 'n paar maande tevore byna die All Blacks geklop het en dat ons hulle die vorige jaar met min of meer dieselfde groep spelers gestamp het. As ons op ons beste was en hulle beleef 'n effense af dag, kan ons hulle wéér klop.

Ons het ons enigste opwarmingswedstryd – teen Argentinië in Buenos Aires – gewen en daarna het ons vyf weke gehad om

TEN SLOTTE

vir ons eerste Wêreldbeker-wedstryd teen Japan voor te berei.

As 'n nuweling wou ek net op my eie spel fokus, maar 'n mens kon sien dat Heyneke onder druk is. Dit was nie net ons vrotsige aanloop tot die toernooi wat hom laat stres het nie – die Bok-breier was ook midde-in 'n politieke storm.

Aan die een kant is Heyneke gekritiseer omdat daar net agt gekleurde spelers in die groep was – minder as Saru se gestelde teiken van 30%. Aan die ander kant het joernaliste en ondersteuners hom gekritiseer omdat hy sogenaamde kwotaspelers kies.

Ek kan verstaan waarom mense wat transformasie in sport voorstaan, onmiddellike veranderings wil sien. Wanneer dit egter by die top-spanne van groot sportsoorte soos krieket en rugby kom, moet dit organies plaasvind. 'n Bok- of Protea-span wat goed vaar op die grootste verhoog doen baie om kinders van alle rasse na die sport te lok.

Chester Williams was die enigste gekleurde speler in die Bok-span wat die 1995-Wêreldbeker gewen het, maar hy het steeds ongelooflik baie gedoen om jong swart en bruin spelers te inspireer.

Transformasie moet op grondvlak begin, met geld wat bestee word om afrigting en geriewe vir minderbevoorregte kinders te verbeter, aangevul met beurse om die talentvolste spelers te ondersteun. So word 'n pyplyn geskep wat uiteindelik die provinsiale spanne voed, en uiteindelik die Springbokke.

Toe ek op die toneel gekom het, was daar nog relatief min gekleurde spelers by die Bokke, maar baie wat vir plaaslike spanne gespeel het.

Toe Allister in 2015 weg is by die Stormers, het amper die

helfte van sy groep uit bruin of swart spelers bestaan. Allister het baie lof daarvoor gekry, maar ek dink hy het erken dat dit bloot 'n weerspieëling was van die talent wat in en om Kaapstad beskikbaar is.

Ouens soos Siya, Gio Aplon en Juan de Jongh, wat 'n paar keer ons kaptein was, was nie daar omdat Allister 'n kwotastelsel bedryf het nie – hulle was daar omdat die afrigter wedstryde wou wen en hulle die beste beskikbare spelers was. Dieselfde het vir Heyneke gegeld by die Springbokke.

Ek kan in alle eerlikheid getuig: Sedert ek vir die Springbokke speel, het ek nog nooit 'n spanmaat gehad wat nie verdien het om daar te wees nie.

Ek kan ook nie aan een geval van blatante diskriminasie dink nie – nie teen wit, bruin óf swart spelers nie.

Die punt is: As jy 10 Springbok-ondersteuners in 'n vertrek sit en hulle 'n Wêreldbeker-groep laat kies, sal geen twee groepe dieselfde lyk nie. Hulle sal tot in ewigheid aanhou stry. Elke Bok-oefengroep is vir iémand omstrede, en daar sal altyd diegene wees wat oortuig is dat sekere spelers net as gevolg van politiek gekies is.

Dit frustreer my wanneer 'n ou op sy rusbank sit en op sosiale media gal braak oor 'n talentvolle bruin of swart speler. Wat weet daardie kêrel van rugby? Het hy enige navorsing gedoen? Weet hy hoe goed daardie jong speler op ouderdomsgroepvlak was? Verstaan hy dat spelers nie net op grond van hul individuele vaardighede gekies word nie, maar ook omdat hulle die beste by die span en sy stelsel pas?

Omdat dinge so giftig kan raak op sosiale media probeer ek

om my oog op die bal te hou en my so min moontlik daaraan te steur – al is dit moeilik.

Op die veld het dit nie veel beter gegaan nie. Tydens 'n oefening voor die Japan-wedstryd is ons gevra om 'n fiksheidstoets te doen. Dit het behels dat 'n stuk rek om ons middels gebind word met 'n ander ou wat die punte vashou. Ons moes dan regoor die veld tussen keëls, vyf meter uit mekaar, hardloop en kruip. In die proses het ek my kuitspier verrek en moes hoor dat dit tot ses weke kan duur om te herstel. Ons eerste wedstryd was oor vyf weke en ek sou nie betyds reg wees nie.

Terwyl die 23-tal wat teen Japan moes speel met die kapteinsoefening besig was (die dag voor die wedstryd), het die res van ons 'n paar biere in Brighton gaan drink. Nadat ons met ons fietse na 'n ander pub toe is, en nog 'n bier of twee gedrink het, het ek 'n oproep van die spanbestuurder gekry.

"Waar is jy?" het hy ietwat paniekerig gevra.

"Eet middagete," het ek geantwoord, en niks van die biere gesê nie. "Reg, Willem Alberts is beseer en jy moet speel."

Ek het die res van my middagete vinnig afgesluk, op my fiets gespring en teruggejaag hotel toe.

Ek kan nie die presiese wedstrydplan vir Japan onthou nie, maar dit was iets soos: "Kom ons wen die wedstryd en kry dit agter die rug, dan kan ons op die groot wedstryde teen Samoa en Skotland fokus." Die ouens in die beginspan het altesame iets soos 900 toetse gespeel, wat dit die mees ervare Springbok-span nóg gemaak het. Sewe van hulle was Wêreldbeker-wenners.

Dit het net nie moontlik gelyk dat ons kan verloor nie. My kuit was nog nie 100% nie en daarom het ek op die bank begin.

Om net aan die wedstryd terug te dink, laat my steeds ril. Dit was verskriklik om te aanskou.

Die Japannese het soos maniakke aangeval, verwoed verdedig en ons verskeie keer in die eerste 20 minute gedwing om die bal af te staan. Hulle het egter net 'n enkele strafskop gehad om vir al hul aanvalle te wys, en toe Francois Louw van agter 'n lynstaan oorduik, het ek gedink dinge gaan nou na normaal terugkeer. Na hoe dit 'hoort". Japan het egter 10 minute later self gaan druk, en die skare het ontplof.

Die talle Japannese ondersteuners op die paviljoene het vlae rondgeswaai en 'n groot lawaai opgeskop terwyl omtrent al die "neutrale" toeskouers die buiteperde in die rooi-en-wit streeptruie ondersteun het. Die paar honderd ietwat angstige Springbok-ondersteuners het soos spatsels groen tussen die res uitgestaan. Toe Bismarck 'n paar minute later oor die doellyn storm, het ek gedink: Reg, nou gaan ons hulle opfoeter. Hoewel ons net 'n klein rustyd-voorsprong gehad het, was daar nie paniek in die kleedkamer nie. Ons het gedink dis net 'n kwessie van tyd voordat die Japannese hulle uitwoed..

Net ná die begin van die tweede helfte het Japan se heelagter, Ayumu Goromaru, 'n strafskop oorgesit wat hulle weer die voortou gegee het, voordat Lood de Jager ná 'n uitstekende stormlopie oor die doellyn geval het. Binne 10 minute was dit egter 19 elk, met swak dissipline deur ons by die afbreekpunte wat vir Japan nog twee strafskoppe besorg het. Toe Adriaan Strauss gaan druk, het ek gedink dit sou die damwal laat bars, maar nee, hulle het soos nete geklou. Toe ek met 11 minute oor op die veld draf, was die manne nog kalm. Natuurlik het ons teen dié tyd besef hulle is 'n veel taaier neut om te kraak as wat ons verwag het, maar daar was min twyfel dat ons die wedstryd sou deurtrek as ons net diep genoeg delf. Of so het ons altans geglo.

Minder as 'n minuut later is dié illusie verpletter toe Goromaru ná 'n ingewikkelde ingeoefende beweging in die hoek oorgeduik het. Die drie is verdoel om die telling 29–29 te maak. Toe het die skare éérs bos gegaan.

Met sewe minute oor het Handré Pollard ons met 'n strafskop laat voorloop, en die telling was tot 'n minuut voor die einde 32–29.

Die Japannese het ons aanhou bombardeer, met Fourie du Preez wat net-net 'n drie gekeer het deur een van hul aanvallers agter die doellyn in die lug te hou.

Japan het 'n strafskop gekry en ek het aanvaar dat hulle pale toe gaan skop om 'n gelykop-uitslag te verseker. Dit sou immers 'n reuse prestasie vir hulle wees (en 'n yslike verleentheid vir ons). Maar toe kies hulle 'n skrum. Ek het besef: Hierdie ouens het nie net gekom om 'n Bok te kwes nie …

Die verloop van die wedstryd en die feit dat een van ons stutte kort vantevore 'n geelkaart gekry het, het die Japannese genoeg selfvertroue gegee om vir die doodskoot te gaan.

Van die skrum het die bal eers na regs beweeg en ons kon die aanval smoor, maar toe hulle die bal na die ander kant van die veld slinger, is ons met die broek op die knieë betrap. Weens die geelkaart het ons een kritieke verdediger makeer.

Amanaki Mafi het 'n Bok-verdediger afgestamp en 'n wye aangee na Karne Hesketh laat loop. JP Pietersen het sy bes gedoen om hom te keer, maar dit was te laat vir trane.

'n Besielde span Japannese het vir die grootste skok in rugbygeskiedenis gesorg.

Nog nooit het 'n Bok-span so erg skande gemaak nie.

Agterna was dit doodstil in die kleedkamer. Die manne het afgekyk en omtrent niks gesê nie. Dit was nie die regte tyd om te raas en te skel of te verwyt nie; dit was eerder 'n geval van jou sakke pak en so vinnig as moontlik daar wegsluip. Ek het bitter jammer gevoel vir Heyneke en Jean de Villiers, wat die media moes gaan trotseer.

Heyneke het gesê ons het die land in die steek gelaat, terwyl Jean probeer volhou het dat dit nie 'n volslae ramp was nie.

Die busrit terug hotel het soos 'n begrafnis gevoel. Dit was asof ons pas 'n familielid aan die dood afgestaan het en probeer het om sin daarvan te maak.

Later het ons die riller-vergadering gehad waar Heyneke elke speler opdrag gegee het om vorentoe te kom en te verduidelik wat hulle gaan doen om dinge reg te ruk. Ná so 'n verloor is dit altyd die afrigter wat die meeste deur die media en ondersteuners geblameer word. Maar dis eintlik ons as spelers wat die meeste skuld moet dra.

Japan het nie ons naasbeste span verslaan nie, hulle het 'n span geklop wat sommige van die beste Springbokke ooit ingesluit het. Dit was nie lekker om groot manne te sien huil nie, maar ons kon nie ons verantwoordelik ontduik nie. Óns het die land in die steek gelaat.

Mense vergeet gou as die Springbokke teen een van die groot lande verloor, maar niemand gaan ooit daardie wedstryd vergeet

TEN SLOTTE

nie. Dis 'n skandvlek wat ons altyd gaan dra – maak nie saak hoeveel bekers en toekennings ons verower nie.

Ek onthou hoe ek gevoel het toe Australië ons vier jaar tevore uit die Wêreldbeker geboender het. Die WP se onder 21's het daardie naweek in Johannesburg gespeel, en ons het op O.R. Tambo na die wedstryd gekyk voordat ons teruggevlieg het Kaapstad toe. Om in die kwarteindronde te verloor, was 'n ramp vir Suid-Afrikaanse rugby. In dié geval het die grootste skuld nie by die spelers gelê nie, maar by die Kiwi-blaser Bryce Lawrence. Nietemin het ek dit as 'n diep persoonlike verlies ervaar. Daardie dag het ek vir myself die mikpunt gestel dat ek graag eendag in 'n Bok-span wou speel wat beter by die Wêreldbeker vaar.

En toe kon ons nie eens teen Japan wen nie. Ons persoonlike verleentheid was groot. Dit is een van die redes waarom ek sosiale media soos die pes vermy het ná die nederlaag.

En met die vlamme van woede wat hemelhoog gebrand het, sou dit wees soos om my kop in die vuur te druk.

Hoewel ek kon raai, het ek het later gesien hoe woes van die kommentaar tuis was. Een koerant het dit "die donkerste dag in Springbok-geskiedenis" genoem. 'n Ander een het van "Suid-Afrikaanse rugby se Pearl Harbor" gepraat. "Pateties" en "vernederend" was van die ander woorde wat rondgegooi is.

En ons kan natuurlik met niks daarvan stry nie.

Die voormalige Bok-afrigter Jake White – wat Suid-Afrika in 2007 tot 'n Wêreldbeker-oorwinning gelei het – het ons spel "skandalig" genoem. Die sportminister het Heyneke gebel om sy ontevredenheid te kenne te gee.

Ons moes egter in gedagte hou dat ons nog nie uitgeskakel was nie. Daar was nog drie groepwedstryde oor en eers as dinge daar ook skeefloop, sou ons ons sakke moes pak. Alhoewel ons op die randjie van die afgrond gestaan het, was dit selfs moontlik dat die nederlaag teen Japan in ons guns kon tel. Ons opponente kon ons maklik onderskat, net soos ons Japan onderskat het. Niemand in Suid-Afrika het ons 'n kans gegun nie, maar miskien, net miskien, kon ons uit die dood herrys.

Die week voor ons wedstryd teen Samoa was van die spannendste tye in my Springbok-loopbaan.

Heyneke het in 'n personderhoud genoem dat hy 24 uur lank gehuil het ná die Japan-skok en selfs selfmoord oorweeg het. Hy het 'n grap gemaak, maar die druk op hom moes onbeskryflik gewees het.

Samoa het geweet dat ons kwesbaar is. As Japan ons kon wen, waarom nie hulle ook nie? As jy fisiek nie op jou beste is teen die spanne van die Suidsee-eilande nie, gaan hulle jou hel gee. Ons ouens se ingesteldheid was egter van meet af aan heel anders as die week tevore. Samoa het 'n paar atletiese spelers – vinnige ouens met uitstekende vaardighede uit gebroke spel, maar hulle hou nie daarvan om ingehok te word nie. Die plan was dus om dinge gestruktureerd te hou en hulle in die vaste fasette te oorheers. Ons wou ook nie besit met lang skoppe afstaan en hulle die ruimte te gee om te begin hardloop nie.

JP Pietersen het 'n vroeë drie gedruk om dinge rustiger te maak, en Handré het vier strafskoppe oorgesit om vir ons 'n stewige rustyd-voorsprong te gee. Ná rustyd het JP sy driekuns voltooi en ons het gemaklik met 46–6 gewen.

TEN SLOTTE

Die een groot terugslag was dat Jean sy kakebeen teen Samoa gebreek het en kort daarna sy uittrede uit internasionale rugby aangekondig het. Dit was 'n hartseer manier vir 'n Springboklegende om uit te tree, veral omdat hy weens beserings ook die grootste deel van die 2007-Wêreldbeker misgeloop het.

Ons volgende teenstanders, Skotland, het Japan met verrassend min moeite gewen, en iemand het dit goedgedink om 'n advertensie vir 'n energiedrankie te maak wat met die Suid-Afrikaanse rugbyspelers spot. Vir ons was dit olie op die vuur. 'n Goeie afrigter sal daardie soort ding gebruik om sy span te motiveer, en Heyneke het daardie advertensie regdeur die week gespeel terwyl hy vir ons sê: "Dit is wat hulle van julle dink, hulle dink julle is dom."

As gevolg daarvan was ons redelik opgewerk toe ons op die veld stap, alhoewel ons gelukkig 'n paar grapmakers in die span gehad het om die spanning te verlig.

'n Groep van net meer as 30 intense, ernstige ouens wat die hele tyd aan rugby dink en daaroor praat, maak dinge nogal moeilik wanneer jy vir 'n paar maande saam weg is van die huis. Dis waarom die poetsbakkers en die grapjasse so nodig is.

Voordat ek hom leer ken het, het Morné Steyn vir my soos 'n taamlik preutse kêrel gelyk, maar hy was eintlik 'n grappige ou wat saam met Willem Alberts vir baie joligheid gesorg het. Op die veld was Willem 'n vernietigende mengsel van brute krag, tegniek en tydsberekening. Hy kon jou duik dat jy hik. Weg van die veld was hy egter skreeusnaaks. Hy het dikwels sy foon uitgepluk om snaakse situasies op te neem. Voor die wedstryd teen Skotland het hy homself afgeneem waar hy 'n duif bekruip en dit vang, amper soos Rocky Balboa in die bekende toneel met die hoender. Hy het heeltyd sulke belaglike video's met ons gedeel. As Willem en sy assistent, Morné, in die omtrek was, kon jy maar regmaak om lekker te lag.

Met Jean uit die Wêreldbeker het Fourie du Preez die kapteinskap oorgeneem – 'n rol wat hom soos 'n handskoen gepas het. Teen Skotland in Newcastle het ons drie drieë teen een gedruk en op 'n drafstap met 34–16 gewen. Op papier het Skotland voor die toernooi soos ons taaiste teenstander in die groep-fase gelyk, so dit was 'n wen wat gehelp het om ons selfvertroue nog 'n bietjie te herbou ná die Japan-klap.

Benewens die oorwinning was die lekkerste deel van daardie naweek die reis terug na Londen. Toe ons by die stasie opdaag is ons oorval deur Suid-Afrikaanse ondersteuners. Die meeste van hulle moes dieselfde trein na die suide as ons haal. Hulle sou ons dalk 'n paar weke tevore uitgejou het, maar nou wou hulle handtekeninge en selfies hê. Indien ons die VSA in die Olimpiese Stadion in Londen kon wen, sou ons boaan ons groep eindig. Ek het weer begin droom: Dalk was die Japan-wedstryd net 'n glipsie en kan ons nog die toernooi wen?

Ons het reeds geweet dat ons nie teen Engeland in die kwarteindronde hoef te speel nie, want hulle het die eerste gasheerland geword wat in die groepfase uitgeskakel word. Die reaksie in ons kamp was waarskynlik dieselfde as dié van die res van die wêreld – 'n mengsel van skok en leedvermaak. Daar was egter ook 'n bietjie verligting, want mense het opgehou om ons oor ons nederlaag teen Japan te tart. Die Engelse was nou die teiken van die ergste spottery.

TEN SLOTTE

In ons laaste groepwedstryd het ons die VSA maklik geklop. Byran Habana het 'n driekuns behaal en daarmee Jonah Lomu se rekord van 15 drieë in Wêreldbeker-toernooie geëwenaar.

'n Oorwinning van 64–0 is altyd lekker en die feit dat ons 'n potensieel taai kwarteindstryd teen Engeland op Twickenham gesystap het, het 'n ekstra huppel in ons stap gesit.

In plaas van die Engelse het Wallis nou op ons gewag. Ons het geweet baie Walliese ondersteuners sou opruk na Twickenham, maar eerder dit as 'n skare van 70 000 in die Millennium-stadion in Cardiff.

Hoewel ons Wallis bo Engeland verkies het, kon ons natuurlik glad nie oorgerus wees nie. Wallis het juis ons 2014-jaareindtoer op 'n suur noot laat eindig toe hulle ons met 12–6 in die laaste wedstryd geklop het.

Soos die Walliese kaptein Sam Warburton gesê het: "Waarom sou ons dink ons kan hulle nie weer wen nie?"

Wallis het 'n goeie, veelsydige span gehad, met 'n uitstekende vaste vyf en een van die beste stelskoppers ter wêreld, Dan Biggar. Hulle het 'n soortgelyke spelpatroon as ons gevolg – met 'n klem op die vaste fasette en taktiese skopwerk. Dus het niemand 'n aanskoulike wedstryd verwag nie.

Die eerste helfte was 'n taai fisieke stryd wat nie veel vuurwerk opgelewer het nie. Wallis het die enigste drie gedruk toe die skrumskakel Gareth Davies ná 'n pragtige steekskoppie deur Biggar oorgeval het.

Die Drake het rustyd met 13–12 voorgeloop, maar ons het in die tweede helfte die pap dikker begin aanmaak. Ná meer as 60 minute was ons 18–16 voor, maar nadat ek gestraf is by 'n losskrum, het Biggar dit 18–19 gemaak. Die laaste 12 minute moes ek van die bank af kyk, wat baie erger is as om op die veld te wees.

Jy voel kalmer as jy op die veld is omdat jy in 'n mate in beheer is. Wanneer jy langs die kantlyn sit, is dit geheel en al uit jou hande. Jy weet nie wat die spelers vir mekaar sê of wat die plan is nie. Jy voel soos 'n totale toeskouer.

Alhoewel die spanning hoog geloop het, het ek geweet ons het baie diepte in ons span. Ek het vertrou dat die ouens op die veld die knoop gaan deurhak, al het die Walliesers hóé verwoed verdedig.

Biggar is met 'n kopbesering van die veld af met nog ses minute oor. Met die volgende skrum het Duane Vermeulen aan die steelkant weggebreek en 'n agter-uit-die-hand-aangee weggekry na Fourie, wat in die hoek oorgeduik het. Dit was nie 'n beplande beweging nie, maar die skrum het effens geswaai, Duane het die bal opgetel, en Fourie het gesien daar's niemand om die steelkant te dek nie.

Van die mense het gedink dat Wallis ongelukkig was, maar dit is nie hoe ek dit gesien het nie. Om wedstryde te wen, is altyd 'n spanpoging, maar sommige wedstryde word deur individuele briljantheid bepaal.

Uitstekende spelers sorg vir daardie X-faktor-oomblikke wanneer dit die nodigste is, soos Fourie en Duane daardie dag gedoen het. Dit was nie net dat Duane met daardie aangee agter uit sy hand vorendag gekom het nie, dit was ook dat hy die situasie reg gelees en 'n verdediger agter 'n swaaiende skrum besig gehou het. Wat Fourie betref, hy het die insig gehad om

TEN SLOTTE

te sien dat Duane die bal gaan uitgee, en hy was slu genoeg om daardie lyn te begin hardloop sonder dat enige Walliese verdediger hom kon teiken.

Dit is gerusstellend om te weet dat jy sulke ouens op die veld het; spelers wat nie net dieselfde ding oor en oor gaan doen sonder enige resultate nie, maar ook met iets vindingryks vorendag kan kom.

Afrigters wil altyd hê ons moet in die eerste plek goeie spanspelers wees, maar hulle sê ook dat ons nooit die sirkustoertjie moet vergeet wat ons in ons arsenaal het nie, en wat van speler tot speler kan verskil. Willie le Roux gaan byvoorbeeld nie sommer bo-oor verdedigers hardloop nie, maar hy is baie goed om 'n gaping te sien waar ander dit miskyk en om sy spanmaat met 'n steekskoppie of aangee weg te stuur. Selfs stutte en slotte moet 'n sirkustoertjie hê. 'n Stut moet 'n strafskop kan afdwing met sy skrumwerk, of 'n losgemaal kan skoonmaak; 'n slot moet weer in staat wees om lynstane op die opponente se ingooi te ontwrig, of druk op hul skoppers te plaas.

Hoewel hy wyd gerespekteer is, dink ek Duane het eintlik nooit die volle erkenning gekry het wat hy verdien nie – veral wat die res van die wêreld betref. Wanneer gesprekke oor die beste agtstemanne van alle tye gevoer word, behoort sy naam meer gereeld op te duik. 'n Mens besef eers werklik hoe goed Duane is wanneer jy saam met hom in 'n span speel. Hy is ongetwyfeld die beste agtsteman saam met wie ek ooit gespeel het.

Duane gee sy spanmaats vertroue aangesien hy presies weet wat sy rol is, en dit nougeset uitvoer. Wedstryd ná wedstryd. As baldraer het hy verwoesting gesaai onder die verdedigers, en wanneer jy 'n spanmaat dit sien doen, sit dit ook murg in jóú pype. Boonop was hy 'n uitstekende balverspreider. In moeilike situasies kon Duane koelkop bly en hy het amper nooit 'n duikslag verbrou nie. In die lynstaan kon hy belangrike balle wen en agter in die skrums het hy rotsvas gestaan. Wanneer hy agter my in die skrum gesak het, het dit gevoel soos 'n slagboor wat inslaan.

Duane het nie altyd aandag getrek nie, maar sy tegniese vernuf agter die skerms was goud werd. Toeskouers kan dalk sien hoe iemand 'n drie vanaf 'n dryfmaalbeweging druk en hul lof besing, maar hulle het waarskynlik die fyner kunsies misgekyk van hoe die beweging van stapel gestuur is. Dit was daar waar Duane dikwels in die prentjie gekom het.

Miskien het die internasionale kenners Duane juis soms misgekyk omdat hy eerstens op die donkiewerk van agtsteman-spel gefokus het.

Benewens Duane se spogvertoning teen Wallis in die kwarteind, moet 'n mens ook 'n lansie breek vir sy mede-losvoorspeler Schalk Burger. Hy was 'n paar jaar vantevore byna dood, maar is welverdiend as Speler van die Wedstryd aangewys nadat hy die veld vol gespeel het en al wat Wallieser is platgeduik het.

Ons taaiste toets het egter in die halfeind gewag – Nieu-Seeland, die span wat skynbaar áltyd 'n manier kon vind om te wen.

Voor die halfeindstryd het Heyneke vir die media vertel dat dit die beste All Black-span nog ooit was. Wanneer 'n afrigter so iets kwytraak, is dit dikwels deel van 'n sielkundige speletjie om die ander span se bande so op te pomp dat dit later bars.

TEN SLOTTE

In hierdie geval het Heyneke egter die waarheid gepraat. Die All Blacks het net drie wedstryde verloor tussen hul oorwinning in die Wêreldbeker van 2011 en hul 62–13 afranseling van Frankryk in hul 2015-kwarteindstryd. Dis 'n verbysterende prestasie as jy week in en week uit teen die beste spanne ter wêreld speel.

Agter die skerms het Heyneke egter glad nie die wit vlag gehys nie.

Die Bok-afrigter het bly hamer op sy boodskap: Net soos wat Japan óns geskok het, kon ons All Black-rugby tot sy fondamente skud deur hulle in die halfeind op Twickenham te klop. Ons het dit 'n jaar tevore gedoen teen basies dieselfde span en boonop was al die druk op die All Blacks. Niemand het eens verwag dat ons die halfeind sou haal ná die Japan-wedstryd nie.

Die span het Heyneke se boodskap gekoop, maar dinge het nie goed gelyk toe Jerome Kaino ná slegs ses minute gaan druk het nie.

Die vroeë terugslag het egter nie die Bokke geknak nie. Ons het die skrums oorheers, ons rolmale het goed gewerk, en ons het nie vir Dan Carter veel tyd gegee om sy gewone toertjies ten toon te stel nie. Self het ons nie veel op die aanval uitgerig nie, maar Handré se skopskoen was in die kol en ons het rustyd met 12–7 voorgeloop danksy vier strafdoele. Met Kaino in die koelkas vir die eerste nege minute van die tweede helfte, het dit begin voel asof dit dalk ons dag kan wees.

Ongelukkig kon ons nie dié eenman-voordeel benut nie, en 'n paar minute nadat Kaino teruggekeer het, het ons 'n paar meter van ons doellyn balbesit afgestaan. Die All Blacks het die bal na links gestuur en Beauden Barrett het in die hoekie gaan druk. Ons het die res van die kragmeting alles ingesit en uiteindelik het 'n strafdoel deur Pat Lambie die All Blacks se voorsprong tot net twee punte laat krimp. Die telling was 20–18 met 10 minute speeltyd oor. In die gietende reën het die All Black-verdediging egter rotsvas gestaan en ons kon net nie deurbreek nie.

Daardie verloor het erger gevoel as die nederlaag teen Japan. Ná Brighton kon ons steeds dink ons kan die toernooi wen, maar nou was dit die einde van die pad. Dit het gevoel asof ons 'n groot geleentheid deur ons vingers laat glip het.

Ek het langer as gewoonlik in die kleedkamer rondgehang, want ek het geweet as ek daar uitstap, is ons toernooi heeltemal verby. Selfs toe net ek nog daar was, het ek in 'n toilethokkie gaan sit en gedink hoe maklik dinge anders kon uitdraai.

Dit was een van die slegste oomblikke van my lewe. Vir die volgende twee dae het ek nie by my hotelkamer uitgekom nie. Oproepe, teksboodskappe en selfs 'n klop aan my deur het ek geïgnoreer. Eers toe Bismarck en Jannie du Plessis my die Maandagoggend kom soek, het ek oopgemaak. "Jy kan nie heeldag in jou kamer wegkruip nie," het Bismarck gesê asof hy met 'n stout kind praat. "Kom ons gaan uit."

Dankie tog vir daardie twee, want in plaas daarvan om op my eie te sit en stoom deur die wedstryd oor en oor in my gedagtes te speel, het ons Londen gaan verken. En ná 'n paar biere kon ek selfs 'n effense glimlag gee.

Ons moes steeds vir die bronsmedalje uitspeel teen Argentinië, wat in húl halfeindstryd teen Australië verloor het. Ons

TEN SLOTTE

het weer daardie Woensdag begin oefen. Alhoewel ons nie juis opgewonde was om vir die derde plek uit te speel nie, sou dit vir 'n paar ouens hul laaste Springbok-wedstryd wees, onder andere Victor, Schalk en die Du Plessis-broers. Fourie is in die halfeindstryd beseer en het sy uittrede 'n paar maande later aangekondig.

Daar was dus meer emosie betrokke as in die gemiddelde bronsmedalje-uitspeelstryd.

Ons het die Poemas redelik maklik geklop en ek het selfs 'n drie gedruk, maar die nederlaag teen Nieu-Seeland het nog seer gemaak. Terwyl ons agterna by die lughawe gewag het vir ons vlug terug na Suid-Afrika, het ek en Johann van Graan gaan koffie drink.

Ek onthou nog goed wat ek vir hom gesê het: "So wil ek nooit weer voel ná 'n Bok-wedstryd nie … Ek sal enigiets doen om ons span te help om die volgende Wêreldbeker te wen; ek sal harder oefen, en harder speel as ooit tevore."

Min het ek geweet dat daar nog veel groter rampspoed voorgelê het.

5
'NÓÓIT WEER NIE, MANNE ...'

Kort ná die Wêreldbeker-teleurstelling was ek op pad na die land wat elke Bok-speler en -ondersteuner winduit geslaan het: Japan. Ek het reeds voor die toernooi 'n kontrak met die klubspan NTT Docomo onderteken. Dit was net vir drie maande en ek sou geen Stormers-wedstryde misloop nie. Daarom kon ek toestemming kry om te gaan. Ek was net vir 'n paar weke terug in Suid-Afrika voordat ek na Osaka moes vertrek.

Hoewel ek ook 'n paar aanbiedinge uit Frankryk gekry het, kon ek myself nog nie daar sien speel nie. In daardie jare was Franse klubrugby heelwat stadiger as vandag, wat verklaar waarom soveel Suid-Afrikaanse spelers later in hul loopbane soontoe sou gaan. Ek het nie juis gedink dit sou my spel baat om daar te gaan speel nie. Net so min het ek verwag dat ek baie in Japan sou verbeter, maar ek het gehoor dat dit nie so fisiek is soos rugby elders nie. Boonop betaal hulle goed en kyk mooi na jou.

In daardie stadium het ek nie 'n meisie gehad nie, en ek wou nie op my eie gaan nie. Daarom het ek my broer gevra om saam te kom en hom 'n salaris betaal. (Goed, ek het hom

TEN SLOTTE

basies omgekoop.) Dit het gevoel of ek vir drie maande 'n persoonlike assistent gehad het.

Ryen was veral handig in die kombuis. Dit is nie maklik om in Japan die kos te kry waaraan jy gewoond is nie, want alles word anders verpak en dit maak inkopies nogal ingewikkeld. Ek en hy sou egter vleis, groente en ander kos by die internasionale supermark aanskaf en hy sou die kos op die tafel hê op die aande wanneer ons nie lus was om uit te gaan nie.

My Bok-spanmaats Handré Pollard, Jesse Kriel en Heinrich Brüssow was by dieselfde klub, asook die voormalige WP-flank Wimpie van der Walt. Die liga het gewemel van Suid-Afrikaners. Ryen het party aande sommer vir hulle ook kos gemaak.

My noodplan het op die ou end fantasties gewerk. My band met Ryen het nóg hegter geraak tydens ons drie maande daar. Wanneer ons daaroor gesels, stem ons saam dat dit ons beste tye saam was as broers.

Vir 'n Suid-Afrikaner is Japan nogal 'n kultuurskok. Feitlik niemand praat Engels nie, maar hul gasvryheid is iets uit 'n ander wêreld. Toe Ma, Pa, my vriend Corne en Ryen se meisie Kersfees oorkom, het mense uit hul pad gegaan om te help. Dit was die eerste keer dat my ouers oorsee is.

Dit het 'n rukkie gevat om gewoond te raak aan die Japannese manier van dinge doen en ek het nie genoeg tyd gehad om hul taal aan te leer nie. Maar die feit dat alles gewerk het en betyds was, het my uitstekend gepas. Ek hou daarvan dat dinge georden is.

Die Japannese Topliga het baie spelers uit ander wêrelddele gelok. So was die voormalige Springbok Jaque Fourie volgens berigte die wêreld se hoogs betaalde speler toe hy in 2012 by die Kobelco Steelers aangesluit het. Die Topliga was veral gewild onder voormalige All Blacks, soos Dan Carter, Ma'a Nonu en Sonny Bill Williams. Die meeste van die Japannese spelers was amateurs, wat beteken het dat die spel nie so fisiek was soos Superrugby nie. Die spelers was oor die algemeen kleiner en ratser, en die wedstryde vinniger. Dit het beteken ek moes ietwat fikser wees, maar aan die ander kant was my lyf nie tot die volgende Woensdag seer nie.

Intussen is Eddie Jones, die meesterbrein agter Japan se sege oor die Bokke in Brighton, as afrigter van die Stormers aangestel. Hy het my gebel om te sê hoe opgewonde hy is om oor te neem, en dat hy daarna uitsien om my terug te hê. Hy het daarna 'n personderhoud gehad waar hy gesê het hy het daardie oggend wakker geword, Tafelberg deur sy venster gesien, en gedink: Ek is baie bly om hier te wees. Tydens sy eerste vergadering met die spelers het hy vir hulle gesê dat hy 'n omgewing wil skep wat só goed is dat hulle nooit elders heen wil gaan nie.

Nadat hy dié mooibroodjies gebak het, het die volgende wending in die storie as 'n skok gekom: Jones was 'n week later op 'n vliegtuig op pad na Londen om as hoofafrigter van Engeland oor te neem.

Vroeg in 2016 is die voormalige Stormers- en Bok-senter Robbie Fleck in sy plek as afrigter van die Stormers aangewys. Dit sou 'n uitdagende Superrugby-reeks wees, met twee nuwe spanne wat bygevoeg is. Toe daar aangekondig is dat Argentinië se Jaguares en Japan se Sunwolves by die reeks sou aansluit, was

TEN SLOTTE

my eerste gedagte dat daar nou nóg meer gereis gaan word. Besoekende spanne sou moes invlieg, die wedstryd speel, en weer binne 'n week uitvlieg.

In Stormers-geledere het dit tot 'n gebrom gelei, maar dit was goed vir rugby in die algemeen. Veral Argentinië en Japan het hierby gebaat omdat dit beteken het dat van hul beste spelers week in en week uit saam kon speel – voorheen was die Poemas byvoorbeeld regoor Europa versprei.

Die 2016-groepwedstryde het heel goed vir die Stormers verloop en ons het taamlik maklik vir die uitspeelstryde gekwalifiseer. Voor die kwarteindstryd teen die Chiefs op Nuweland was ons vol vertroue, maar is gou teruggebring aarde toe. Dit was een van daardie wedstryde waar niks vir ons wou reg loop nie, en ons het met 21–60 pak gekry.

Om so erg te verloor in 'n tuis-kwarteindstryd was 'n ontnugterende ervaring.

En toe gebeur dit wraggies die volgende seisoen wéér. Nadat ons die Chiefs in die groepwedstryde met 34–26 op Nuweland geklop het, moes hulle weer Kaapstad toe reis vir die kwarteindstryd. Hierdie keer was die Chiefs met 17–11 baas.

Ek het begin wonder of ek ooit weer 'n trofee op provinsiale vlak gaan wen.

Wat die Bokke betref, is daar ná die mislukte Wêreldbekerveldtog op die hoogste vlak lykskouing gehou. Heyneke wou graag as hoofafrigter aanbly en ek het vir die Saru-president, Oregan Hoskins, 'n teksboodskap gestuur om te sê dat hy 'n uitstekende afrigter is wat die span tot groter hoogtes kan vat as hy nog 'n kans kry. Hoskins het my beleef vir my inset bedank en gesê hulle sou dit oorweeg. Die skrif was egter reeds aan die muur.

Die media was genadeloos in hul evaluering van Suid-Afrika se Wêreldbeker-veldtog. Twee oud-Bokke het 'n ope brief geskryf met die opskrif "Heyneke must fall". Hulle het gesê sy taktiek is outyds en uitgedien en dat Bok-rugby onder hom agteruitgeboer het. Intussen was daar ook berigte dat verskeie provinsiale unies beswaar gemaak teen die Bokke se "konserwatiewe" spelpatroon en die beweerde gebrek aan transformasie.

Persoonlik het ek egter baie respek vir Heyneke gehad. Hy het my my eerste toets laat speel toe ek maar 20 was. Selfs nadat Victor en Bakkies teruggekeer het, het ek my plek behou. Toegegee, hy kon soms bygelowig wees. Hy moes altyd sy groen Energade voor 'n wedstryd hê, en sou geïrriteerd raak as daar enige stukkies papier of verbande by 'n spanpraatjie sigbaar was. Hy het dit geniet om stories te vertel, wat altyd 'n sedelessie ingesluit het. Nogtans was Heyneke 'n wonderlike afrigter, 'n perfeksionis wat tot in die fynste detail kon beplan. Weg van rugby was hy selfs 'n nóg beter mens – 'n absolute gentleman.

Maar as jy vier jaar lank die hoofafrigter van die Bokke is sonder dat jy 'n Wêreldbeker of 'n Rugbykampioenskap wen, gaan jy onder druk kom.

Nogtans hoop ek dat ek ná my aftrede nie sal wees soos daardie ouens wat daardie ope brief geskryf het nie. As mý mening gevra word, sal ek eerder op die positiewe wil fokus as om die span af te kraak. Ek dink steeds Heyneke moes 'n kans gekry het om te vergoed vir die ramp in Brighton, maar in Desember 2015 het hy bedank.

TEN SLOTTE

Ek het Heyneke en die res van sy afrigtingspan jammer gekry. Professionele sport is wreed, maar ek probeer om nooit te vergeet dat ons almal maar net mense is nie.

Ek was wel verheug toe my ou Stormers-afrigter, Allister Coetzee, in sy plek aangestel is. Dit kan stresvol wees vir spelers wanneer 'n afrigter inkom wat hulle nie ken nie. Sal sy benadering dieselfde wees as die vorige afrigter s'n? Gaan hy 'n ander rigting inslaan? Omdat ek so lank vir Allister gespeel het, het ek egter presies geweet wat hy van my verwag.

Ten spyte van al die pessimisme rondom die Springbokke, dink ek nie ons was te ver agter Nieu-Seeland nie. Ons het in 2014 in Wellington net-net teen hulle verloor, en hulle in Johannesburg geklop, en hulle die volgende jaar so byna in 'n Wêreldbeker-halfeindstryd uitgestof. Daarom was ek versigtig optimisties oor Allister se termyn as afrigter.

Onder Heyneke het baie mense gedink ons het te voorspelbaar geraak. Hy het sy Bulle-assistente, Johann van Graan en Ricardo Loubscher, saamgebring om onderskeidelik die voor- en agterspelers af te rig, en hulle het 'n baie gestruktureerde benadering tot die spel gehad. Alles het gedraai om stelsels, die hardloop van lyne en voorspelers wat hard en reguit moet dryf. Alhoewel Allister en sy afrigtingspan van mening was dat ons ietwat losser moet speel, was dit makliker gesê as gedoen.

Verskillende spanne het verskillende boustene ten opsigte van basiese strategie en kernvaardighede, en die Springbokke se fondasie was nog altyd 'n goeie verdedigingstelsel en 'n sterk pak voorspelers.

Nieu-Seelanders speel hulle rugby op hul manier omdat hulle

binne 'n sekere kultuur grootgemaak word. Losser, aanvallende rugby is in hul DNA, en selfs al werk dit nie meer nie, sou hulle nooit droom om soos die Springbokke te probeer speel nie. Hulle sou eerder hard werk aan dit wat hulle goed doen.

'n Sportspan moet nooit sy identiteit verraai nie.

Allister se eerste wedstryd was in Junie 2016 teen Ierland op Nuweland en vir die eerste keer is Siya Kolisi in die beginspan gekies. Hoewel hy sedert 2013 deel van die Springbok-groep was, was hy altyd op die bank. Ons het tonne talent in die lostrio gehad (by name Francois Louw, Duane Vermeulen, Willem Alberts, Heinrich Brüssow en Marcell Coetzee) en daarom wil ek nie beweer dat Siya voor hulle moes begin het nie. Tog was ek verbaas dat hy so lank moes wag vir sy kans.

Ek vermoed Siya het so 'n bietjie selfvertroue verloor toe hy onder Heyneke soms in en soms uit die span was, maar toe Allister oorneem, was hy weer die Siya wat ek van die destydse Cravenweek onthou. Sy selfvertroue het vinnig toegeneem en hy was weer meer geneig om te lag en grappies te maak – die Siya oor wie ek mal was.

Ek was altyd van mening dat Siya op die veld onderskat word. Aan die begin van sy loopbaan was hy 'n uitstekende baldraer, maar namate hy as speler ontwikkel het, het hy beter geraak met die minder opsigtelike werk op die verdediging en aanval – die soort ding wat nie altyd deur TV-kykers raakgesien word nie. 'n Mens kon vóél dat die span sterker was wanneer hy op die veld is.

Ierland is voor die 2015-Wêreldbeker opgehemel, maar is toe deur Argentinië in die kwarteindronde vermorsel. Toe

TEN SLOTTE

CJ Stander, wat van George in die Suid-Kaap kom en later gekwalifiseer het om vir Ierland te speel, ná 22 minute vir 'n laatvat op Pat Lambie afgestuur is, het ek gedink dis neusie verby. Ek het egter die Ierse veggees onderskat. Hulle het soos maniakke verdedig en Paddy Jackson het die skoppe deur die pale bly jaag. Met 12 minute oor was ons 13 punte agter. Pieter-Steph du Toit het 'n drie gedruk om die gaping te verklein, maar Ierland het verbete geklou om hul eerste oorwinning oor die Bokke in Suid-Afrika te beklink.

Soms moet 'n mens erken dat jy nie jou beste gelewer het nie, en dat die opposisie uitstekend gespeel het. Vir sommige Suid-Afrikaanse ondersteuners is amper elke Springbok-nederlaag egter 'n klad op die land se reputasie, en dit is ná daardie nederlaag behoorlik ingevryf. Toe ons die volgende oggend die hotel verlaat op pad gimnasium toe, begin 'n taxibestuurder op ons skree: "Hoe de donner kan julle op Nuweland teen Ierland verloor? Julle speel soos die hond se gat en maak die Springbok-trui cheap. Voetsek, julle almal!"

Ek moes hom seker geïgnoreer het, maar ek het gesê hy moet sy mond hou. 'n Verdere woordewisseling het gevolg, en uiteindelik het van my spanmaats my oortuig om dit daar te laat.

Dit het nie goed gelyk nie, maar daardie soort ding het my destyds baie ontstel. Ek het gedink: Liewe aarde, wat weet hierdie mense regtig van rugby? Of dit nou daardie taxibestuurder was of 'n ou wat sy aande deurbring deur brannas te drink en lelike plasings op sosiale media te maak – ek kan net nie hul manier van dink verstaan nie. Maar met die verloop van tyd raak 'n mens meer verdraagsaam. Selfs wanneer soveel ander dinge nie na wense is nie soos die politiek, die ekonomie en die maatskaplike omstandighede – die Springbokke is veronderstel om een van die dinge in Suid-Afrika te wees wat wérk.

Mense hou daarvan om deel van ons suksesverhaal te wees omdat die Bokke dikwels die enigste bron van nasionale trots is, en natuurlik is dit pynlik as ons verloor. Dit is waarom die ondersteuners ons soveel gas gee.

As die Suid-Afrikaners ooit ophou kla oor die Springbokke, moet ons bekommerd raak, want dan gee hulle nie meer om nie. Wat daardie taxibestuurder betref – die feit dat hy 'n ganse Springbok-groep in die straat kon uittrap, wys dat ons volksbesit is!

As ons nederlaag in die eerste toets die Suid-Afrikaanse publiek ontstel het, moes die eerste helfte van die tweede toets op Ellispark party van hulle rasend gemaak het. Ons was absoluut afgryslik weens 'n gebrek aan energie, en 'n onvermoë om enigiets te laat gebeur. Met Ierland wat 19–3 voorgeloop het, is ons van 'n kant af uitgejou, op 'n skaal wat ek nog nooit ervaar het nie. Destyds het ek nie die reaksie verstaan nie. Ons probeer mos nie om sleg te speel nie. Maar deesdae verstaan ek dit wel. Ons was hulle helde, of ons nou daarvan hou of nie, en hulle het hul swaarverdiende geld betaal om te kom kyk hoe ons speel. Hulle het die rég om ons uit te jou wanneer ons hulle in die steek laat, net soos hulle die reg het om ons toe te juig wanneer ons hulle trots maak.

Ek kan nie onthou wat rustyd in die kleedkamer gesê is nie, maar ons is waarskynlik goed sleggesê omdat ons besig was om soveel nonsens aan te jaag.

TEN SLOTTE

Hoe ook al, iewers het iets gekliek. Ons plaasvervangersbank het nuwe energie gebring, en 'n laat verdoelde drie deur Damian de Allende, ons vierde in die tweede helfte, het ons met 32–26 laat wen.

Daar was geweldige druk op ons om die derde toets in Port Elizabeth te wen. Geen Britse land kon nog 'n toetsreeks in Suid-Afrika wen nie, en dit sou 'n klad op die naam van Suid-Afrikaanse rugby wees indien Ierland dit regkry. Op die ou end het ons 'n taamlik saai wedstryd met 19–13 gewen. Agterna is ons nie juis met lof oorval nie. Miskien het die rugbypubliek en die sportskrywers instinktief aangevoel dat daar probleme was, al het ons die toetsreeks teen die Iere net-net deurgetrek.

Die 2016-Rugbykampioenskap sou hulle reg bewys.

Ons het ons eerste wedstryd teen Argentinië in Mbombela naelskraap gewen, danksy twee laat drieë. Die volgende week het die Poemas die bordjies verhang en ons net-net in Salta geklop. Dit was hul eerste oorwinning oor die Bokke op tuisbodem.

Ons volgende wedstryd was teen Australië in Brisbane, wat my 50ste toets sou wees. Nieu-Seeland het die Wallabies in hul eerste twee wedstryde van die toernooi vermorsel, en dit het gelyk asof hulle weer kan vou toe ons twee vroeë drieë druk. Wat vir my 'n groot mylpaal moes wees, het egter gou in 'n nagmerrie ontaard. Voor daardie dag is my trui nooit geskeur nie; ek het nooit steke nodig gehad nie, en het nog nooit 'n geelkaart gekry nie. Al drie het in daardie wedstryd gebeur. Boonop het die Wallabies se losskakel, Bernard Foley, nie 'n skop gemis nie, en toe hy met nog net 20 minute oor, oor die doellyn duik, was die koeël deur die kerk.

Ons volgende teenstanders was die wêreldkampioene in Christchurch, en soos dikwels teen die All Blacks gebeur, het ek vroeg in die wedstryd gedink ons het 'n kans. 'n Drie van Bryan Habana is egter gou beantwoord, ons het al hoe meer foute begin maak, en kort voor lank was hulle ver voor. In die tweede helfte kon ons amper nie 'n hand op hulle lê nie, en op die ou end het hulle met meer as 40 punte gewen.

Daarna kon ons daarin slaag om Australië in 'n aaklige wedstryd op Loftus te klop, met Morné Steyn wat al ons punte met sy skopskoen aangeteken het. Dit was egter 'n uitslag wat net die krake 'n bietjie toegesmeer het.

Die dissipline in ons groep was vrot, en van die ouens net buite die beginspan het gedink dis 'n goeie idee om te gaan baljaar voor ons wedstryd teen die verwoede All Blacks in Durban. Suid-Afrikaanse rugbyjoernaliste het daarvan te hore gekom, wat onmin in die groep veroorsaak het. Die gevoel was dat ons nie 'n doeltreffende leiersgroep gehad het nie – ervare manne wat die jong outjies 'n bietjie in die bek kon ruk en hulle leer hoe ware Springbokke hulle gedra.

'n Jaar of twee tevore het Schalk Burger my eenkant toe geroep by die Stormers en gesê hy wil hê ek moet meer leierskap toon by my unie. Dit was moeilik om te hoor, maar ek het probeer om meer betrokke te raak.

By die Springbokke was dit anders. Ouens soos Schalk, Jean de Villiers en Victor Matfield was ware legendes. Watter wyshede kon 'n jong speler soos ek deel wat hulle nog nie het nie?

TEN SLOTTE

Buitendien was my bewondering vir hulle so groot dat ek bang was ek maak 'n gek van myself voor hulle.

Nadat daardie ouens weg is, het dit vreemd gevoel om een van die senior spelers te wees. Ek was net 24 jaar oud en het nog my voete probeer vind in Springbok-rugby se leiersgroep. Boonop was daar steeds ervare ouens in die span, soos Bryan Habana, Morné Steyn, Beast Mtawarira en kaptein Adriaan Strauss, wat almal in hul 30's was. Ek het nie juis gemaklik gevoel om mond uit te spoel in hul teenwoordigheid nie.

Hoewel ons voorbereiding vir die All Blacks op Kings Park nie ideaal was nie, het ek nie gedink die wedstryd kan erger wees as die toets in Christchurch nie. Ongelukkig was dit. Weer kon ons hulle in die eerste helfte in toom hou en rustyd was hulle net 12–9 voor. In die tweede helfte het hulle egter die krane oopgedraai en sewe drieë ingeryg. Die telbord het seergemaak: Nieu-Seeland 57, Suid-Afrika 15.

Ek kan nie enige uitjouery onthou nie, maar die stilte was waarskynlik erger. Wanneer jou ondersteuners jou uitjou, het hulle steeds hoop; stilte beteken hulle het opgegee. Dit was die All Blacks se grootste oorwinning oor die Bokke in Suid-Afrika en die meeste punte wat die Bokke nóg afgestaan het.

Ons kon net twee uit ons ses wedstryde in die Rugbykampioenskap wen en het derde geëindig. Die All Blacks het soos gebruiklik met die trofee weggestap en hul eie rekord van 17 agtereenvolgende oorwinnings geëwenaar. Daardie nederlaag in Durban was 'n krisispunt in Suid-Afrikaanse rugby, maar dit het nie gelyk of al my spanmaats ewe veel daardeur gepla is nie. 'n Paar van die ouens wat voor die wedstryd gaan drink het, het dit ná die tyd weer gedoen en 'n bietjie stukkend by die hotel opgedaag.

Die wyse waarop 'n speler 'n nederlaag hanteer, vertel vir my iets van hom, en ek is altyd gefrustreerd met spanmaats wat lyk asof hulle nie soveel omgee soos ek nie. Ek kon nog nooit die filosofie van "on the booze, win or lose" verstaan nie.

Dalk is ek nie empaties genoeg nie, en sommige mense hanteer 'n nederlaag anders as ek, maar ek het altyd gedink as jy 'n professionele rugbywedstryd verloor, veral 'n toets, kan jy nie maak asof jy bloot 'n vriendskaplike tafeltenniswedstryd verloor het nie. As jy nie seergemaak en kwaad is nadat jy verloor het nie, gee jy nie genoeg om nie, en as jy wéér verloor, gaan dit nie vir jou saak maak nie. Om 'n nederlaag te aanvaar, maak van jou 'n verloorder, en dit is waarom ek soms vir my spanmaats sal sê: "Jy lyk nie seer genoeg nie."

Met die Bokke in 2016 het ek egter nie gedink dis my plek om dit te sê nie.

Ek het ná die Rugbykampioenskap 'n paar weke afgehad, maar ek wou nie my voete buite die huis sit nie. As jy deel is van 'n Bok-verloorspan kan jy vergeet daarvan om naastenby 'n normale lewe te hê, veral as jy so lank is soos ek. Ek kon net-net daarmee wegkom om 'n paar stukkies kruideniersware te gaan koop, maar as ek dit gewaag het om my gesig by 'n restaurant te wys, het mense my skeef aangekyk, óf vir my vertel hoe treurig die Bokke is. Nee, dankie.

Dit was een ding om 50 punte teen die wêreldkampioene, Nieu-Seeland, af te staan, maar wat aan die einde van 2016 in Europa gebeur het, was 'n heel ander storie. Nadat ons amper deur die Barbarians in die Wembley-stadion verneder is – 'n drie heel aan die einde deur Rohan Janse van Rensburg het vir 'n gelykop-uitslag gesorg – was ons op pad na Twickenham waar ons 10 jaar laas teen Engeland verloor het. Engeland onder Eddie Jones was egter 'n veel meer afgeronde span as die een wat vroeg uit hul eie Wêreldbeker-toernooi geboender is. Nie net het hulle kort tevore die Grand Slam voltooi nie, maar hulle het ook skoonskip gemaak teen Australië Doer Onder, en het in daardie stadion nege wedstryde agtereenvolgens gewen.

Ná 'n redelike gelykop eerste 20 minute, het Engeland begin om ons van ons voete af te speel, met vier drieë teenoor ons twee, en skoppe van regoor die veld om uiteindelik met 37–21 te seëvier. Om sake erger te maak, het ek ná 30 minute harsingskudding opgedoen en sou ek vir die res van die wedstryd en ook ons volgende wedstryd teen Italië buite aksie wees. Billy Vunipola was die man wat die skade aangerig het, soos hy al meermale tevore gedoen het. Ek het hom probeer laagvat, maar my kop was aan die verkeerde kant en sy elmboog het my teen die kant van my kop getref.

Ons het al 12 keer teen Italië gespeel en hulle nog nooit met minder as 16 punte geklop nie. (In 1999 het ons 100 punte teen hulle opgestapel.) Boonop het dit met hulle baie sleg gegaan, met 224 punte wat in die Sesnasies teen hulle aangeteken is om hulle nóg 'n keer met die houtlepel te laat eindig. Hulle het ook die week tevore met 68–10 teen Nieu-Seeland se tweedegroepspelers verloor. Om dit sagkens te stel – dit was nie 'n ervare Italiaanse span nie, en dit maak wat daardie middag in Florence gebeur het, net nog moeiliker om te sluk.

Ek dink nie ek het al met meer afgryse na 'n rugbywedstryd gekyk nie. Die eerste helfte was geweldig frustrerend, met Dries van Schalkwyk (gebore en getoë in Bloemfontein) wat ná 'n rolmaalbeweging vir Italië gaan druk het. Bryan Habana en Damian de Allende het vir ons gedruk, maar die Bokke het 'n spul geleenthede verbrou. Ná rustyd het Italië 'n drie gedruk met net 14 man op die veld, ons voorlangs in toom gehou, hul doellyn met mening verdedig en uiteindelik met 20–18 gewen.

Die Suid-Afrikaanse media het saamgestem dat die nederlaag teen Italië 'n algehele laagtepunt was vir die Bokke – in alle opsigte vergelykbaar met die wedstryd teen Japan wat niemand ooit gedink het moontlik kon wees nie.

Rapport het vir elke Springbok 0 uit 10 gegee. 'n Ander koerant het die volgende van ons spel gesê: "[Dit was] droewig, vernederend, onbevoeg, vrot, pateties, jammerlik, miserabel, ellendig … [maar] nie een van daardie woorde laat reg geskied aan die gevoel wat ervaar word oor dit wat eens 'n trotse Springbok-handelsmerk was nie." Almal het saamgestem dat Allister se dae as hoofafrigter getel is. Saru het die Springbokke se spelpeil as "uiters teleurstellend en kommerwekkend" beskryf.

Ek kon Allister se pyn aanvoel, hoe goed hy dit ook al probeer wegsteek het.

Voor ons wedstryd teen Wallis in Cardiff het Italië teen Tonga verloor, wat nie 'n goeie teken was nie. Daar was baie praatjies oor 'n nuwe era vir Italiaanse rugby, maar hulle het nou waarskynlik besef dat dit nie veel beteken het om ons te klop nie. Ek is weer gedwing om alles van die paviljoen af te aanskou, en soos gevrees, het Wallis, wat 'n paar weke tevore

TEN SLOTTE

deur Australië afgeransel is, gemaklik gewen. Die telling was 27–13. Ons het sat en planloos gelyk; ons kon nie eens die basiese dinge regkry nie, en het kans ná kans verbrou. Nie net was dit Wallis se tweede agtereenvolgende oorwinning oor ons in die Millennium-stadion nie, maar ook hul grootste.

Wanneer ek terugkyk na ons groep van daardie toer, lyk dit ongelooflik dat dinge so sleg kon gaan. 'n Klomp van daardie ouens word vandag as Springbok-reuse gereken, spelers soos Beast, Willie le Roux, Damian de Allende, Pieter-Steph du Toit, Lood de Jager, Vincent Koch, Bongi Mbonambi, Steven Kitshoff, Franco Mostert en Faf de Klerk.

Ons was ellendig, ligjare verwyder van die beste span ter wêreld. Sommige rugbykenners het beweer dat ons die swakste Springbok-span in die geskiedenis was. Ons het vir die eerste keer agt toetse in 'n kalenderjaar verloor, en in amper elke wedstryd het ons teenstanders die een of ander nuwe rekord teen ons opgestel: Ons eerste nederlaag teen Ierland op tuisbodem; ons eerste nederlaag teen die Poemas in Argentinië; ons grootste nederlaag teen die All Blacks; ons eerste nederlaag teen Italië, en ons grootste nederlaag teen Wallis.

Die hele Springbok-organisasie moet waarskynlik die blaam dra – spelers, afrigtingspersoneel, bestuur – aangesien niks gewerk het nie. 'n Suid-Afrikaanse optimis kon dalk daarop gewys het dat Engeland in die middel van 'n lang reeks oorwinnings was en dat Wallis een van hulle mees ervare spanne gehad het. Dit is ook waar dat hulle albei baie goeie spanne op hul tuisveld was. Die meeste Suid-Afrikaanse rugby-ondersteuners was egter nie geïnteresseerd daarin nie, veral nie dié wat duisende rande moes uithaal om te gaan kyk hoe hul helde 13 000 km van die huis af speel nie. Ek het selfs gehoor van mense wat hul Groen-en-goud-truie verbrand het. Ek vergeet soms hoe erg dit was, veral omdat ek probeer om dit uit my gedagtes te wis.

Borge het begin onttrek, deels as gevolg van die span se swak prestasie, en deels omdat soveel gewilde spelers oorsee vertrek het. Saru het vroeg in 2017 aangekondig dat hulle miljoene aan borgskappe verloor het en ruimte op die Bok-trui is teen afslag verkoop. As gevolg daarvan kon die span nie meer besigheidsklas vlieg nie, en die ekonomiese klas is nou nie juis ontwerp met rugbyspelers in gedagte nie.

Ek en Lood de Jager, die twee langste spelers in die span, moes uit ons eie sakke betaal om opgegradeer te word. Indien ons in ekonomiese klas Europa toe moes vlieg, sou ons waarskynlik eers teen afskoptyd van ons styfheid ontslae wees. Die res van die ouens het dit maar verduur. Ek sal nooit vergeet hoe ek in die vliegtuig omgedraai het en gekyk het na die groot voorspelers – sommige wat meer as 115 kg weeg – wat soos reuse-hoefysters ingedruk sit in hul sitplekke met 'n hartseer uitdrukking op hul gesigte nie.

Net voordat die 2017-Superrugby-seisoen aan die gang gekom het, het die Stormers se hoofafrigter, Robbie Fleck, vir my en Siya na sy kantoor toe laat kom en gevra of ons die leierskap van die span wil oorneem. Hy het nie besluit wie die kaptein of die onderkaptein gaan wees nie, maar voor ons daar uit is, het ek en Siya mekaar belowe: Ongeag wie die kapteinskap kry, ons sou mekaar ondersteun.

TEN SLOTTE

Ons het geweet 'n mens kan dit nie op jou eie doen nie.

Die idee van die kapteinskap was vir my baie aanloklik en ek was teleurgesteld toe Siya dit kry. Ek was egter nie kwaad nie. Ek kon nie wees nie, want ek was nog nooit voorheen 'n spankaptein nie, nie eens op skoolvlak nie, en ek het in elk geval gedink Siya sou 'n goeie kaptein wees. Hy was nog nooit beterweterig nie, en ek het geweet hy sal nie alles self probeer doen nie. Hy sou ook ander mense se menings vra, nie net vir my nie, en hy sou sy verantwoordelikheid ernstig opneem.

Siya was opgewonde daaroor en ek dink hy het Robbie se saaklike aankondiging waardeer, want Robbie het nie eers genoem dat hy die span se eerste swart kaptein is nie. Siya wou nie as 'n swart kaptein onthou word nie, net as 'n goeie kaptein. Natuurlik het die media 'n groot ophef daarvan gemaak. En natuurlik was daar mense op sosiale media wat beweer het dat dit 'n politieke aanstelling ter wille van transformasie was. Siya sou oor die volgende paar jaar bewys dat daardie teorie absolute twak was.

Bryan Habana het net ná ons rampspoedige toer in Europa uit Springbok-rugby getree, terwyl JP Pietersen na Leicester geskuif het. Daarmee is ons getal Wêreldbeker-wenners in die Springbok-groep na een verminder. (Frans Steyn wat sedert 2009 oorsee gespeel het, het darem in 2017 teruggekeer ná 'n afwesigheid van vyf jaar.) Beast het die meeste toetse, naamlik 87, gespeel en ewe skielik was ek met my 54 tweede in die groep. Ons het baie onervare ouens, insluitende agt nuwe spelers, vir die reeks van drie wedstryde teen Frankryk gehad. Omdat ek die geleentheid gekry het om my leierskapsvaardighede by die

Stormers te ontwikkel, het dit nou natuurliker gevoel om 'n leier by die Bokke te wees.

Dit het gelyk of dit 'n goeie tyd is om teen Frankryk te speel. Hulle het sedert 2010 nie die Sesnasies-titel gewen nie en was nie naastenby die span wat hulle vandag is nie. Die Franse het nie geweet watter rigting hulle moet inslaan nie – moet hulle met hul tradisionele flair speel of meer kragdadig? Die gevolg was dat hulle tussen die twee stoele beland het.

Ons het hulle maklik in die eerste twee toetse geklop en elke keer vier teenoor hulle twee drieë gedruk. Die hoogtepunt van die reeks, en sekerlik een van die hoogtepunte van my loopbaan, sou egter nog aanbreek.

Adriaan Strauss het aan die einde van 2016 uit internasionale rugby getree, en die Leeus se agtsteman, Warren Whiteley, het as kaptein oorgeneem. Hy het egter voor die derde toets op Ellispark met 'n besering gesukkel, en die Woensdag het Allister vir my gesê: "Warren gaan nie reg wees nie, jy gaan die naweek kaptein wees."

Dit was 'n emosionele oomblik. Toe ek klein was, het ek gehoop om eendag vir Suid-Afrika te speel, maar in my wildste drome het ek nooit gedink ek sou kaptein van die Springbokke word nie. Toe sê Allister dat ek vir niemand daarvan moet vertel nie omdat Warren as kaptein op die spanfoto gaan wees. Waarskynlik wou hy nie hê die Franse moes vooraf weet dat Warren nie gaan speel nie. "Ek moet darem vir my gesin sê!" het ek geantwoord en Allister het teen sy sin ingestem, maar dit duidelik gemaak dat hulle vir niemand anders mag sê nie.

Toe ek vir Ma en Pa bel, het hulle begin skree. Ek kan my nie

TEN SLOTTE

indink hoe hulle moes voel nie, alhoewel dit vir hulle redelik onwerklik moes gewees het. Hulle was nog altyd groot Springbok-ondersteuners en het hul rugby-geskiedenis geken, en nou was hul seun op dieselfde lys as Francois Pienaar, Corné Krige, André Vos, Joost van der Westhuizen, Bobby Skinstad, John Smit, Victor Matfield, Jean de Villiers en al die ander groot leiers van die manne wat terug strek tot by Herbert Castens in 1891. Ek weet Ma het vir haar broer gesê en ek vermoed Pa het vir 'n paar mense by die kroeg vertel. Om eerlik te wees, die helfte van die Wes-Kaap het dit waarskynlik geweet voordat my kapteinskap amptelik aangekondig is.

Daar was bespiegeling in die media oor die rede waarom Siya dit nie gekry het nie, en dit was verstaanbaar – hy was trouens my kaptein by die Stormers. Voor daardie reeks het 'n sielkundige wat met die span gewerk het vir elkeen van die spelers 'n persoonlikheidstoets laat doen, en skynbaar was ek of Siya daarvolgens die beste om die span te lei. Ek veronderstel dat Allister ook in ag geneem het dat ek al langer by die Bokke is en meer toetse gespeel het. Wat ook al die redes, Siya was net so bly vir my onthalwe as wat ek was toe hy kaptein van die Stormers geword het. En ek het geweet hy ondersteun my geheel en al.

Net so kon ek op Beast staatmaak, en indien enigiemand daaroor wonder, niemand noem hom ooit Tendai nie (behalwe wanneer hulle 'n grappie probeer maak, en dalk sy vrou wanneer sy kwaad is vir hom). Ek het nie geweet wat om te verwag toe ek Beast vir die eerste keer ontmoet het nie. Hy is Beast genoem – en hy lýk soos 'n "beast"! Ek het waarskynlik verwag dat hy 'n bietjie nors en intimiderend gaan wees. In werklikheid is hy een van die gaafste mense wat ek nog ooit ontmoet het – saggeaard, goedhartig en beskeie. Ek dink dikwels Beast is dalk die verkeerde bynaam vir hom, want "Sagte reus" is baie meer gepas.

Tendai "Beast" Mtawarira, Bok-spanmaat: *Ek het die eerste keer van Eben bewus geword toe my Haaie-span vroeg in 2012 teen die Stormers gespeel het. Ten spyte daarvan dat hy net 20 jaar oud was, was hy massief, met die grootste bisepse wat ek nog ooit gesien het.*

Ons het ons eerste behoorlike gesprek gevoer toe hy daardie Junie vir die Bokke sy debuut maak, en ek het onmiddellik geweet hy is 'n besondere ou: oortuig van wat hy glo, 'n ware spanspeler en gesinsman wat altyd oor sy ma, pa en broer gepraat het. Dit was egter wat hy aan my vriend Bismarck du Plessis gedoen het toe die Haaie 'n paar maande later weer met die Stormers kennis maak, wat my laat besef het watter groot speler hy gaan word. Bismarck was 'n ongenaakbare speler en op sy heel beste, maar Eben het hom goed op sy plek gesit. Sjoe, wat 'n oomblik.

Daar was baie ouer manne in die kleedkamer toe Eben vir die Bokke begin speel het, gevestigde legendes wat in 2007 die Wêreldbeker gewen het. Ek was reeds vier jaar lank daar, maar ek kon die aura van daardie spelers voel en kan verstaan dat Eben geïntimideerd kon voel. Alhoewel hy baie stil was, was hy baie oplettend en het inligting soos 'n spons opgesuig.

Stutte het altyd 'n gunsteling-slot, iemand wat hulle graag agter hulle wil hê wanneer hulle sak, en Eben het vir my daardie

TEN SLOTTE

ou geword. Ons het 'n spesiale band ontwikkel, soveel so dat ons kommunikasie op die veld sonder woorde sou geskied, maar van die veld af het ons baie tyd in Nando's deurgebring – ons voorkeur-restaurant enige plek in die wêreld – waar ons 'n hond uit 'n bos gesels het. Ek ys om te dink hoeveel hoenders deur die jare tussen ons verorber is. Hy't 'n paar vrae gevra, en of die raad wat ek hom gee nuttig was of nie, ons het spoedig baie goeie vriende geword. Dit was moeilik om in daardie onstuimige tyd van 2015 tot 2017 positief te bly. Die nederlaag teen Japan in die 2015-Wêreldbeker was 'n bitter pil om te sluk – dit het ná die tyd in die kleedkamer gevoel of iemand gesterf het. En alhoewel ons amper vir Nieu-Seeland in die halfeindstryd geklop het – wat een van die grootste herlewings in sport sou gewees het – het dinge van daar af net agteruitgegaan.

Dit het ons almal ondergekry, ook vir Eben, maar ons het vasgebyt en onsself aanspreeklik gehou, want die een ding wat ons kon beheer, was ons eie prestasie. En nadat Rassie Erasmus in 2018 oorgeneem het, het alles moontlik gelyk.

Eben se invloed het al hoe verder gestrek namate die ou legendes begin uittree het. Hy het altyd op die taak op hande gefokus en 'n goeie voorbeeld vir die jonger ouens gestel, hetsy dit was om eerste by vergaderings op te daag of om ure lank video's te ontleed. Ek sou hom nie as uitgesproke beskryf nie, maar hy het sy oomblikke goed gekies sodat mense na hom geluister het wanneer hy praat. Hy was veral effektief in moeilike oomblikke, soos wanneer ons in groot wedstryde onder druk was. Dan het hy presies geweet wat om te sê om die troepe weer aan die gang te kry.

Eben is die verpersoonliking van wat dit beteken om 'n Springbok te wees. Hy gee verskriklik baie vir sy trui om, hy het fisieke betrokkenheid na 'n ander vlak geneem, en hy is 'n uiters intelligente rugbyspeler – veel meer as net 'n kragreus. Hy is die uiterste mededinger wat in elke wedstryd wat hy speel, absoluut alles op die spel plaas.

Eben is onder die crème de la crème van Springbokke, waarskynlik die grootste van alle tye – 'n wenner van opeenvolgende Wêreldbekers, die Bok met die meeste toetse en iemand wat nog nooit in die Groen-en-goud 'n swak wedstryd gehad het nie. En hy is nog nie klaar nie. Hy kan maklik nog 20 tot 30 toetse speel, en wat hom betref, is hy vasbeslote om in 2027 nóg 'n Wêreldbeker te wen.

In teenstelling met wat mense glo, is Eben nie 'n rugbymasjien nie. Soos ek, kan hy sy aggressie aan- en afskakel, en hy is 'n ware heer weg van die sport. Elke keer as ons met mekaar praat, is daar sprake van 'n braai, en daar is vir hom niks lekkerder as om vriende en familie te onthaal en stories om 'n vuur te vertel nie. Hy ken my vrou en kinders en honde baie goed (my Franse bulhond in die besonder) en ons deel 'n voorliefde vir sushi. Ek en Eben en Siya het waarskynlik al hope sushi-eet-rekords gebreek van Kaapstad tot Japan – en ons het al situasies gehad waar ons amper al die beskikbare sushi verorber het terwyl die ander eters oor die krummels moes baklei.

Ek hou daarvan om in die hede te leef, eerder as om op Suid-Afrika se verlede te fokus, maar ons het beslis 'n ver pad gekom. Ek het nog altyd geglo dat almal eenders behandel moet word, ongeag hulle agtergrond, en daar was nooit enige hindernisse in

TEN SLOTTE

die Springbok-spanne waarin ek en Eben gespeel het nie. Ons lyk dalk verskillend, maar ons omarm ons diversiteit; ons voel almal dat ons daar hoort en ons gee om vir mekaar. En waar en wanneer my en Eben se gesinne êrens saam middagete eet, is dit 'n toonbeeld van die hedendaagse Suid-Afrika.

Ek is regtig trots op die mens wat Eben geword het. Hy is nie net 'n wonderlike gesinsman nie, maar 'n inspirasie vir die volgende geslag jong Suid-Afrikaners. Hy is 'n held vir kinders van alle kleure en agtergronde, en dit is waarom hy onthou sal word as 'n invloedryke mens wat bande versterk en gapings oorbrug het.

Gewoonlik draf ek vyfde uit op die veld, agter die kaptein en die voorry. Om dus die span te lei, het vreemd gevoel. Trouens, ek het gedink: Ek hoop die ouens kom agter my aan. Nog nooit het ek die volkslied met meer oorgawe gesing nie; ek kon die ekstra verantwoordelikheid aan my lyf voel. Benewens my normale spel, moes ek nou ook besluite namens die span neem en ek wou nie die verkeerde keuses maak nie. Ek was selfs nóg gretiger om te wen as gewoonlik.

Ons het die Franse daardie dag 'n loesing gegee, en as 'n bonus het ek een van ons vier drieë gedruk. Omdat ons skoonskip gemaak het in die reeks, kon dit lyk of ons 'n nuwe blaadjie omgeslaan het, maar dit sou die verkeerde indruk wees.

Suid-Afrikaanse ondersteuners vergewe vinnig en hulle sal gou onlangse mislukkings vergeet as jy 'n paar keer ná mekaar wen. Toe ons dus vir Argentinië redelik maklik in ons eerste twee wedstryde van die Rugbykampioenskap klop, onder meer in Salta waar ons in die verlede gesukkel het, het hulle waarskynlik gereken die krisis is verby. In Perth moes ons hard terugveg teen Australië om 'n agterstand van 10 punte vroeg in die tweede helfte uit te wis en die telling gelykop te maak. Dit het beteken ons was onoorwonne ná ons eerste ses toetse in 2017.

Ek het nog nooit van Albany gehoor voordat ons daar teen Nieu-Seeland gaan speel het nie. Die meeste van ons was effe teleurgesteld omdat ons nie op Eden Park, die All Blacks se geestelike tuiste, sou speel nie. Albany se North Harbour-stadion in die voorstede van Auckland kon slegs 14 000 toeskouers huisves. As ek terugkyk, besef ek dit was 'n bedekte seën.

Voor die wedstryd het alles in ons kamp goed gelyk en ons het gedink ons het 'n kans om hulle te klop. Die eerste klompie minute was egter net té bekend. Ons het hulle voorlangs in toom gehou, en ons voorspelers kon omtrent elke keer oor die voordeellyn kom. Toe ons flank Jean-Luc du Preez bo-oor Kieran Read hardloop, het ek gedink dit gaan 'n baie gelykop wedstryd wees.

Ná 15 minute het die All Blacks 'n strafskop naby die middellyn gekry. Die Kiwi-skrumskakel Aaron Smith het besluit om dadelik aan te val. Hy het 'n paar tree gehardloop en toe 'n skoppie oor die Bok-verdedigers gegee. Die bal het in niemandsland geval en Rieko Ioane kon dit oppik om ongehinderd te gaan druk. Al ons harde werk, ongedaan gemaak deur 'n oomblik van konsentrasieverlies.

'n Paar minute later het ons in hul halfgebied aangeval toe Nehe Milner-Skudder 'n wilde aangee onderskep het. Hy het tot diep in ons helfte gevorder voordat hy die bal vir Beauden

TEN SLOTTE

Barrett aangegee het. Barrett het met 'n briljante agter-uit-die-hand-aangee die bal teruggekry by Milner-Skudder, wat 'n pragdrie afgerond het.

Terwyl ek onder die pale gestaan het, het ek steeds ná 'n agterstand van 17–0 nie gedink dat ons gaan verloor nie. Dinge sou egter bitter gou erger word. Eerstens het Barrett 'n dwarsskop geloods wat ons verdediging nie kon hanteer nie, en vir Scott Barrett in staat gestel om in die hoekie oor te duik; toe het Ioane 'n paar swak duikslae afgeskud, en Dane Coles het vir Brodie Retallick oorgestuur om onder die pale te gaan druk. Dit het die rustyd-telling 31–0 gemaak.

Dit was 'n algehele vernedering, met All Black-slotte wat ongehinderd teen die kantlyn af huppel, verdedigers wat in duikslae afgestamp word, en hakers wat slotte gebruik om vloeiende bewegings af te rond. Ek is iemand wat die werklikheid in die oë kyk, en het daarom nie die ouens in die kleedkamer byeengeroep met 'n "Komaan ouens, ons kan dit nog maak!" nie. Nou moes ons eenvoudig red wat te redde is. Om te keer dat ons skande maak, moes ons ten minste 'n paar drieë druk. Ons moes aanvallend speel, en hoe meer ons dit probeer doen het, hoe meer kwesbaar was ons. Nóg twee drieë het dit 43–0 gemaak, en met 17 minute oor, was al wat ek kon dink: Ek hoop nie hulle kry 50 of 60 punte nie.

Dit was tjoepstil agter die pale – ons was almal te geskok om iets te sê.

Die vernedering was ongelukkig nog ver van verby. Eers het Lima Sopoaga ná 'n aggressiewe lopie van Anton Lienert-Brown, gepaardgaande met nog swak verdediging, onder die pale gaan druk. Beauden Barrett het die ekstra twee punte bygevoeg om dit 50 punte teen ons te maak. Reg teen die einde het Codie Taylor vanaf 'n lynstaan-dryfbeweging gaan druk om die eindtelling 57–0 te maak. Dit was Suid-Afrika se grootste nederlaag en ons grootste punteverskil teen Nieu-Seeland – meer as die gaping van 42 punte in ons vorige wedstryd teen hulle in Durban.

Ten minste is hierdie riller deur net 14 000 toeskouers gesien, eerder as die 60 000 wat op Eden Park sou gewees het.

Ná 'n paar moeilike handdrukke vir ons teenstanders – ten minste het hulle goeie maniere getoon deur nie té leedvermakerig te lyk nie – het ek die span byeengeroep. Ek het trane in my oë gehad toe ek vir die ouens sê: "Wat vandag hier gebeur het, is onaanvaarbaar en mag nooit weer gebeur nie. Nie enige individu is te blameer nie, ons het almal die trui in die skande gesteek, elkeen van ons. Ons moet ons egter nie daardeur laat onderkry nie."

Ek is nie seker hoeveel hulle ingeneem het nie. Die meeste het afgekyk, en dié wat na my gekyk het, se oë was uitdrukkingloos. 'n Mens speel soms 'n wedstryd waar alles vir die opposisie reg loop en niks vir jou nie, en in Albany was dit beslis die geval. Terselfdertyd was die All Blacks genadeloos effektief en het hulle geleenthede in punte omskep. En soos 'n kolwer wat na alle kante toe lopies kan aanteken, het hulle die punte opgestapel sonder dat 'n mens dit agterkom; dan kyk jy na die telbord, en vra: Hoe de hel het dít gebeur?!

Hulle was nie noodwendig skouspelagtig nie, al het hulle 'n paar wonderlike drieë gedruk. Hulle het bloot hul geleenthede

TEN SLOTTE

benut om punte aan te teken. En hoe meer ons gevoel het ons verloor ons greep op die wedstryd, hoe meer desperaat het ons geword, en skielik doen ons dinge wat ons nooit doen nie: Ons probeer heeltyd met die bal hardloop, gooi die bal uit op riskante maniere, en begin al hoe meer foute maak. En in plaas daarvan dat die foute in húlle halfgebied gemaak word, was dit in ons eie helfte, en die All Blacks het dit met vreugde uitgebuit. Op die ou end was die enigste sinvolle opsie om die gate te probeer toestop en te hoop dat dit nie té aaklig en vernederend word nie. Ons het dit egter te laat probeer.

Omdat dit 'n klein stadion was, was hul kleedkamer feitlik langs ons s'n en dit was onmoontlik om nie hul oorwinningskrete te hoor nie. Ek moet wel noem dat die All Blacks nog altyd taktvolle wenners was; waarskynlik omdat hulle so gewoond is daaraan, met 'n gesindheid van: "Wel, dit was maar net nog 'n toets om by ons 85%-wenrekord te voeg." Feitlik ons hele span het 'n bier saam met hulle in hulle kleedkamer gaan drink. Dit was belangrik dat hulle dit gedoen het, maar ek kon eenvoudig nie. Dis nie dat ek 'n swak verloorder is nie, maar ek dra my hart op my mou en sou nie kon gesels en 'n grappie met hulle deel asof alles oukei is nie.

'n Nederlaag van 57–0 teen die All Blacks is vir my allesbehalwe normaal. Selfs om 57–20 te verloor, sou pynlik wees, maar ek sou darem 'n paar woorde kon uitwurg. Hierdie slag was egter die grootste teleurstelling van my rugbyloopbaan, selfs erger as die wedstryd teen Japan.

Ek onthou nie baie van die perskonferensie ná die wedstryd nie, behalwe dat dit meer soos 'n inkwisisie gevoel het. As jy so pas 57-0 teen die All Blacks verloor het, dink die verslaggewers hulle kan jou enigiets vra. Iemand sou opstaan en 10 minute lank uitspel hoe vrot ons gespeel het, en jy moet maar daar sit en dit sluk. Ek onthou ek is gevra of ek dit verdien om kaptein te wees, en Allister is gevra of hy dit verdien om afrigter te wees, en ons kon nie kwaad raak nie. Ek het vir seker aan myself begin twyfel en Allister waarskynlik ook.

Agterna moes ons toe by 'n funksie optree wat humorloos en moeilik was voordat ons huis toe gevlieg het om vir ons wedstryd teen Australië in Bloemfontein voor te berei. En alhoewel ons vir die tweede keer in die toernooi gelykop gespeel het teen die Wallabies, het die media se kritiek al hoe persoonliker geraak.

Teen die Wallabies was ek by 'n onderonsie betrokke – ek het Dillyn Leyds gaan verdedig nadat Israel Folau hom aan die hare beetgekry en hom oor die kantlyn gesleep het. Kurtley Beale het ook bygekom en ek het hom in 'n stadium teen die grond vasgepen. Party joernaliste wat waarskynlik steeds aan die enforcer-etiket vasgeklou het, het besluit dat ek te onvoorspelbaar is om die span te lei. By 'n perskonferensie voor ons volgende wedstryd teen Nieu-Seeland het 'n joernalis gevra of ek beplan om dinge 'n bietjie kalmer te vat en voorgestel dat ek eerder geelkaarte moet vermy noudat ek kaptein is.

'n Afrigter wat langs my gesit het, het dadelik daarop gewys dat ek in 60 toetse slegs een geelkaart gekry het. Dit het die ou se mond gesnoer, en ek kon nie help nie om by te voeg dat ek net een keer in meer as 50 wedstryde vir die Stormers koelkas toe gestuur is. Ek het nog nooit 'n rooikaart gekry nie, en ek gaan beslis vir niemand dinge "kalmer" vat nie.

TEN SLOTTE

Ja, ek was nou en dan by onderonsies betrokke, maar as dit nie gebeur wanneer jy slot speel nie, is jy nie mededingend genoeg nie. Daar was die voorval met Australië se Nathan Sharpe in 2012 en ek was in 2013 in Mbombela by ietwat van 'n onderonsie met Skotland se Jim Hamilton betrokke. Jim het vroeg in die wedstryd redelik baie te sê gehad, en toe hy op die grond lê en behandeling van die fisio kry, het ek vir hom gesê: "Staan op, jou slapgat!" Toegegee, in heelwat sterker taal. 'n Rukkery en plukkery in die volgende lynstaan het gevolg en Jim het my in die gesig gestamp; ek het my humeur verloor, en op hom afgestorm. Mense vergeet egter dat Jim vir daardie insident 'n geelkaart gekry het, en nie ek nie. (Jim spot dat dit die eerste ding is wat opkom wanneer sy kinders sy naam op YouTube intik.)

En ek moenie my stoeiery met my slotmaat Lood de Jager vergeet toe die Stormers in 2016 teen die Cheetahs gespeel het nie! Lood het my van agter gestamp en ek het my vererg. Ons het mekaar begin rondstamp en op die grond beland. Die skeidsregter het dit ietwat amusant gevind, ons aangespreek, en die volgende Sondag was ons weer saam in die internasionale kamp. Voor die eerste oefensessie het Allister voor die hele groep gevra: "Eben, Lood, is julle twee nou oukei met mekaar?" En almal het gelag. Dit het dinge minder gespanne gemaak, en ek glo daardie voorval het my en Lood nader aan mekaar gebring as wat ons ooit was.

Wat saak maak, is egter wat deur die media versprei word. 'n Storie vat vlam, want sommige rugby-ondersteuners glo dit sonder om seker te maak van die feite. Hulle dink dis sekerlik waar as die een of ander rugbyskrywer sê ek's 'n slot wat buite beheer is, gou kwaad word, en 'n swak dissiplinêre rekord het.

Ek is geneig om die menings van rugbyskrywers en kenners te vermy, maar indien ek 'n negatiewe artikel oor my raakloop, dink ek nie: Wie de hel het dit geskryf?! Ek moet hulle opspoor en hulle vertel wat ek van hulle dink.

Nee, dit help nie om kwaad te word nie; ek rasionaliseer dit eerder. Met een of twee uitsonderings het wie ook al die berig geskryf het, nog nooit rugby gespeel nie, wat nog te sê van op 'n gevorderde vlak. En as jy hulle antwoord – persoonlik of op sosiale media – gee jy bloot mag en legitimiteit aan hulle. Selfs wanneer ek 'n positiewe berig oor my lees, traak dit my steeds nie, want bes moontlik weet die skrywer nie waarvan hy of sy praat nie. Ék weet wat waar is, hoe hard ek oefen, hoe hard ek in 'n wedstryd werk, en of ek presteer het soos ek moes of beter kan doen.

Ek onthou dat ek eendag agter in die spanbus gesit het terwyl iemand deur hulle sosiale media blaai. Duane Vermeulen sê toe vir my: "Een van die dinge wat ek geleer het, is dat dit nie saak maak hoe goed jy is, of hoe graag jy mense wil help nie; 20% van mense gaan nog steeds nie van jou hou nie. Dit is maar hoe mense is, en sodra jy dit aanvaar, is jy 'n baie gelukkiger mens."

Hy was in die kol, en alhoewel sommige spelers die negatiewe kommentaar van die 20% kop toe vat, laat ek nooit negatiewe opmerkings van mense wat ek nie ken nie, my gemoedstoestand bepaal nie. Ek gee selfs nie aandag aan die menings van die positiewe 80% nie, want as jy begin om die lofsange te glo, word jy selftevrede en verloor jy jou mededingingsvermoë.

TEN SLOTTE

Ek het baie ernstig nagedink voor die wedstryd teen die All Blacks op Nuweland. Doen ek iets verkeerd? Ek het my bes gedoen om nie na die kritiek te luister nie, mense wat sê hoe verskriklik sleg die Springbokke is en hoe die span leierskap kort, maar dit was onmoontlik om dit heeltemal te vermy. Ek kon die negatiwiteit in die lug aanvoel, en alhoewel ek nooit gesê het dat ek nie meer die kaptein wil wees nie – ek kon nie bloot so iets prysgee nie, ongeag hoe sleg dit gegaan het – was dit 'n moeilike tyd.

Ek het aan die afrigters voorgestel dat ons iets moet doen om die spanning te verlig, anders gaan die ouens gek raak as hulle heeltyd in hul hotelkamers moet sit. Daardie Maandag het ek al die voorspelers na my huis genooi vir 'n spitbraai om te ontspan, met die versoek dat daar glad nie oor rugby gesels word nie. 'n Orkes sou vir die vermaak sorg.

Ek het geweet ons sou die wedstryd van ons lewe moes speel om Nieu-Seeland te klop. Ek het vir elke speler 'n brief geskryf en vir hulle gesê dat hulle baie goed gaan speel en dat ons die vermoë het om dié ouens te klop. Op die dag van die wedstryd het ek die briewe in elke speler se sluitkas gesit.

Danksy my ervaring by die 2015-Wêreldbeker het ek geweet dat 'n paar weke 'n lang tyd in rugby is, maar ek was nie seker of enigeen geglo het dat ons 'n nederlaag met 57 punte teen die All Blacks sou kon omkeer nie; veral nie wanneer nie een van die twee spanne juis baie verander het nie. Hierdie keer kon ons egter 'n paar gevaarlike All Black-aanvalle vroeg in die wedstryd stuit en dit het ons 'n vastrapplek gegee.

Met 12 minute se speeltyd oor het ons voorgeloop, maar toe

druk die All Blacks se Damian McKenzie 'n ongelooflike drie en Sopoaga sit 'n laat strafdoel oor. Reg teen die einde het Malcolm Marx oorgeval vir 'n drie en die doelskop het dit 24–25 gemaak, maar die All Blacks het geklou aan hul eenpunt-voorsprong. Dit was hul sesde oorwinning in 'n ry teen ons. Hulle het al ses hul Rugbykampioenskap-wedstryde gewen vir hul vyfde titel in ses jaar, terwyl ons met twee oorwinnings, twee gelykop-wedstryde en twee nederlae in die derde plek geëindig het.

Ek het geweet dit gaan 'n wonderwerk in ons jaareindtoetsreeks verg om Allister sy pos te laat behou – soos om 50 punte teen Ierland, Frankryk, Italië en Wallis aan te teken. Soos dit uitgewerk het, was dit juis die Iere in Dublin wat die laaste spyker in sy doodskis geslaan het. Ons moes speel teen die heel beste Ierse span ooit. Hulle het die vorige jaar 'n geskiedkundige sege oor Nieu-Seeland in die VSA behaal, hul eerste oorwinning oor die All Blacks in 111 jaar.

Ons beplanning was ook nie watwonders nie. Ons het nie die Iere in genoeg detail ontleed nie, en hulle het ons met hul taktiese skopwerk uitoorlê. Dit was nie een of ander geheime taktiek aan hul kant nie – hulle het dit al vantevore gedoen. En alhoewel ons die grootste gedeelte van die wedstryd in hul gebied deurgebring het, het ons nooit ons voordeel benut nie. In die laaste 10 minute het hulle drie keer gedruk vir 'n oorwinning van 38–3. Nóg 'n rekord-telling teen die Springbokke.

Daar was al taai tye vir die Springbokke sedert ons hertoelating tot internasionale rugby. Ons het byvoorbeeld in 2002 met 53–3 teen Engeland verloor ná groot nederlae teen Frankryk en Skotland. Nou was dit egter ons donkerste tyd. Ons het ná

TEN SLOTTE

daardie wedstryd afgeskuif na die sewende plek op die wêreldranglys – ons laagste plek ooit.

Ek onthou een kenner wat gesê het Suid-Afrikaanse rugby sou nooit weer kon opstaan nie. Een joernalis het die Springbokke selfs vergelyk met die Wes-Indiese Eilande se krieketspan wat in die 1980's alle teenstand voor hulle platgevee het, maar so agteruitgeboer het dat hulle glad nie meer as een van die elite-spanne beskou word nie.

Die volgende week het ons Frankryk met slegs een punt gewen. Hulle het ook 'n insinking beleef, en daarom het ek steeds bemoediging nodig gehad vir die volgende wedstryd teen Italië. Die man wat ek gaan opsoek het, was Francois Louw. Vir my het hy soos een van my seniors gevoel, al was ek die kaptein. Francois was ses jaar ouer as ek en het twee jaar voor my sy debuut vir die Bokke gemaak, en ek het enorme respek vir hom gehad. Ek het hom gevra of hy meen dat ek die span reg hanteer en of daar enigiets is wat ek anders kan doen. Hy het geantwoord: "Luister, moenie te hard wees op jouself nie. Ons moet almal beter vaar, maar jy doen goed as kaptein."

Daardie Saterdag het ons 35–6 gewen in Padua.

Die volgende naweek moes Wallis sonder sewe spelers klaarkom wat 'n paar maande tevore saam met die Britse en Ierse Leeus na Nieu-Seeland getoer het. Dus moes dit 'n maklike wedstryd gewees het. Hulle het egter ná slegs sewe minute twee verdoelde drieë op die telbord gehad, en rustyd was ons met 21–10 agter. As gevolg van 'n besering kon ek nie die tweede helfte speel nie – net voor rustyd het ek vorentoe gedryf, iemand het my geduik en dit het gevoel asof my nek en kop van my skouers gepluk word. Ek wou verder speel, maar ek het al die krag in my linkerarm verloor en kon dit nie eens in die kleedkamer oplig nie. Ons het op die een of ander manier daarin geslaag om met twee drieë 'n voorsprong te kry voordat 'n laat strafskop deur Leigh Halfpenny vir Wallis met 24–22 laat wen het – hul derde in 'n ry teen ons in Cardiff.

Een rugbykenner het gesê dat die kragmeting meer soos 'n tweedeliga-wedstryd gevoel het, en waarskynlik was hy reg.

Maar was daar regtig géén manier waarop Springbok-rugby kon herrys nie?

6
'N WONDERWERK IN WELLINGTON

Toe ek hoor Allister gaan dalk afgedank word as Bok-afrigter, het ek gedink: Bliksem, is dit slim net twee jaar voor 'n Wêreldbeker? Wie gaan die span in so 'n kort rukkie kan regruk?

Trouens, wie hulle ook al aanstel, sou eintlik mínder as twee jaar hê aangesien die Bokke se eerste wedstryd in 2018 eers in Junie sou plaasvind.

Al het dit nie juis as 'n groot verrassing gekom toe Allister wel in Februarie in die pad gesteek is nie, was ek steeds hartseer.

Ons het 'n lang pad saamgestap en ek kan nie 'n slegte woord oor hom sê nie.

Allister het my vir die Stormers gekies toe ek nog bloedjonk was én het my met die Springbok-kapteinskap vertrou. Hy is 'n rugbyman deur en deur en ook 'n wonderlike mens weg van die veld. Ek sal hom altyd dankbaar wees.

Ongelukkig het hy as hoofafrigter van die Bokke 'n klomp dinge gehad wat teen hom getel het. Hy het oorgevat kort nadat 'n rits Bok-legendes uit internasionale rugby getree het. As 'n groep spelers met meer as 500 toetse tussen hulle die pad vat, gaan dit noodwendig 'n yslike leemte laat. En toe Bryan

Habana, JP Pietersen en Willem Alberts ook nog in 2016 uit die prentjie is, het Allister gesit met net 'n handjievol ouens wat al meer as 30 toetse gespeel het.

Allister het baie talent gehad om uit te kies, maar jong spelers het tyd nodig om gewoond te raak aan die druk en vinnige tempo van internasionale rugby. 'n Mens moet ook nie vergeet dat Allister 'n klomp spelers betrek het wat later twee Wêreldbekers sou wen nie. Faf de Klerk, Bongi Mbonambi, Steven Kitshoff en Franco Mostert het almal in 2016 tydens ons reeks teen Ierland hul debuut vir die Springbokke gemaak, terwyl Malcolm Marx en Lukhanyo Am later in Allister se termyn bygekom het. Ander is gekies en het weer uitgeval, party ná enkele wedstryde, sommige ná 'n paar jaar. So iets kan egter verwag word van 'n span wat nog besig was om te herbou.

Allister is verder aan bande gelê deur 'n reël wat Saru in 2017 ingebring het, naamlik dat spelers wat in die buiteland gebaseer is minstens 30 toetse moes gespeel het om vir die Bokke gekies te kan word. Dit is ingestel om die uittog van spelers te probeer keer, maar eintlik het dit net die Springbokke se talentpoel verder verklein. Alhoewel ouens soos Duane Vermeulen (Toulon), Francois Louw (Bath) en Willie le Roux (Wasps) wel al 30 toetse gespeel het, het Allister hulle nie so baie gebruik soos wat hy kon nie.

Daar was egter honderde Suid-Afrikaners, van wie talle vir top- Europese klubs gespeel het, wat nie vir die Springbokke beskikbaar was nie. Die nuwe reël het byvoorbeeld vir Marcell Coetzee uitgeskakel wat in 2016 by Ulster aangesluit het. (Hy het wel in sy eerste paar seisoene geweldig met beserings gesukkel.) Spoedig sou die nuwe riglyn egter ook vir Faf de Klerk en Cheslin Kolbe uitsluit. Hulle het in 2017 onderskeidelik vir Sale en Toulouse gaan speel.

Ek kon die rede vir die nuwe reël verstaan, maar in wese was dit 'n deurmekaarspul. Saru het immers nie die geld gehad om al die spelers wat oorsee gaan speel het, in Suid-Afrika te hou nie. Intussen kon 'n Stormers-speler soos Cheslin sy salaris verdubbel deur by 'n Europese span aan te sluit, en 'n Springbok kon oorsee drie keer meer verdien.

Dis 'n wonderlike voorreg om rugby vir 'n lewe te kan speel, maar dit bly 'n beroep, en 'n gevaarlike en kortstondige een daarby. Indien jy gelukkig is, kan jy dit 15 jaar lank doen, maar baie spelers se loopbane word vroeër deur beserings of 'n verlies aan vorm kortgeknip. 'n Mens moet aan jou finansiële toekoms ná jou rugbyloopbaan dink, veral as jy 'n gesin het. Niemand in die rugbywêreld gaan vir jou gunste uitdeel wanneer jy die dag jou stewels ophang nie.

Die hele situasie was bra vreemd. Aan die een kant was daar mense wat aangevoer het Bok-rugby lê op sy sterfbed, en aan die ander kant was daar hope ouens wat goed genoeg was om vir die beste klubs in Europa te speel terwyl hulle nie vir die Springbokke gekies kon word nie. Soms, wanneer ons gesukkel het om diepte in sekere posisies te kry, het ek daaraan gedink dat ons wel twee of drie spelers oorsee het wat daardie rol sou kon vervul. Maar ek het eerder my gedagtes vir myself gehou. Daar was niks wat ek kon doen om die reëls te verander nie, en om openlik daaroor te kla, kon net my eie plek in die span in gedrang bring.

'n Maand nadat Allister afgedank is, is die voormalige Bokkaptein Rassie Erasmus, wat die vorige jaar as Suid-Afrika se direkteur van rugby aangestel is, as sy opvolger aangewys. Rassie se aanstelling sou Suid-Afrikaanse rugby onherroeplik verander.

Rassie was 'n uitstekende speler wat tussen 1997 en 2001 in 36 toetse vir die Bokke uitgedraf het. Later het dit geblyk dat hy 'n nóg beter afrigter was. In 2005 in sy tweede seisoen in beheer van die Vrystaatse Cheetahs het hy hulle tot hul eerste Curriebeker-titel sedert 1976 gelei, en daardie prestasie die volgende jaar herhaal toe hulle die beker in 2006 met die Blou Bulle gedeel het. Dis mos wat jy impak noem.

In 2008 het hy Kaap toe geskuif. Hy was die direkteur van rugby toe WP en die Stormers in 2010 die tweede plek in onderskeidelik die Curriebeker en die Superrugby-reeks behaal het.

Ná verskillende afrigtingsrolle by Saru het Rassie in 2016 by Munster in Ierland aangesluit en hulle in 2017 tot die halfeindstryd van die Kampioenebekerreeks en die eindstryd van die Pro12 gelei. Daardie Junie het hy die pos as Suid-Afrika se direkteur van rugby gekry, en hy en sy langtermyn-assistent, Jacques Nienaber, was in die paviljoen toe Ierland ons met 38–3 in Dublin verslaan het. Volgens berigte het Rassie na Jacques toe gedraai en gesê: "Hel, ons beter Suid-Afrikaanse rugby gaan red." Benewens sy prestasies het ek nie veel van Rassie geweet nie. Ek het wel gehoor dat toe hy in die 1990's vir die Vrystaat gespeel het, hy homself as die span se spelontleder aangestel het, selfs al was daar daardie tyd nie veel videomateriaal om te ontleed nie.

Die bekendste storie was egter oor sy tyd as die Cheetahs se hoofafrigter. Nadat hy met gekleurde kaarte geëksperimenteer het om sy boodskappe aan die spelers oor te dra, het hy vir die 2006-Curriebeker-seisoen gekleurde ligte op die dak van die Vrystaat-stadion aangebring. Daarna is na hom verwys as "DJ Rassie" en hoewel sommige mense gereken het hy's van sy kop af, het hy in werklikheid net anders gedink. En dikwels is die baanbrekers mense wat anders dink, en dinge uitprobeer waaraan niemand nog gedink het nie.

Rassie het 18 toetse gehad waarin hy die Springbokke uit die as kon laat opstaan, maar vir sy eerste fase van herbou-proses was ek nie daar nie. Ek het gedink my besering teen Wallis in Cardiff was net 'n klein terugslag wat gou oorkom kon word, maar dit was toe redelik ernstig. Toe ek die spesialis vra wanneer ek weer reg sou wees, het hy 'n bietjie bekommerd gelyk en geantwoord: "Daar is geen tydsraamwerk nie. Jy sal die senuwee in jou nek elke dag lewendig moet probeer hou, en jy sal eers weer kan speel wanneer dit besluit om weer behoorlik te werk." Dit was nou nie juis wat ek wou hoor nie, en ek het gedink dit beteken dat ek moontlik nooit weer sou kon speel nie.

Vir die eerste drie weke kon ek nie my linkerarm hoër as 90 grade lig nie. Ek moes die meeste dinge met my regterhand doen, insluitend bier drink. My vriende besluit toe om elke keer "Buffalo" te skree wanneer ons kuier. Dis 'n speletjie wat behels dat 'n mens net met jou linkerhand mag drink, nooit met jou regterhand nie. As jy uitgevang word dat jy met jou regterhand drink, moet jy dadelik jou hele bier down.

Toe ek terugkom by die Stormers, was die spier in my arm

besonder dun – my biseps was nie veel dikker as my gewrig nie. Die vroeë rehabilitasie het my net ontmoedig omdat daar hoegenaamd geen verbetering was nie. Toe ek met die fisio gaan praat het, het sy erken dat daar 'n lang, stadige pad van rehabilitasie voorlê en dat dit 'n moeilike tydperk gaan wees.

Die vrese dat my loopbaan moontlik verby is, het toegeneem, maar ek het probeer om positief te bly.

My groot vraag was of ek fisiek so sterk sou wees as vantevore. Om myself te sien wegkwyn en niks daaraan te kan doen nie, was niks lekker nie. Selfs toe 'n mate van beweging ná twee maande terugkeer, moes ek my krulle met 1 kg-handgewigte begin en kon ek nie eens die staaf vir die bench presses lig nie.

Gelukkig het my krag uiteindelik begin terugkeer en ek het gedink ek kan dalk reg wees vir die eerste wedstryd van die Rassie-era – teen Wallis in Washington, DC. Toe ek egter die Stormers vra of ek een wedstryd vir hulle kan speel om te bewys dat ek fiks is, het hulle gesê my arm is nog nie sterk genoeg nie. Ek was redelik vies, maar hul argument was dat hulle 'n plig het om my te beskerm en dat ek hulle aanspreeklik kan hou as iets met my gebeur. Dus terug na die rehabilitasie en nóg donker tye.

My gesin het geweet ek gaan deur 'n rowwe tyd, maar die Etzebeths praat nie sommer openlik oor hul probleme nie, tensy dit oor iets baie ernstig is. Ek is baie lief vir my gesin, maar ek wil nooit hê my issues moet hulle s'n word nie. Ek sal beslis nooit my ma bel en sê "dinge gaan regtig sleg, kry my jammer" nie.

Om dieselfde rede het ek nooit met 'n sielkundige of 'n psigiater gepraat nie. Sielkundiges is deesdae 'n normale deel van professionele sport, en ek gun enigeen die geleentheid om dit te benut. Indien dit help, maak dit sin.

My filosofie is egter eenvoudig: As ek op die top-vlak speel, behoort ek niemand nodig te hê om my vir 'n wedstryd voor te berei of te motiveer nie; veral nie iemand wat nie deel van die span is en nie regtig weet wat aangaan nie. Die Springbokke onder Rassie het nie eens 'n sportsielkundige nie. 'n Mens kan seker wel redeneer dat Rassie so 'n briljante bestuurder van mense is, dat hy sommer self die span se sielkundige is.

Die groot vraag voor die begin van die internasionale seisoen was wie Rassie as kaptein sou aanwys. Warren Whiteley was beseer, en daar is verwag dat hy ook die toets teen Wallis en die reeks van drie toetse teen Engeland sou misloop. Duane Vermeulen is as nog 'n moontlikheid genoem, maar alhoewel hy en Rassie 'n lang pad saam kom – hulle was saam by die Cheetahs én die Stormers – het hy sy klubrugby oorsee gespeel en baie mense het verwag dat Rassie 'n plaaslik gebaseerde kaptein sou aanwys.

Siya se naam het ook opgeduik, maar hy self het gedink dis onwaarskynlik. Die Maandag voor die wedstryd teen Wallis het Saru aangekondig dat Pieter-Steph du Toit 'n eksperimentele span in Washington sou lei voordat Siya teen Engeland oorneem. My groot vriend sou die kans kry om Suid-Afrika se kaptein te word.

Ek het Siya dadelik gebel om hom geluk te wens. Ek het nie op daardie oomblik in terme van simboliek gedink nie; ek was net verheug dat 'n baie goeie pêl – en 'n uitstekende leier – die Bok-kaptein sou wees. Siya was steeds in 'n toestand van skok.

Skynbaar het hy in 'n spanvergadering gesit en duime draai toe Rassie baie saaklik sê: "Reg, Siya, jy's die kaptein van die span." Agterna het Siya glo na Rassie gegaan en gevra: "Ek, kaptein?! Regtig?" Ek kan my goed indink dat Siya dit sou gedoen het.

Rassie het dit baie duidelik gemaak waarom hy Siya as kaptein gekies het – hy was die beste man vir die taak. Eers later sou ek die belangrike simboliek van Siya se aanstelling besef.

Almal onthou toe Nelson Mandela in 1995 die Webb Ellis-beker aan Francois Pienaar oorhandig het. Nou was Siya, wat soos Pienaar die no. 6-trui dra, maar kaalvoet, arm en soms honger in Port Elizabeth se Zwide-township grootgeword het, die Springbok-kaptein. En dit in 'n sport wat vir soveel jare sinoniem was met apartheid. Met Siya as kaptein was die Springbokke nou werklik 'n span vir elke Suid-Afrikaner.

Dit was tegelyk onvermydelik én ontmoedigend dat rassistiese aanmerkings op sosiale media gemaak is, maar Siya se aanstelling is meestal wyd verwelkom. Een van die eerste vrae wat egter op sy eerste perskonferensie as kaptein gevra is, het die mat onder Siya se voete uitgepluk: "Dink jy dit was 'n politieke besluit?" Die joernalis het waarskynlik gedink dit móét gevra word, en het gehoop om 'n spesifieke reaksie van Siya of Rassie te ontlok. Wat ook al die rede, dit het Siya regtig seergemaak. Dis een ding as anonieme trolle gal braak op sosiale media, maar 'n mens verwag wraggies beter van joernaliste wat vir hoofstroom-publikasies werk.

Siya is 'n ongelooflik trotse persoon en wou vir almal in Suid-Afrika 'n leier wees, ongeag hul agtergrond, en hier was iemand wat in die openbaar insinueer dat hy die aanstelling gekry het weens sy velkleur.

Indien daardie joernalis die moeite gedoen het om mý te vra, sou ek vir hom gesê het dat Siya 'n span bymekaar kan hou omdat hy met almal klaarkom; dat hy gemaklik is in sy eie vel en nooit iemand probeer wees wat hy nié is nie; dat hy kan sê wat hy dink en voel, maar nooit onsin praat nie; en dat hy in oefeninge en wedstryde deur sy voorbeeld lei eerder as om motiveringspraatjies te gee. Nie dat ons in elk geval 'n kaptein nodig gehad het wat ons in ons spore moes laat trap nie – daarvoor was Rassie goed genoeg. Alles in ag genome, was Siya die perfekte keuse.

Ons het die wedstryd in Washington teen Wallis net-net verloor, met 13 spelers wat hul toetsdebuut vir die Bokke gemaak het, onder andere Kwagga Smith, Ox Nché, Makazole Mapimpi, André Esterhuizen en Thomas du Toit, wat later almal ten minste een Wêreldbeker sou wen.

'n Verdere rede vir optimisme was Saru se besluit om die 30-toets-reël vir oorsese spelers te skrap. Bokke wat besluit om in Suid-Afrika te bly sou wel beloon word. Spelers kon egter steeds meer verdien oorsee, en daarom is selfs meer van hulle in 2018 vort, soos Franco Mostert wat by Gloucester aangesluit het. Maar ten minste was daar 'n aanmoediging om in Suid-Afrika te bly. Boonop het Rassie nou honderde meer spelers gehad om van te kies.

Rassie se eerste groep van 43 het net 5 buitelandse spelers ingesluit, maar die getal sou die volgende paar jaar styg met ouens soos Cobus Reinach (Northampton), Faf de Klerk (Sale),

Willie le Roux (Wasps), Vincent Koch en Schalk Brits (albei Saracens) wat ontbied is.

Ek het gedink ek is slaggereed om teen Engeland te speel, maar die Stormers se mediese personeel wou steeds nie bes gegee nie, en ek moes Siya se eerste wedstryd as kaptein vanaf my rusbank kyk.

Die Bok-span het 'n ervare groep kernspelers en leiers gehad. Blykbaar het Rassie dit duidelik gemaak dat die kaptein hoofsaaklik die ou is wat eerste uithardloop en met die skeidsregter praat. Hy wou nie vir Siya ondermyn nie, hy wou net beklemtoon dat die Bokke hul hele leierskorps moet benut. Dit het spelers soos Duane, Beast en Handré ingesluit, drie spelers met 'n hoë rugby-IK en baie ervaring.

Siya het 'n helde-ontvangs op Ellispark gekry, maar sy eerste wedstryd as kaptein kon nie veel slegter begin het nie. Nienaber het 'n nuwe verdedigingstelsel ingebring omdat hy meer lynspoed wou hê, en ons het die spel die hele tyd verkeerd gelees en te vlak verdedig. Engeland moes bloot die bal oor ons koppe aangee om tonne ruimte te skep. Mike Brown het ná net drie minute gaan druk. Nege minute later het Elliot Daly 'n tweede drie aangeteken, en toe Owen Farrell ná 16 minute 'n derde een byvoeg, het dit gelyk asof die koeël deur die kerk is.

Wanneer jy nie in die span is nie, is jy net soos enige ander ondersteuner: Jy weet nie wat regtig op die veld aangaan nie, en jy dink: O bliksem, Engeland gaan 50 punte teen ons kry. Ek het gewonder wat Siya ná die derde drie vir die manne gesê het terwyl hulle onder die pale gestaan het. Later het ek gehoor dat hy vir 'n paar senior ouens genader het vir hul opinies, en ek veronderstel hul reaksie was: "Kom ons hou by die plan, speel harder en dinge sal mettertyd verander."

Sommige mense dink dis 'n teken van swakheid as 'n leier hulp vra, maar die teenoorgestelde is natuurlik waar. Een van Siya se sterkpunte is juis dat hy nie te trots is om ander leiers se raad in te win nie. As jy spelers soos Duane Vermeulen en Handré Pollard langs jou in die loopgrawe het, is jy dom om nie van hul kennis gebruik te maak nie.

Wat ook al daar onder die pale gesê is, het gewerk, want die Bokke het toe die moeder van alle terugvegpogings van stapel gestuur.

Hulle het vier keer in die eerste helfte gaan druk. Die vroeë agterstand is omgetower in 'n rustyd-voorsprong. Dit was Faf de Klerk wat die Bokke se lont aangesteek het. Baie ondersteuners was opgewonde oor die oud-Leeu se terugkeer na die Bok-span, maar min het besef presies hoe sy tegniese vaardighede by die Sale Sharks verbeter het. Hy was steeds 'n bruisende bol energie wat vir niks en niemand bang was nie.

Hoe langer ek by rugby betrokke is, hoe meer besef ek hoe belangrik die konsep van "hond" is. Trouens, ek wil so ver gaan as om te sê dat dit gewoonlik die span met die meeste "hond" is, wat wen. Jy wys óf meer hond, óf jy word hondekos.

Faf was die verpersoonliking van "hond": hoe rowwer die spel word, hoe meer geniet hy dit. Soms lyk dit of hy enige ou op die veld sal aanvat. Hy het ook al vir ons baie strafskoppe gewen, nie omdat hy vuil speel nie, maar net omdat hy die teenstanders so grensloos irriteer dat hulle hul dissipline oorboord gooi.

Faf word heeltyd geklap en sy hare word getrek, en dit lyk asof veral Engeland hom verpes. Hulle staan meer strafskoppe af teen hom as teen enige ander speler. Faf is in die eerste toets as Speler van die Wedstryd aangewys, en alhoewel Engeland hul bes probeer het in die laaste minute, het ons vasgeklou om met 42–39 gewen.

Die tweede toets in Bloemfontein was Beast se honderdste en ek het dit tuis saam met 'n klomp vriende gekyk.

Van al die ouens in die span was Beast waarskynlik die mees gerespekteerde; hy het nooit baie gepraat nie, maar wanneer hy gepraat het, het almal geluister. Hy was ook 'n besonderse pêl, en daarom was ek spyt dat ek nie saam met hom en die ander ouens kon wees toe die volkslied begin speel nie. Ek het begin huil. Minstens het ons weer gewen, en aangesien Engeland nou 'n vyfde agtereenvolgende nederlaag gely het, was dit hulle, pleks van ons, wat in 'n krisis was.

Engeland het ons wel op Nuweland geklop, maar my duidelikste herinnering van daardie wedstryd is Faf wat hul agtsteman, Nathan Hughes, wat 'n hele 1,96 m lank is en 126 kg weeg, optel en amper agter sy eie doellyn gaan neersit.

Teen die tyd dat die 2018-Rugbykampioenskap aangebreek het, was my linkerarm steeds merkbaar dunner as my regterarm, maar ek het genoeg krag gehad om ná nege maande terug te keer na die speelveld. Ek het baie met Siya gepraat en net goeie dinge oor die nuwe regime gehoor, maar niks kon my voorberei het op my eerste ontmoeting met Rassie op Kings Park nie. Joernaliste en rugbykenners het die Bokke die vorige paar jaar gesmeek om 'n meer gesofistikeerde spel te speel.

TEN SLOTTE

Met ander woorde, speel meer soos die All Blacks – en hier kom Rassie wat sê dat fisieke oorheersing die kern van Suid-Afrikaanse rugby is; dit moet ons benut, eerder as om iets anders te probeer doen.

Volgens Rassie kon ons heelwat tyd aan ander dele van die spel bestee en nog steeds meer wedstryde verloor as wat ons wen, maar as ons daarop fokus om ons boublokke beter aan te wend, sal ons meer wedstryde wen as wat ons verloor. Dan kan ons, nadat ons die fisieke dinge 100% onder die knie het, daaraan begin dink om die tierlantyntjies by te voeg. Soos julle kan dink, was al daardie praatjies van fisieke oorheersing lekker om te hoor. Ek is daar weg met die gedagte: Dié ou is die ware Jakob.

Rassie het dit duidelik gemaak dat hy nooit iemand sal kies wat nie bereid is om sy lyf op die spel te plaas nie. Die oefensessie wat ná daardie vergadering gevolg het, het dit onderstreep. Dit was genadeloos met spelers wat met brute krag in mekaar vashardloop.

Voor die Rugbykampioenskap het ons 'n voorseisoen-kamp in Stellenbosch gehad. Die ouens van die Stormers was vroeg daar omdat ons nie die Superrugby-uitspeelstryde kon haal nie, en Jacques Nienaber wat 'n paar jaar lank my verdedigingsafrigter by die Stormers was, het die hele tyd op die oefenveld op ons geskree: "Julle ouens moet harder werk! Julle is 58 punte agter Nieu-Seeland!" Op die ou end moes ek eenvoudig antwoord met: "Ons het met 57 verloor, nie met 58 nie!"

Natuurlik het ek geweet daardie een punt maak geen verskil nie – 57 of 58, ons was mýle agter die All Blacks. Ten minste op papier. Dit is hoekom Jacques ons heeltyd daaraan herinner het, en waarom Rassie se hoofdoelwit vir 2018 was om hulle ín Nieu-Seeland te klop. Hy het gereken dis die enigste manier om die Spook van Albany behóórlik te begrawe.

Rassie het 'n sesjaarkontrak gekry en sy groot plan was om die beste span ter wêreld te skep en in 2023 die Wêreldbeker te wen. Hy het toe nog nie aan die 2019-Wêreldbeker gedink nie, maar hy het geweet as ons Nieu-Seeland in hul eie agterplaas kon wen, ons die vermoë het om enige span op enige plek te klop. Rassie het nooit op 'n een-tot-een-basis met spelers gepraat nie. Ons sou vroeg in die week voor 'n wedstryd opdaag, en die span was op die bord neergeskryf. Hy sou dit deurgaan en verduidelik hoekom 'n sekere speler gaan begin, waarom 'n sekere speler nié gaan begin nie, en waarom hy dalk oor twee weke gaan begin. Dit was 'n oop, eerlike manier om dinge te doen, eerder as om agter geslote deure sy siening aan individuele spelers te verduidelik en agterdog te skep.

Rassie was beslis die man in beheer, maar hy was nie 'n diktator nie. Hy wou nie 'n omgewing hê waar sekere spelers belangriker as ander voel nie; hy wou hê dat almal moet voel hulle is gelykes. Daar was steeds 'n onderskeid tussen die ouer en jonger ouens, maar daar's nie van die laaities verwag om in die hoekie te sit en hul monde te hou nie. As 'n jonger speler 'n idee gehad het, kon hy dit voor 'n vergadering aan die afrigter noem. Nie net dit nie – die afrigtingspersoneel sou dit ondersoek om te kyk of dit enige meriete het.

Teoreties is spelers selfs toegelaat om vir Rassie te sê hulle dink nie sy idee gaan werk nie, óf moet aangepas word, maar in die praktyk was die meeste ouens te bang om so iets te sê.

Binne 'n span-omgewing was Rassie gemaklik en ontspanne, maar daar buite was hy betreklik teruggetrokke. Jy sou hom nooit voor wedstryde deur die hotel sien ronddwaal nie, met die gevolg dat mense hom nie regtig geken het nie en dat veral van die jonger spelers 'n bietjie geïntimideer was deur hom.

Volgens my moet 'n hoofafrigter ietwat misterieus wees – dit is beslis beter as om een van die "manne" te probeer wees.

Sommige mense het gedink Rassie is gek om my dadelik vir die beginspan te kies vir ons wedstryd teen Argentinië in Durban. Ek glo egter hy het geweet wat die Springbok-trui vir my beteken en hoe hard ek geoefen het tydens my besering. Hoe ook al, dit was net 'n dekselse verligting om terug te wees in die Groen-en-goud.

Ek het 80 minute gespeel in my terugkeer. Alhoewel ons nie op ons beste was nie, het ons die Poemas op 'n drafstap geklop. In die aanloop tot die weg wedstryd in Mendoza het ek pro beer om vir die jonger ouens te verduidelik dat die Poemas 'n baie gevaarliker dierasie op eie bodem is. My waarskuwing is ongelukkig reg bewys toe hulle hul grootste oorwinning nóg oor ons behaal het: 32–19.

Argentinië het ons by die afbreekpunte oordonder, wat Rassie sou omgekrap het. Ons het ook 'n klomp geleenthede verbrou om drieë te druk en ons verdediging was vol gate. Boonop het ons dissipline ons in die steek gelaat. Ek was een van die sondaars met 'n geelkaart weens 'n siniese oortreding in die losskrum. Op die perskonferensie ná die wedstryd het Rassie ons spel as 'n "verleentheid" en "verskriklik" beskryf.

Die bewys dat daar in die Rassie-era tog plek was vir kreatiwiteit, was die insluiting van Cheslin Kolbe vir ons wedstryde Doer Onder. Ek het saam met Cheslin vir die Stormers gespeel en geweet watter besonderse speler hy is – belaglik vinnig en ontwykend. By Toulouse het sy vaardighede nog verder verbeter en hy het die Franse skares met sy vlugvoetigheid betower. Omdat hy net 1,71 m lank is en 75 kg weeg, het baie mense geglo hy is nie groot genoeg om gereeld vir die Bokke te speel nie.

'n Mens kan hul kommer verstaan, want hy sou manne soos Julian Savea van Nieu-Seeland en Australië se Israel Folau moes aandurf – rateltaai snellers van 1,94 m wat meer as 100 kg weeg. Franse klubrugby is egter taamlik rof, en Rassie het op 'n dag vir Siya gevra: "Luister, dink jy Cheslin sal goed by ons inskakel?" Siya, wat 'n goeie vriend van Cheslin is, het sonder huiwering ja geantwoord.

Deur die jare het ek al baie talentvolle provinsiale spelers gesien – ouens wat deur die verdediging kan breek, pragtige dwarsskoppe kan los en die bal voortreflik kan uitgee, maar wie se basiese vaardighede nie op standaard is nie. Hulle sou byvoorbeeld nalaat om iemand te duik, nie 'n afbreekpunt skoonmaak wanneer hulle moet nie, of gereeld balbesit afstaan. En selfs as ondersteuners en joernaliste 'n ou ophemel wat die drieë inryg in Superrugby, sal Rassie hom nie vir die Springbokke oorweeg as hy nie die "basics" onder die knie kan kry nie.

Ek het egter gou besef dat Cheslin anders is. Die videohoogtepunte van sy toertjies was langer en meer aanskoulik as die meeste ander ouens s'n. Hy kon met geweldige vernuf systap, of 'n bal skop en agternasit soos min ander hom kon

TEN SLOTTE

nadoen. Maar hy was nie 'n speler wat net 'n paar minute van video-vermaak oplewer nie. Kilogram vir kilogram was hy een van die mees fisieke ouens in die span; hy het nie teruggedeins van sy verdedigingstaak nie en kon voorspelers met sy duikslae laat terugsteier. En as hy self in 'n duikslag regop gehou is, het hy nie die bal sommer net afgestaan nie.

Rassie het ses veranderings aan sy beginspan vir die wedstryd teen die Wallabies in Brisbane gemaak, maar steeds het ons nie die paal gehaal nie. Dit was ons vierde nederlaag in sewe wedstryde sedert hy as afrigter oorgeneem het. Die koerante het al klaar van 'n krisis begin praat en Rassie se baie veranderings is wyd gekritiseer. Wat mense nie besef het nie, was dat hy nie daardie veranderinge lukraak maak nie – dit was alles deel van sy meesterplan.

Rassie wou seker maak ons het genoeg uitgeruste spelers om die All Blacks die volgende week in Wellington te pak. En hy wou verskillende kombinasies uittoets om te bepaal watter die beste werk vir die span. Hy het daarvan gehou om spelers in moeilike situasies te plaas om te sien of hulle die mas opkom op die top-vlak. Rassie het nooit die seisoen se groot doelwit – om die All Blacks in Nieu-Seeland te stamp – vooraf in die openbaar bekend gemaak nie. Mense sou hulle doodgelag het ná die uitslag teen Australië en die druk sou iets ysliks gewees het.

Alhoewel die spelers voor die wedstryd redelik rustig was, kon ons die spanning onder die afrigters aanvoel. Alles het van daardie een wedstryd afgehang. Indien ons wen, sou die spelers se geloof in hul eie vermoëns, asook in Rassie en sy personeel, versterk word. Indien ons egter verloor, sou die All Blacks se sielkundige houvas op ons net sterker word.

Daardie week het amper soos 'n Wêreldbeker gevoel omdat Rassie dit as 'n moet-wen-wedstryd beskou het. Dit was alles deel van sy plan om die druk op te laai en te kyk of ons dit kan hanteer.

Hy het selfs besluit om ekstra stres op homself te plaas deur vir die media te sê dat hy dalk afgedank kan word indien ons verloor. Ons was 'n groot buiteperd onder die beroepswedders, wat nie verrassend was as 'n mens na ons onlangse rekord teen die All Blacks gekyk het nie. Ons laaste oorwinning in Nieu-Seeland was in 2009 en ons kon nog nooit 'n toets in Wellington se sogenaamde Cake Tin-stadion wen nie. En dan praat ons nie eens van Nieu-Seeland se onoorwonne rekord van 15 wedstryde in die Rugbykampioenskap nie.

Ek is seker Rassie was taamlik bekommerd toe ons ná net 'n kwartier met 0-12 agter was. Gelukkig het Aphiwe Dyantyi 'n paar minute later ons eerste drie gedruk en toe gee die All Blacks vir ons 'n vroeë Krismis-present: Jordie Barrett het 'n vinnige lynstaan-ingooi probeer, maar die bal het in niemandsland geval en soos 'n ryp appel in Willie le Roux se skoot beland. Die Bok-heelagter het deurgesuiker vir 'n drie langs die pale.

Malcolm Marx het ons derde drie gedruk voordat Handré Pollard 'n strafskop oorgesit het om die rustyd-telling 24-17 in ons guns te maak.

Cheslin, wat as plaasvervanger opgekom het, het kort ná rustyd 'n blitsige onderskep-drie gedruk en dit met 'n baldadige bollemakiesie gevier. Handré se doelskop het ons voorsprong tot 14 punte gerek.

Toe Rieko Ioane vir die All Blacks gaan druk, is ek seker baie Bok-ondersteuners het gedink: Hier gaan ons al weer. Aphiwe het egter 'n goeie spanbeweging afgerond om dit 36–24 in ons guns te maak. Gou was dit egter weer benoude boude, met twee All Black-drieë wat ons voorsprong tot net twee punte laat krimp het. Met vyf minute se speeltyd oor het Beauden Barrett die doelskop waargeneem wat die telling gelykop sou maak. Ek was op die bank en kon nie glo toe hy die relatief maklike skop verbrou en die bal die regoppaal tref nie.

In die laaste minute moes ons 'n reuse-aanslag afweer, maar ons het vasgebyt en toe Damian McKenzie die bal soos 'n koekie seep in die skadu van ons doelpale laat val, was dit oor en verby.

Die Bok-bank het ontplof van vreugde nog voordat die bal behoorlik die grond getref het. Elke Suid-Afrikaner in die Cake Tin was ekstaties, maar vir my persoonlik het dit dalk nog meer beteken. Ek was immers die kaptein toe ons net 'n jaar gelede met 0–57 verneder is. Die duiwel van Albany is uitgedryf.

Ek sal nooit vergeet hoe Pieter-Steph du Toit trane van verligting gehuil het toe die eindfluitjie blaas nie. Maak nie saak wat anders in 2018 gebeur nie, die jaar was klaar 'n sukses danksy dié monster-oorwinning.

Bok-rugby is daardie aand gered. Al die goeie dinge wat daarna gebeur het, het uit daardie oorwinning voortgevloei. Dit het die spelers skielik laat glo hulle kan énigiets doen. Ons ondersteuners het weer in ons geglo. 'n Video wat op sosiale media versprei is, het die nuwe gees goed vasgevang. Dit wys 'n ou omie wat op en af spring voor sy TV en uitbundig skree: "Go Bokke! Go Bokke!"

Pieter-Steph was een van 'n paar spelers wat Rassie geërf het en wat nou volgens sy volle potensiaal begin speel het. Hy was 21 toe hy in 2013 sy internasionale debuut teen Wallis gemaak het. Hy het vir die eerste paar jaar slot gespeel en gewoonlik op die bank begin.

Daar is selfs in die media bespiegel dat ons twee uiteindelik die volgende Bakkies en Victor gaan wees, maar toe het Allister besluit om Pieter-Steph in 2016 as flank teen Engeland in te span. Ons het 'n groot pak slae gekry. Pieter-Steph het een of twee foute op die verdediging gemaak en joernaliste en rugbykenners het Allister gekruisig omdat hy hom as losvoorspeler pleks van slot gekies het. Dit was nogal onregverdig, want die twee foute was in ope spel en hy sou dit gemaak het of hy nou flank of slot gespeel het. En hy was beslis nie die enigste Bok wat daai dag drooggemaak het nie.

Pieter-Steph het die 2017-seisoen weer op die bank as plaasvervangerslot begin, maar Allister het gelukkig besluit om sy instink te vertrou en hom as steelkantflank teen Nieu-Seeland in Kaapstad in te span – 'n wedstryd wat ons met een punt verloor het. Ek meen Pieter-Steph het sedertdien ontwikkel tot een van die beste no. 7-flanke wat Suid-Afrikaanse rugby nog ooit gehad het.

Soos Duane Vermeulen het Pieter-Steph selde 'n swak wedstryd, en is hy altyd prominent teenwoordig by belangrike bewegings. Hy is 'n ware werkesel, doen selde iets verkeerd en jaag elke bal. Teen Nieu-Seeland in Wellington het hy 28 duikslae

TEN SLOTTE

uitgevoer, baie van hulle teen die einde toe Willie le Roux in die koelkas was.

Ons klipharde oorwinning oor Australië in Port Elizabeth, op die 100ste herdenking van Nelson Mandela se geboortedag, was helaas nie genoeg om Nieu-Seeland van hul sesde Rugbykampioenskap-titel in sewe jaar te weerhou nie.

Nogtans het ons baie gehad om te bewys in ons laaste Rugbykampioenskap-stryd teen die All Blacks in Pretoria. Indien hulle ons oorrompel, sou ons oorwinning in Wellington as 'n blote gelukskoot beskou word.

In die eerste 50 minute het ons ons beste rugby tot dusver onder Rassie gespeel. Ons het Nieu-Seeland voorlangs oorheers, meer balbesit en gebiedsvoordeel gehad, en twee vinnige drieë vroeg in die tweede helfte gedruk om gerieflik met 23–6 voor te loop. Aaron Smith het teen die verloop van die spel gaan druk, maar toe Cheslin vir ons vierde drie oorduik, was ons 17 punte voor met 20 minute speeltyd oor.

As dit 'n boksgeveg was, het ons feitlik elke ronde gewen. Ongelukkig was die All Blacks die rugby-ekwivalent van Muhammad Ali. Met hul rûe teen die toue vir die grootste gedeelte van die wedstryd, het hulle skielik 'n tweede asem gekry. Eers het Rieko Ioane ná 'n vernuftige aangee in die hoekie gaan druk. Toe, met net vyf minute speeltyd oor, is Scott Barrett oor die doellyn. Richie Mo'unga se doelskop het ons voorsprong tot vyf punte laat krimp, en skielik was dit óns teen die toue. Met net een minuut oor het Ardie Savea oorgeval vir 'n drie wat die telling gelykop gemaak het. En toe skop Mo'unga oor en laat Nieu-Seeland met twee punte wen.

Wat nog 'n sielkundige slag teen die All Blacks kon gewees het, was op die ou end net nog 'n oorwinning vir hulle.

Rassie het die nederlaag aanvaar, en aan die media gesê: "Ek kan oor al die dinge praat wat ons in die laaste 10 minute verkeerd gedoen het, maar wat van al die dinge wat ons span rég gedoen het? Hel, wat 'n span is hulle nie!" Alhoewel ons bitter teleurgestel was om te verloor, het ons tog baie geleer.

Teen 2018 het die spanne van die Suidelike Halfrond nie meer verwag om elke wedstryd te wen wanneer hulle vir die jaareindtoer na Europa vertrek nie. Die Europese klubkompetisies het baie meer professioneel geword; hul spelers het geleer by ouens wat van die Suidelike Halfrond af by hulle aangesluit het; en hulle het geleidelik groter, fikser, meer atleties en beter georganiseerd geraak. Voorts is van hul nasionale spanne deur ervare afrigters uit die Suidelike Halfrond gebrei – Eddie Jones by Engeland, Warren Gatland by Wallis en Joe Schmidt by Ierland.

Ons het daardie seisoen twee van ons vier toetse in Europa gewen en twee verloor, wat sommige ondersteuners waarskynlik laat dink het dat ons nie veel verbeter het nie. Maar anders as die vorige jaar, was elke wedstryd op 'n mespunt.

Ons het Engeland in die eerste helfte op Twickenham oorheers, maar ons kon nie ons kanse benut nie en het hulle toegelaat om terug te kom en ons met 'n punt te klop. (Ons kon dalk wel gewen het indien Owen Farrell gestraf was weens sy hoogvat op André Esterhuizen.)

Helaas, in daardie wedstryd het ek my kuitspier beseer en moes ek die volgende twee wedstryde van die toer van die kantlyn af dophou. Vir my was dit duidelik dat ons in die regte rigting op pad was. Vroeg in die tweede helfte teen Frankryk was ons met 9–23 agter, maar het gelukkig met 'n geweldige terugvegpoging vorendag gekom. Francois Louw het die bal naby ons pale gesteel, en ons het vier strafskoppe ná mekaar gekry wat ons elke keer kantlyn toe geskop het voordat Bongi Mbonambi vanaf 'n rolmaalbeweging weggebreek het om in die 85ste minuut oor te val vir ons wendrie.

Met ons oorwinning teen Skotland in Edinburgh was ons onwrikbaar maar nie juis aanskoulik nie, en alhoewel Wallis ons vir die vierde keer in 'n ry in Cardiff geklop het, moet 'n mens toegee dat hulle besig was om in 'n gedugte span te ontwikkel. Dis maar dit.

Die Wonderwerk van Wellington was ongetwyfeld die keerpunt wat alles verander het. Elke wedstryd wat ons daarna gespeel het, het ons óf gewen óf net-net verloor. En vir Rassie was dit maar net die begin.

7
MY WB-DROOM BYNA DAARMEE HEEN

Die Franse klub Toulon was lank op my spoor. In die 2015-Wêreldbeker-jaar het hulle kliphard gesoek na 'n plaasvervanger vir Bakkies Botha, wat ná 'n roemryke loopbaan by die klub besluit het om uit te tree.

Ek het egter gemeen die tyd is nog nie ryp vir 'n skuif na Europa nie en het besluit om eerder op 'n kort driemaandekontrak in Japan te gaan speel. In daardie stadium het ek gevoel dat 'n mens eerder aan die einde van jou loopbaan in Frankryk moet gaan speel en boonop het ek nog net een Wêreldbeker-siklus saam met die Bokke gehad.

Toulon se skatryk eienaar, Mourad Boudjellal, het egter bly flikkers gooi en teen einde 2018 was ek veel meer gewillig om die groot skuif te maak. Die 2019-Wêreldbeker was om die draai en dis 'n natuurlike tyd vir spelerskuiwe. Ek sou daardie jaar 28 word en met twee volle Wêreldbeker-siklusse agter die blad was dit 'n meer sinvolle tyd om oorsee te gaan speel. Ek was toe ook al agt jaar by die Stormers.

My agent se onderhandelinge met Toulon het in alle erns begin terwyl ek nog in Europa was vir die Springbokke se jaareindtoer. Ek glo nie die Stormers se grootbase was baie gelukkig

TEN SLOTTE

toe Boudjellal die nuus aan die pers uitgelek het nie, maar ek dink hulle was dit een of ander tyd te wagte.

Ek het gemengde gevoelens gehad oor my tyd by die Stormers. As laaitie het ek vir die span geskree en dit was 'n droom wat waar geword het om so lank vir hulle te speel. Terselfdertyd was ek spyt omdat ons nie naastenby ons volle potensiaal bereik het nie. Die Stormers kon nooit 'n Superrugby-titel wen nie en moes droëbek toekyk hoe die Bulle die trofee drie keer lig.

Ek sal nooit vergeet wat Jean de Villiers vir my gesê het nie: "As jy 'n trofee in jou eerste seisoen wen, dink jy dit gaan altyd so wees. Jy moet egter die meeste van enige geleentheid maak wat oor jou pad kom aangesien dit dalk jou laaste kan wees."

Sy waarskuwing was vol in die kol, want nadat ons die Curriebeker in 2012 in my eerste jaar by die WP gewen het, het die trofeë opgedroog. Hoewel die WP later weer Curriebekerglorie gesmaak het, was ek nie deel van daai veldtogte nie.

Die Stormers het in my eerste jaar die Super-halfeindstryd gehaal. Ook dit kon ons nooit weer regkry nie. Veral die pynlike kwarteind-nederlae teen die Chiefs op Nuweland sal nog lank by my spook.

Dis waarom ek nou vir my jonger Springbok-spanmaats sê: "Wanneer jy iets as vanselfsprekend begin aanvaar, en jy dink jy het bereik wat jy moes en jy hou op om hard te werk, gaan jy meer wedstryde verloor en sal die trofeëkas leeg bly."

Ek en my ou Stormers-spanmaats praat steeds oor waarom ons nie groter hoogtes bereik het nie. Ons spanne het talent in oorvloed gehad: De Villiers, Bryan Habana, Schalk Burger, Siya Kolisi, Duane Vermeulen, Pieter-Steph du Toit, Damian de Allende, Frans Malherbe, Steven Kitshoff, Bongi Mbonambi, Cheslin Kolbe, Andries Bekker, Gio Aplon, Tiaan Liebenberg – almal Springbokke, die meeste van hulle gewese of toekomstige Wêreldbeker-wenners. Natuurlik was hulle nie altyd beskikbaar nie en het die beserings ons soms gery. Dis egter maar deel van die spel.

Van die jonger manne wat later staatmakers vir die Springbokke sou word, het dalk nog nie besef hoe goed hulle is en hoeveel potensiaal ons as span gehad het nie.

Maar eintlik maak dit nie saak hoeveel verskonings 'n mens aanvoer nie. Een Superrugby-halfeindstryd in agt jaar is 'n droewige rekord vir 'n groep wat gelaai was met Bok-supersterre. Punt.

Spelers in die Suidelike Halfrond wat Europa toe skuif, spin dikwels mooi stories oor hoe hulle 'n nuwe kultuur wil ervaar of 'n ander rugby-omgewing op die proef wil stel.

Maar kom ons wees eerlik: dit gaan oor harde kontant. Ek ken nie sommer iemand wat oorsee gegaan het vir 'n kleiner salaris nie.

Rugby is 'n besigheid. Vra enige persoon, ongeag watter beroep hulle beoefen, of hulle dieselfde werk in 'n ander deel van die wêreld sou doen indien hulle amper dubbel hul inkomste kan verdien, en die antwoord sal waarskynlik ja wees.

'n Mens moet ook in gedagte hou dat top-rugbyspelers nie naastenby soveel as top-sokkerspelers verdien nie; wanneer 'n sokkerspeler se inkomste styg van £100 000 tot £200 000 (R2,4 miljoen tot R4,8 miljoen) per week, sal dit skaars 'n verskil maak aan sy lewenstandaard, maar vir 'n rugbyspeler

TEN SLOTTE

is die kans om moontlik sy inkomste te verdubbel, potensieel lewensveranderend. Veral indien hy na aan uittrede is, of reeds uitgetree het.

Om vir die Stormers te speel was vir my heerlik en boonop was ek in Kaapstad naby aan my geliefdes. Maar soos hulle in die mafia-flieks sê: Toulon het my 'n aanbod gemaak wat ek eenvoudig nie kon weier nie.

Ek het waarskynlik al honderde keer om die wêreld gereis, maar ek het nog nie veel daarvan gesien nie. Die vliegtuig sou land, ek is reguit hotel toe, ek oefen, speel 'n wedstryd, en vlieg weer terug huis toe. As ek dus 'n paar jaar êrens anders kon gaan bly, wou ek hê dit moes 'n plek wees waaroor ek huis toe kon skryf. Dit is waarom ek vir Bakkies, Bryan en Duane gebel het voordat ek my hand op papier gesit het – al drie het in 'n stadium vir Toulon gespeel. Hulle het my verseker dat Toulon 'n gevestigde rugbygemeenskap is met 'n mooi stadion en passievolle ondersteuners. Plus – en dit het die deurslag gegee hulle het genoem dat jy feitlik nêrens in Europa 'n beter klimaat gaan kry nie. Ek hou nie van koue nie, het nog nooit nie, en om vir Toulon aan die Franse Riviera te speel, het baie lekkerder geklink as om in die grou weer van Engeland of Ierland my brood te gaan verdien. Ek moes genoeg klagtes oor die Britse weer aanhoor van oud-spanmaats wat daar gaan speel het.

Bakkies-hulle het wel genoem dat die taal dalk 'n struikelblok kan wees en dat die Franse soms effens stram is.

Ek het nie spesifiek by Toulon aangesluit omdat ek gedink het ek gaan daar meer trofeë wen as in die Kaap nie, want volgens my het die Stormers steeds die potensiaal gehad om 'n Superrugby-titel te wen. Toulon het wel 'n indrukwekkende groep spelers gehad, met onder andere die gewese All Blacks Julian Savea en Liam Messam, die voormalige Nieu-Seelandse sewesrugbyster Bryce Heem, die Italiaanse legende Sergio Parisse, die voormalige Bok-stut Marcel van der Merwe, die Georgiese losvoorspeler Mamuka Gorgodze, én 'n handvol voormalige en huidige Franse toetsspelers.

Ek wou bitter graag my tyd by die Stormers op 'n hoë noot afsluit, maar ons het 'n klomp beserings in die voorseisoen gehad en 40 punte afgestaan in ons openingswedstryd teen die Bulle. Ons kon nooit regtig aan die gang kom nie. Teen April het van die rugbyverslaggewers reeds Robbie Fleck se kop op 'n skinkbord geëis. In ons derde laaste wedstryd van die Superrugby-seisoen het ek my hand teen die Leeus beseer. Hulle het 'n losskrum in die middelveld opgesit en teruggekom na die toekant, waar Kwagga Smith die bal agter Malcolm Marx se rug ontvang het. Ek was die verdediger wat 'n besluit moes maak en toe ek wou afswem om die tackle op Kwagga te maak, het my hand op een of ander manier vasgehaak by Malcolm. Die Maandag moes ek toe hoor dat my hand gebreek is. Dit het beteken dat daar bitter min tyd was om te herstel voor die Bokke se openingswedstryd teen Australië in die Rugbykampioenskap.

Die Stormers het steeds 'n kans gehad om die uitspeelwedstryde te haal voor ons laaste groepwedstryd teen die Haaie op Nuweland. Ek moes egter van die kantlyn af toekyk saam met Siya, Pieter-Steph en 'n klomp ander krokke. Toe my Bokspanmaat Lukhanyo Am die Haaie se wendrie in die 82ste minuut druk, het dit beteken dat die Haaie ten koste van ons

TEN SLOTTE

die kwarteindronde gehaal het. My laaste seisoen by die Stormers het op 'n teleurstellende noot geëindig.

My hand was steeds gespalk teen die tyd dat die Rugbykampioenskap aangebreek het, maar ek was fiks genoeg om in ons openingswedstryd teen Australië in Johannesburg te speel. In die afwesigheid van Siya, wat die verkorte toernooi weens 'n kniebesering sou misloop, is ek vir daardie wedstryd as kaptein aangewys. Rassie het reeds 'n soort A-span Wellington toe gestuur, bestaande uit 13 spelers, om vir die volgende naweek se wedstryd teen die All Blacks voor te berei.

Van die Suid-Afrikaanse joernaliste en ondersteuners het gedink dis 'n waaghalsige besluit as 'n mens dink hoe min wedstryde oor was om dinge af te rond voor die Wêreldbeker. Aan die ander kant het sommige Australiese joernaliste en ondersteuners gereken dis swak smaak. Ek het egter na my spanmaats gekyk en gedink: Hel, dis 'n goeie span! Die begin-agttal het Beast, Bongi, Pieter-Steph, Trevor Nyakane, Lood de Jager en Francois Louw ingesluit, van wie vyf 'n paar maande later in die Wêreldbeker-eindstryd sou begin. Ons agterlyn was self nie te versmaai nie, en kon onder andere spog met Makazole Mapimpi, Jesse Kriel, André Esterhuizen, Frans Steyn, Sbu Nkosi en Herschel Jantjies, die Stormers se skrumskakel wat amper uit die niet na vore getree het.

Toe ek by 'n perskonferensie voor die wedstryd gevra is of ek 'n tweederangse Springbok-span gaan lei, het ek dit ten sterkste ontken. Agter die skerms het ek egter 'n ander deuntjie gesing. Ek het vir die ouens gesê: "Luister, die media dink ons is sommer 'n B-span, die Aussies dink ons is 'n B-span, en ons ís 'n B-span omdat daar reeds 'n ander Springbok-span in Nieu-Seeland is. Julle is nié Rassie se eerste keuses nie. Wat gaan julle doen om hom verkeerd te bewys?"

Ek weet nie of dit Rassie se bedoeling was om daardie spelers op hierdie manier te motiveer nie, en dat hulle alles sal uithaal om te bewys dat hulle nie in die B-span hoort nie, maar dit het gewerk. Ons het die Wallabies met 35–17 afgeransel. Al het Rassie vir die media gesê "dit was nie naastenby 'n wêreldklas-vertoning nie" en dat ons 'n bietjie gelukkig was om só ver te wen, moes hy nogtans verheug gewees het oor 'n paar van die spelers; veral oor Herschel wat in sy debuuttoets twee drieë gedruk het.

Herschel was 'n paar seisoene gelede nog in die WP se Curriebeker-span. My eerste indrukke van hom was dat hy 'n bietjie van 'n windgat is, maar soos ons mekaar leer ken het, het ons goeie vriende geword.

Hy het net buite Stellenbosch grootgeword in die dorpie Kylemore, wat hy sedertdien beskryf het as "nie die slegste plek om in groot te word nie, maar ook nie die beste nie". Daar was heelwat talentvolle rugbyspelers in en om Kylemore toe Herschel klein was, maar baie kon weens die taai sosio-ekonomiese omstandighede nooit tot hulle volle potensiaal ontwikkel nie. Gelukkig het Herschel ouers gehad wat hom ondersteun het en gesorg het dat hy nie die pad byster raak nie. Danksy 'n laerskoolonderwyser wat sy talent raakgesien het, het hy 'n beurs gekry by Paul Roos Gimnasium in Stellenbosch – 'n top-rugbyskool wat meer Springbokke opgelewer het as enige ander. Ek kan net dink hoe tingerig Herschel in daardie stadium moes wees, want toe hy

My reis met rugby het by Laerskool Goodwood Park begin. My pa was die afrigter en ek is die gelukkige een in die middel wat die bal vashou. Die feit dat my pa die afrigter was, het sekere voordele ingehou!

Hoewel ek nie eens Hoërskool Tygerberg se onder 16A-span kon haal nie (in daardie stadium was ek nog 'n agterspeler), het ek uiteindelik skielik begin groei en gereeld in die eerstespan begin speel.

Ek en Siya het goeie vriende geword terwyl ons vir die Westelike Provinsie se onder 19's gespeel het – hy het altyd gelag en grappies gemaak en was die siel van die kleedkamer.

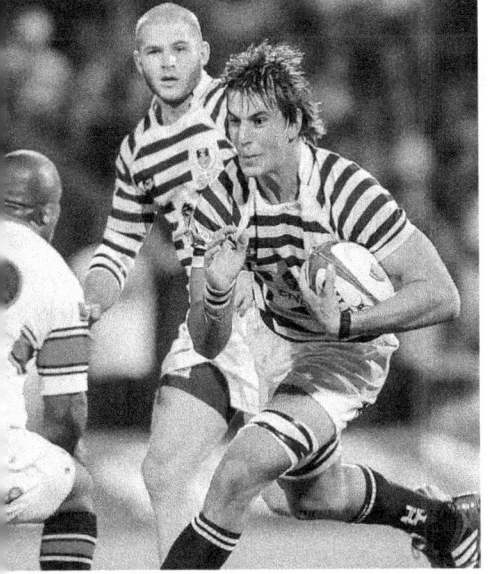

Ek het nie aan die Universiteit van Kaapstad gestudeer nie, maar ek was deel van die eerste Ikey-span wat die Varsitybeker sou wen deur die Universiteit van Pretoria in die eindstryd te troef.

Ek was mal oor die tyd wat ek vir NTT Docomo in Osaka gespeel het. Dit het gehelp dat ek 'n paar Suid-Afrikaanse vriende daar gehad het. Handré Pollard, my Springbok-spanmaat, was een van hulle.

Dit was ook baie lekker om vir Toulon in Frankryk te speel, hoewel die verhouding tussen my en die klub teen die einde 'n bietjie versuur het. Ek het nie die sukses bereik wat ek graag op die veld sou wou behaal nie, maar ek het lewenslange vriende gemaak.

Ek en Siya het jare lank saam vir die Stormers gespeel. Dit was wonderlike tye, maar ek wens tog ons kon 'n trofee wen.

Ek maak op 9 Junie 2012 my debuut vir die Springbokke teen Engeland in Durban. Dit was 'n emosionele dag en ons het 22–17 gewen.

Om tydens die 2015-Wêreldbeker teen Japan te verloor, was pynlik, maar toe ons naelskraap teen Nieu-Seeland in die halfeindstryd verloor het, was dit baie erger. Ek wil nooit weer so voel nie.

My trui het tydens my 50ste toetswedstryd geskeur. Dit was teen Australië in Brisbane en ons het ongelukkig verloor!

Ek lei in 2017 die span op die veld teen Frankryk. Om gevra te word om kaptein van die Bokke te wees, was een van die grootste hoogtepunte van my lewe.

Om in 2021 teen die Britse Leeus te speel was 'n droom wat waar geword het. Dit was 'n vreemde reeks, want daar was geen ondersteuners nie weens die Covid-pandemie. Nadat ons die eerste toetswedstryd verloor het, het ons gelukkig herstel en die reeks uiteindelik 2–1 gewen.

Dit was 'n baie emosionele dag toe ons op my 100ste internasionale wedstryd teen Wallis gewen het. Wat dit selfs meer spesiaal gemaak het, was dat Anlia die volkslied gesing het.

(*Van links na regs*) Ryen, ek, Ma en Pa. Hoewel rugby vir my baie belangrik is, is my familie nog altyd vir my die heel belangrikste.

My broer, Ryen, is een van my grootste ondersteuners. Toe die Bokke in 2019 die Wêreldbeker gewen het, het hy gevoel asof hy in my skoene staan.

Verenigde slotte – (*van links na regs*) Franco Mostert, Lood de Jager, RG Snyman en ek. Ons het die volgende week of wat baie pret gehad.

Ek en Anlia saam met ons onderskeie ouers by ons verlowingspartytjie.

Ek het geweet ek sou eendag met my sielsgenoot trou.

Op ons troudag het Pa ons ringe vorentoe gebring in 'n skulp gevul met sand vanaf Plage de l'Almanarre, waar ek vir Anlia gevra het om my meisie te wees en met my te trou.

Daar was al vele hoogtepunte in my lewe, maar niks sal ooit kom by my troudag of my kinders se geboorte nie.

In 2023 moes ons alles uithaal om ons Wêreldbeker-kroon in Frankryk te behou. Hierdie keer het Jean Kleyn en Marvin Orie die oorwinning saam met my, Franco en RG gevier.

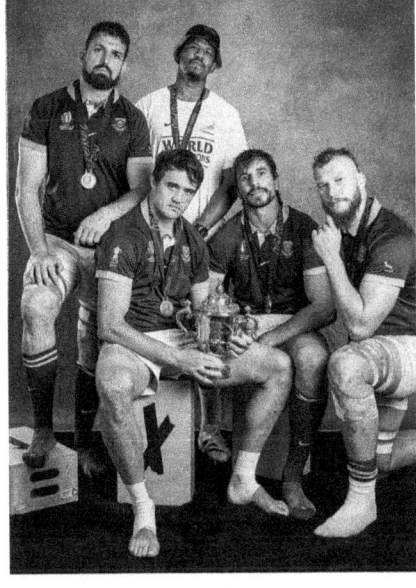

Terwyl die bus deur Khayelitsha gery het, het ek vir Siya gesê: "Dít is transformasie."

'n Selfie saam met waarskynlik die beste drie trofeë wat jy as 'n Springbok kan wen (*van links*: Britse en Ierse Leeus, Wêreldbeker en Kampioenebeker).

Meer as 'n dekade nadat ek my eerste klubtrofee by die Westelike Provinsie gewen het, het ek uiteindelik my tweede trofee by die Haaie ingepalm toe ons Gloucester in die Europese Uitdaagbeker se eindstryd in Londen geklop het.

Wat 'n ongelooflike dag om die speler te word wat die meeste toetswedstryde nóg vir die Springbokke gespeel het. Om my gesin daar te hê, het dit soveel meer spesiaal gemaak.

Op 16 Januarie 2024 het ek en Anlia vir Elizebedi in die wêreld verwelkom. Haar naam is gou verkort tot Liv. Die liefde wat ek vir hul albei het, is onbeskryflik.

sy Bok-debuut gemaak het, was hy net 1,66 m lank en het maar 74 kg geweeg. Daar was egter geen twyfel oor sy buitengewone talent nie. Herschel het by die Cravenweek uitgeblink voordat hy by die senior WP-groep betrek is. En toe kom sy groot Bok-kans op 23-jarige ouderdom.

Rugbysprokies soos dié is altyd aangrypend, en noudat daar meer swart en bruin spelers in die Bok-span is, sien mens meer van hulle in die media.

Siya se merkwaardige reis van Zwide na die Bok-kapteinskap is welbekend. Dan is daar ook Bongi Mbonambi, wat in die stofstrate van Bohlokong in die Vrystaat met 'n primitiewe bal – bestaande uit 'n lemoensakkie vol koerante – sy rugby begin speel het. En Makazole Mapimpi, wat in die armoedige Oos-Kaapse dorpie Tsholomnqa gebore is. Wyle Kaunda Ntunja, die bekende rugbykommentator wat in 2020 oorlede is, het op 'n keer vir Mapimpi beskryf as die speler wat "uit die mees hopelose omstandighede in die geskiedenis van Springbok-rugby" gekom het. Dat hy dit te bowe kon kom, bly een van die mees inspirerende stories in die geskiedenis van Bok-rugby.

Cheslin, wat in Kraaifontein grootgeword het, moes weer ander struikelblokke oorkom. Baie mense het gedink hy's te klein vir beroepsrugby op provinsiale vlak, wat nog te sê van toetsrugby. Tog het hy hulle almal verkeerd bewys deur 'n Bok-staatmaker te word.

Cheslin het die hart van 'n leeu. Klein soos hy is, het ek hom nog nooit sien wegskram van fisieke kontak nie – op die aanval én verdediging. Ek dink baie mense het gedink hy sou 'n een-dag-wonder wees wat in sy tweede internasionale seisoen uit die bus val. Maar hy het van krag tot krag gegaan. Kinders uit elke moontlike agtergrond kyk steeds hoe Cheslin draaie om die opponente hardloop en ouens twee keer so groot soos hy grond toe bring. Waarskynlik sou hulle dink: As hý dit kan doen, kan ek dalk ook. Cheslin het meer as enigiemand anders gedoen om rugby vir sulke klein outjies verander.

Die toenemende getal bruin en swart spelers in Rassie se Bok-groepe het niks met kwotas en positiewe diskriminasie te doen nie – hy kies die beste talent, van watter kleur ook al. En miskien die belangrikste: Hy is meer openlik oor transformasie as enige afrigter onder wie ek nog ooit gespeel het.

Rassie was nog net vir 'n paar wedstryde in beheer toe hy ons almal bymekaarroep om te praat oor dit wat hy "die olifant in die vertrek" genoem het. Hy het verduidelik dat daar mense in Suid-Afrika is wat nie van transformasie hou nie, maar dat ons moet leer om dit te omarm.

"In hierdie span," het hy gesê, "gaan transformasie oor meer as dat sekere ouens speel omdat hulle swart of wit is; dit gaan oor die aanvaarding van en respek vir mekaar se kultuur."

"As ons dit doen, gaan mense gemaklik voel om hulself te wees en elke naweek beter te wil speel. So gaan ons makliker saam kan wen, en hoe meer ons saam wen, hoe vinniger gaan ons die denkwyse van die Suid-Afrikaanse publiek verander," het hy bygevoeg.

Rassie het 'n stel reëls gehad waarby elke speler moes hou, maar hy het ook geweet nie almal kan eenders behandel word nie. 'n Afrikaanse laaitie wat van 'n plaasskooltjie in die Boland kom, gaan verskil van 'n swart outjie wat in 'n township

TEN SLOTTE

grootgeword het, of van iemand uit 'n welgestelde familie wat na 'n eksklusiewe skool in Kaapstad toe gegaan het.

Rassie het agtergekom dat baie van die swart spelers daarvan hou om voor 'n wedstryd te sing en dans, terwyl die wit spelers meestal verkies het om stilte om hulle te hê. Hy het opgelet dat van die spelers deur die singery en dansery geïrriteerd raak en besef dat 'n kompromie nodig is.

"As julle voor 'n wedstryd wil sing en dans," het hy gesê, "kan julle dit doen. En as julle in stilte wil sit en met niemand praat nie, kan julle dit ook doen. Dit beteken die ouens wat wil sing en dans, moet dit net 'n bietjie sagter doen, en begrip hê vir die ouens wat stilte en vrede wil hê; en die ouens wat stilte en vrede wil hê moenie moerig raak vir die ouens wat sing en dans en vir hulle sê hulle moet sjarrap nie. Dit kan nie soos in die ou dae wees toe die kleedkamer voor 'n wedstryd stil was, of sekere liedjies gespeel is nie. Ons is 'n getransformeerde span; verskillende spelers kom uit verskillende kulture en het verskillende oortuigings, en ons moet 'n manier kry om dit vir almal te laat werk."

Die swart spelers het nie sommer net gesing en gedans nie, hulle het dit gedoen omdat dit diep in hul kultuur gewortel is. Die dansery kan vir sommige wit mense vreemd lyk, maar swart stamme sou in die ou dae voor 'n veldslag sing en dans, en sport is 'n moderne, ietwat minder gewelddadige, weergawe van oorlog.

Die wit spelers verstaan nou dat hul swart spanmaats beter gaan speel as hulle voor die wedstryd uiting aan hul kultuur kan gee. As Siya so 'n bietjie afgemat lyk voor 'n wedstryd, sal ek hom vra: "Waarom sing jy so sag?" Terselfdertyd verstaan die swart spelers nou dat die meeste wit spelers stilte en vrede verkies om te fokus.

Voordat Rassie oorgeneem het, het afrigters transformasie saggies agter geslote deure bespreek, waarskynlik omdat hulle bang was dit veroorsaak onmin. Rassie het egter hééltyd daaroor gepraat. Voordat ons in 2024 teen Nieu-Seeland op Nuweland gespeel het, het hy byvoorbeeld vir Deon Davids gevra om aan die span te verduidelik waarom so baie bruin mense steeds die All Blacks pleks van die Bokke ondersteun.

Die All Black-legende Mils Muliaina het gesê die twee toetse wat hy op Nuweland teen die Bokke gespeel het, het "meer soos tuiswedstryde" gevoel, want duisende bruin ondersteuners het in swart opgedaag, die All Blacks se drieë toegejuig en selfs die Nieu-Seelandse volkslied luidkeels gesing.

Dis maklik vir buitestanders om te sê die bruin All Black-ondersteuners is gek. "Hulle woon in Suid-Afrika, hulle is Suid-Afrikaners, en apartheid het 30 jaar gelede al tot 'n einde gekom," lui 'n tipiese argument. Maar Deon het die historiese konteks deeglik vir ons verduidelik en waarom die Springbok vir baie mense steeds 'n simbool van apartheid is.

Die bruin gemeenskap het 'n diep liefde vir rugby. En dis juis hierdie liefde wat die pyn soveel erger gemaak het toe talentvolle bruin spelers in die apartheidsera beroof is van geleenthede om op die hoogste vlak mee te ding. Die ongelooflike bruin talent wat ons die laaste paar jaar in die Bok-span gesien het, is 'n aanduiding van hoeveel potensiaal ons in die apartheidsera net weggesmyt het.

TEN SLOTTE

In die apartheidsjare het die All Blacks op aandrang van die regering jare lank sonder hul Maori-spelers na Suid-Afrika getoer. Toe die Maori's uiteindelik toegelaat is om te kom, het die bruin gemeenskap hulle as helde beskou – as kamerade in die stryd teen apartheid. Wanneer Nieu-Seeland dan in Kaapstad of Port Elizabeth gespeel het, het bruin ondersteuners – gewoonlik ingedruk in een hoekie van die stadion – hard vir die All Blacks geskree. Vir hulle was dit tegelyk 'n gebaar van verset teen die apartheidsregering én 'n gebaar van solidariteit met veral die Maori-spelers wat soos hulle onder Suid-Afrika se rassediskriminasie deurgeloop het.

Eers in 1981 is die eerste speler van kleur vir die Bokke gekies: die losskakel Errol Tobias.

As 'n mens hierdie geskiedenis in gedagte hou, is dit naïef van wit Suid-Afrikaners om te dink dat alle bruin mense nou skielik die Bokke gaan begin ondersteun omdat apartheid verby is. Baie onthou nog 'n talentvolle oupa, 'n oom of 'n neef wat dalk in 'n ander era 'n Bok kon geword het.

Om hul vertroue te wen gaan tyd verg. Rassie het egter vas geglo dat ons mense se opinies kan verander, en dat die Bokke eendag – in die nabye toekoms – werklik 'n span vir álle Suid-Afrikaners sal wees.

Terug op die speelveld was dit die einste All Blacks wat nou vir ons in Wellington gewag het. Net drie van die spelers wat Australië op Ellispark verslaan het, sou ook teen Nieu-Seeland in die beginspan wees: Ek, Pieter-Steph en Makazole.

Duane is as kaptein vir die All Black-wedstryd aangewys. Twee spelers wat op Ellispark in aksie was, was op die bank:

Herschel en Frans Steyn, 'n Wêreldbeker-wenner van 2007 wat lank in die woestyn was en oor 'n sewejaar-tydperk net drie toetse gespeel het.

Die insluiting van die veteraan en die groentjie was net nog 'n bewys dat Rassie in 'n gesonde mengsel van ervaring en jeuglike entoesiasme glo.

Die toets in Wellington was veel minder aanskoulik as 2018 se epiese kragmeting. Met net 'n minuut se speeltyd oor was ons met 9–16 agter. Dit sou 'n wonderwerk verg om die telling gelyk te maak.

Gelukkig was daar twee wonderwerkers op die veld.

Nadat ons die bal deur nege fases gevat het, het ons wyd gespeel na Cheslin, wat so halfpad tussen die middellyn en die tientreelyn was. Chessie het langs die regterkantlyn afgesnol, maar net voor die kwartlyn het die All Black-kruisverdediging sy ruimte begin inperk. Hy moes vinnig plan maak voordat hy by die kantlyn uitgeboender word.

Cheslin gee toe 'n droom van 'n skoppie oor die koppe van die Kiwi-verdedigers. Die bal het lank genoeg in die lug gehang dat die aanstormende Herschel sy hande daarop kon kry, maar hy kon dit nie heeltemal bemeester nie. Terwyl sy All Black-eweknie, Aaron Smith, ook probeer het om die bal uit die lug te gryp, het dit vorentoe gespat vanaf Herschel se skouer. Ons het asem opgehou – die oomblik as daai bal die grond tref, is die wedstryd verby. Maar Herschel het kopgehou en dit koel en kalm uit die lug gepluk. Met 'n verslae Smith nou stewig in sy truspieëltjie het hy al jubelend oor die doellyn geduik.

Ons moes nog so 'n klein bietjie sweet toe die TV-skeidsregter

TEN SLOTTE

die drie vanuit alle hoeke bekyk het. Indien die bal enigsins met Smith kontak gemaak het terwyl dit vorentoe gespat het vanaf Herschel se skouer, sou dit 'n aanslaan wees. Maar hierdie keer was die rugbygode ons 'n slag genadig teen die All Blacks – die drie het gestaan.

Nou was al die druk op Pollard om die wedstryd gelyk te maak. Die Bok-losskakel het gewéét hoeveel afhang van daai skop. As ons twee punte vir 'n gelykop-uitslag kon verdien en ons klop Argentinië die volgende week met 'n bonuspunt, sou ons ons eerste Rugbykampioenskap-titel verower. Sedert die toernooi in 2012 begin het, kon nog net die All Blacks die kroon dra. Die Bokke se laaste Suidelike Halfrond-titel was 'n dekade tevore in 2009, toe ons die Rugbykampioenskap se voorganger, die Drienasies, gewen het.

Die doelskop was so halfpad tussen die pale en die regterkantlyn. Nie maklik nie, maar beslis ook nie te moeilik vir 'n skopper van Handré se kaliber nie. Toe Pollie daai bal tref, het ons almal geweet dis oor.

Herschel was natuurlik in die wolke, maar ek het besluit om hom eers 'n bietjie te terg. "Hoekom het jy nie onder die pale gaan druk nie?" het ek hom spottenderwys gevra.

Teen die tyd dat hy oorgeduik het, was Smith al op die grond en Herschel was dus onder geen onmiddellike druk nie. Maar dis maklik vir my om te sê wat van ver af toegekyk het. Dit was so 'n chaotiese drie dat 'n mens kan verstaan waarom Herschel die bal net so gou moontlik agter die doellyn wou plant.

En dalk was dit goed dat Pollie 'n hoëdruk-skop kon inkry voor die Wêreldbeker.

Ek het altyd met hom gespot dat hy eerder 'n maklike strafskop in 'n relatief onbelangrike klubwedstryd sou mis as een uit 'n onmoontlike hoek in die laaste sekondes van 'n reuse-toetswedstryd. Hy is die soort ou wat beter presteer hoe meer die druk toeneem.

Hy was die verpersoonliking van Big Match Temperament, oftewel BMT.

In 'n Wêreldbeker-uitklopwedstryd wil jy niemand anders hê wat pale toe korrel vir die wenpunte nie. Elke span wat al die Webb Ellis-trofee gewen het, het 'n dodelike stelskopper gehad – Dan Carter in 2015 en 2011, Percy Montgomery in 2007, Jonny Wilkinson in 2003, Matt Burke in 1999, Joel Stransky in 1995, Michael Lynagh in 1991, Grant Fox in 1987. Ek was oortuig daarvan dat Pollie die 2019-ekwivalent van Joel of Monty sou wees.

Van die manne het hom goediglik KP – vir "Kingpin" – genoem, terwyl ander die GOAT of Ice Man. As ek ooit iemand moes kry om 'n skop oor te sit om my lewe te red, sou ek sonder twyfel meneer BMT kies.

Ons het gedink ons kort 'n bonuspunt-oorwinning oor Argentinië in Salta om die verkorte Rugbykampioenskap te wen. Maar toe sorg Australië vir 'n reuse-verrassing deur die All Blacks met 47–26 in Perth te klap. Dit het beteken 'n gewone sege oor die Poemas sou genoeg wees vir ons. Maar ons het heelweek voorberei met 'n bonuspunt in gedagte en toe die wedstryd eers afskop was daar geen keer aan die Bokke nie. Ons het die Argentyne gerieflik met 46–14 ondergesit en ook die "onnodige" bonuspunt beklink.

TEN SLOTTE

Ek het begin wonder of dit dalk ons jaar kan wees. Met die All Blacks wat skielik 'n spoedhobbel getref het, het dit gevoel of dinge presies op die regte oomblik in ons guns draai.

Nieu-Seeland het 'n klomp goeie spelers verloor nadat hulle in 2015 hul tweede agtereenvolgende Wêreldbeker-titel ingepalm het. Van hul beginspan in die 2015-eindstryd was slegs sewe spelers oor. Om Dan Carter, Ma'a Nonu, Conrad Smith, Richie McCaw en Jerome Kaino te vervang, is feitlik onmoontlik.

Rieme en rieme woorde is al oor daai eerste vier name geskryf, maar ek dink nie mense besef altyd hoe belangrik die vyfde een, Kaino, vir daardie span was nie. Van die veld af was hy 'n wonderlike ou, een van daardie teenstanders wat altyd – wen of verloor – vir 'n geselsie na ons kleedkamer oorgestap het. Op die veld was hy 'n vegter, die soort speler wat dit op hom sou neem om die opposisie se hardste man te stuit. En wanneer dinge moeilik geraak het, sou hy sê: "Gee vir mý die bal, ek sal ons weer op die voorvoet kry."

Ek is seker dit was nie net die Bokke wat besef het dat die All Blacks geklop kan word nie – en dit in 'n Wêreldbeker-jaar.

Die feit dat hulle ons twee jaar in 'n ry nie in Nieu-Seeland kon baasraak nie het ons vertroue 'n reuse-hupstoot gegee.

Een van die belangrikste bestanddele in Rassie se wenresep was fiksheid. Om ons op 'n hoër vlak te kry het hy die Wallieser Aled Walters as kondisioneringsafrigter ingebring.

Soos Jacques Nienaber was Aled saam met Rassie by Munster. Toe hy in 2018 by die Springbok-bestuurspan aansluit, het hy gou tot die gevolgtrekking gekom dat ons fiksheidsvlakke tekortgeskiet het.

Rassie het Matt Proudfoot, ons voorspeler-afrigter en een van die min Allister-manne wat sy pos behou het, opdrag gegee om ons skrum in 'n magtige wapen te omskep wat konsekwent strafskoppe, gebiedsvoordeel en punte vir die span kon afdwing. Ons het die basis gehad om dit te doen met 'n klomp groot en sterk voorspelers, maar ons was nooit fiks genoeg om lank genoeg daarmee vol te hou nie.

Ná Aled se ingryping in 2018 het dinge begin verander. Sy fiksheidsessies was brutaal, terwyl Matt ook nie teruggehou het tydens die skrumsessies nie.

Die beleid om die beginpak te roteer, het aanvanklik nie by almal byval gevind nie, want elke speler wil graag 'n toets begin. Rassie het ons egter oortuig dat insluiting op die bank nie noodwendig beteken dat jy slegter is as die ou wat begin het nie. Dit kan ook wees dat hy dink jy kan later in die wedstryd meer skade aanrig wanneer die opposisie moeg raak.

Soos die Wêreldbeker nader gekom het, was dit duidelik dat al daardie intense skrumsessies op die oefenveld vrugte afwerp. Ons het twee of meer uitmuntende spelers vir amper elke voorspeler-posisie gehad. Die Bokke kon basies elke wedstryd twéé wêreldklas-pakke in die veld stoot. Rassie het dus die luukse gehad om 'n hele nuwe voorry in die tweede helfte op te stuur, een wat net so verwoestend soos die eerste voorry was – 'n volslae nagmerrie vir die opposisie. Om die Bokke se groot diepte in die pak behoorlik te benut, het Rassie met die veelbesproke plan vorendag gekom om ses voorspelers op die plaasvervangerbank te kies en net twee agterspelers. Die meer gebruiklike verdeling is vyf voorspelers en drie agterspelers.

TEN SLOTTE

Toe Rassie die eerste keer met 'n 6/2-verdeling gaan, het alles skielik vir my sin gemaak. Die voorspelers moet al die skrumwerk, losgemale en die meeste van die verdediging behartig, en 'n 6/2-verdeling beteken dat slegs twee beginvoorspelers 80 minute hoef te speel. Ek is seker van die agterspelers was nie so oortuig van die taktiek nie, want as jy net twee van hulle op die bank het, gaan daardie plaasvervangers 'n hele paar posisies moet dek, wat sekere spelers buite rekening laat. Wat my betref, is rugby egter 'n mini-oorlog en 'n goeie leier kies sy beste soldate om bepaalde veldslae te wen. As dit beteken dat spesialis-losskakels, -senters, of -vleuels uitgelaat word, wat wel gebeur het, dan is dit soos dit is.

Dit het gelyk of al Rassie se legkaartstukke mooi begin inpas. Ek was veel meer optimisties oor ons kanse as voor die 2015-Wêreldbeker. Alles was goed op koers.

Maar toe stap ek een aand by 'n nagklub in, en my wêreld word omgekeer.

Dit was my laaste naweek voordat ek weer by die Bok-groep moes aansluit om Japan toe te vlieg vir die Wêreldbeker. Ek het besluit om dit in die pragtige Weskusdorpie Langebaan deur te bring en het 'n paar vriende en familielede na die seiljagklub genooi vir 'n aandjie uit. Toe ek instap, skree 'n man aan die ander kant van die kroeg kliphard: "Hei, Etzebeth, haal af jou keppie!" Ek dra omtrent altyd 'n keppie, maar ek sou dit afgehaal het as ek geweet het dis 'n klubreël. Ek het glad nie daarvan gehou dat 'n vreemdeling so onbeskof is met my nie.

Ek stap toe oor na hom toe en vra: "Wie dink jy is jy? Ek's nie jou kind nie. As die klub nie keppies toelaat nie, stap oor en sê dit vir my op 'n beleefde manier eerder as om van oorkant die vertrek af te skree." Nie omdat ek een of ander wintie celeb is nie, maar omdat ek by my pa geleer het dat 'n mens almal met respek moet behandel merendeels omdat hy nie so onbeskof met enige persoon moet wees nie.

'n Paar van my pêlle het kwaai opgewerk geraak, maar ek het hulle gekalmeer en hulle daar uitgekry voordat dinge skeefloop. Van die seiljagklub af is ons na 'n nagklub genaamd Watergat.

Die voorval by die seiljagklub was gou vergete, en ons het 'n lekker aand gehad – totdat dit tyd was om te loop. Ek het gesien 'n bakleiery woed buite die klub en besluit toe om te wag totdat dinge bedaar. Toe dit rustig raak en ek later na my motor toe stap, ry iemand skielik agteruit en tref my amper. Ek het geskree dat hy versigtiger moet wees, en terwyl hy wegry, vloek hy my behoorlik. Van my vriende het die voorval gesien en teruggekap met hul eie vloekwoorde. Die ou in die kar se vriende het my vriende omring en ek en my broer het nadergegaan om die situasie te probeer ontlont. Toe dinge weer kalm was, is ek na my motor en net toe ek by die parkeerplek uitry na die verkeersirkel toe, word iets teen my kar gegooi – 'n baksteen, het ek gedink. Ek het omgedraai, my venster oopgemaak en gevra: "Wie de fok het dit gegooi?"

My motor was splinternuut en daarom was ek erg ontsteld. Ek het stilgehou en uitgeklim om die skade te bekyk.

Intussen het my familie en vriende, wat al halfpad op pad was huis toe, besef ek is nie meer agter hulle nie. Hulle het omgedraai om uit te vind wat aangaan, en teen die tyd dat hulle daar kom, was daar 'n hele klomp klubgangers wat na die rumoer kom kyk het. Daar was 'n horde mense, en ons het die meeste van hulle nie geken nie.

Skielik het gevegte oral in die parkeerterrein uitgebreek. Ek het na my broer toe gehardloop. Hy was in 'n donker en gevaarlike plek – ek wou keer dat hy iets dom aanvang en natuurlik ook om seker maak hy is veilig. Toe ek hom in die hande kry, het ek hom laat verstaan dat ons hier moet wegkom. Nadat ons uiteindelik weer op pad was na ons motors, het nóg 'n voorwerp verbygevlieg gekom en my een vriend net-net gemis – hierdie keer beslis 'n baksteen. Dit was die finale teken dat ons so gou moontlik moes spore maak.

Die volgende oggend kom klop my broer aan my slaapkamerdeur. Die eerste ding wat hy sê, is: "Daar's groot kak oor gisteraand." Toe wys hy vir my 'n foto op sosiale media. Die foto was van 'n ou met 'n bebloede gesig en die opskrif lui: "Etzebeth, jou rassistiese bliksem. Jy gaan tronk toe."

Dit was 'n nare skok om mee wakker te word, en van daar af het dinge net erger geraak.

Nog 'n video van die skermutseling by die seiljagklub het opgeduik. Die teks by die video het beweer dat ek kwansuis 'n rassistiese opmerking gemaak het. Dit het hoegenaamd nie sin gemaak nie.

Eerstens was dit net wit mense wat betrokke was by die hele keppie-storie, en die video het gewys hoe ek my vriende en familie probeer kalmeer toe hulle ontsteld geraak het omdat die ou my voor almal uitgehaal het oor my keppie. Tweedens gebruik ek nooit rassistiese taal teenoor iemand nie. Dit is gewoon nie in my aard nie, maak nie saak hoe kwaad ek is nie.

Omdat ras so 'n plofbare kwessie is, het ek geweet hier kom pêre. Daardie middag het Rassie gebel en gevra of ek enigiets verkeerd gedoen het. Selfs al was ek onskuldig, was ek steeds bang hy sê: "Luister, ons moet op die Wêreldbeker fokus, ons gaan jou nie saamneem nie."

Ek het hom kortliks vertel wat gebeur het – dat daar 'n onderonsie in die parkeerterrein was, dat klippe gegooi is, en dat 'n paar gevegte uitgebreek het, maar dat ek niks verkeerd gedoen het nie. Rassie het gesê hy glo my. Die hele gesprek het waarskynlik nie eens 'n minuut geduur nie. Ongelukkig was daar ander mense wat gedink het hulle kon die situasie uitbuit.

Van die mediaberigte was verskriklik. Daar is selfs beweer dat ek 'n vuurwapen op 'n ma en haar kind gerig en iemand aangerand het daarmee. Ek moes noodgedwonge 'n mediaverklaring uitreik om al die wilde bewerings te ontken. Die polisie het na my huis in Bloubergstrand gekom, op soek na my vuurwapen sodat dit vir forensiese toetse gestuur kon word. Ek het dit met graagte oorhandig – die aand van die Langebaanvoorval was dit veilig in 'n kluis weggesluit.

'n Paar dae ná die voorval het ek gehoor dat vier mense – wat later as die "Langebaan Vier" bekend sou staan – skadevergoeding van meer as R1 miljoen van my wou eis en dat hulle deur die Mensregtekommissie (MRK) verteenwoordig word. Dit het ook aan die lig gekom dat die MRK se geregshoof op 'n openbare vergadering in Langebaan gesê het dat ek "met moord" weggekom het. Die regsbeginsel dat jy onskuldig is totdat jy skuldig bewys word, is blykbaar by die venster uitgesmyt vir hierdie saak.

TEN SLOTTE

'n Klompie aandagsoekers het deur Langebaan se strate gemarsjeer en geëis dat ek moet boet vir my beweerde sondes. Dit was moeilik om te aanskou, want ek is baie lief vir daardie dorp. Intussen het joernaliste bespiegel dat ek uit die Springbokspan geskop sou word. Die voormalige Bok-afrigter Peter de Villiers het ook 'n eiertjie te lê gehad en gesê ek moenie naby die span kom nie. Ek was ontsteld omdat hy nie net 'n grootkop in Suid-Afrikaanse rugby was nie, maar hy het my nie eens geken nie. 'n Paar jaar later het ek hom in Port Elizabeth raakgeloop, en alhoewel ek nie van plan was om met hom te praat nie, het hy na my toe gekom en om verskoning gevra. Ek het vir hom gesê: "Coach, jy weet nie watter soort mens ek is nie, hoe kón jy dit sê?"

Hy het geen antwoord daarop gehad nie.

Die dae en weke ná die voorval was moeilik vir my gesin, veral vir my ma, wat aktief was op sosiale media en kon sien watter aaklige dinge oor my gesê word. Al wat ek vir hulle kon sê, is dat hulle hul nie te veel moet kwel nie omdat ek 100% onskuldig is. Dis egter makliker gesê as gedaan.

Daardie aand in Langebaan het lank by my bly spook. Die meeste mense daar het geweet dat ek niks verkeerds gedoen het nie, maar daar was ook diegene wat my wou kruisig.

Ja, dit was 'n wilde aand, mense hét seergekry en daar wás rassistiese opmerkings (ek het dit ook gehoor). As ek die horlosie kon terugdraai, sou ek bloot weggery het nadat my motor raakgegooi is. Maar ek het niemand aangerand óf my skuldig gemaak aan rassistiese uitlatings nie.

'n Onafhanklike Saru-ondersoek, wat deur oudregter Johann

van der Westhuizen gelei is, sou my later vryspreek van enige wangedrag en die Nasionale Vervolgingsgesag het ook beslis dat daar geen saak teen my was nie.

Ek het nie met een van my spanmaats oor die Langebaan-voorval gepraat nie, waarskynlik omdat niemand van ons gedink het dis nodig nie. Hulle het my goed genoeg geken om te weet dat die aantygings snert is. Ek was hoegenaamd nie 'n onverdraagsame wit ou wat nooit met bruin en swart mense gemeng het nie – my drie beste vriende in die Bok-span was Siya, Beast en Cheslin.

Nogtans was dit 'n verligting toe ek uiteindelik op die vliegtuig kon klim en op pad was na Japan. Met Rassie in beheer, was ons 'n eenheid.

8

TRANE, TATOES EN
'N DRIE WEKE LANGE PAARTIE

'N yslike TV-skerm wat oor en oor Springbok-rugby se pynlikste oomblik gewys het, het ons begroet toe ons in Japan aangekom het vir die Wêreldbeker-toernooi. Reg geraai, dit was die wendrie van die Slag van Brighton vier jaar gelede. Die TV was reg langs die hysbakke in die voorportaal van ons hotel in Kumagaya. Ons was die eerste Wêreldbeker-span wat in Japan gearriveer het aangesien ons ons finale opwarmingswedstryd teen die gasheerland sou speel.

In die aanloop tot die kragmeting het die Japannese duidelik gevoel dis nodig om ons te herinner aan die dag van hul grootste rugby-triomf. Het hulle maar geweet dis iets wat ons nóóit sou vergeet nie.

Maar ons het nie te veel gekla nie. Die Japannese is een van die mees gasvrye nasies op die planeet en het ons andersins op die hande gedra. Die belangstelling in ons doen en late was intens. Ons het 'n paar oefensessies gehou waar 10 000 Japannese toeskouers die stadion volgesit het. Ek het al Super-rugby-wedstryde voor minder ondersteuners gespeel. In sulke oefeninge het ons maar op ons verdediging gefokus sodat ons nie te veel van ons aanvalsplanne verklap nie.

Die opwarmingswedstryd self was eenrigtingverkeer. Danksy 'n driekuns deur Makazole Mapimpi het ons op 'n drafstap met 41–7 gewen. Vir die ouens, soos ek, wat vier jaar gelede vernedering in Brighton gesmaak het, was dit darem so 'n tikkie salf op die seer van destyds. Daarna het ons twee weke gehad om voor te berei vir ons eerste groepwedstryd. En dit was 'n grote: teen Nieu-Seeland in Yokohama. Die uitslag sou waarskynlik bepaal wie boaan die groep eindig.

Glo my, met Brighton in gedagte en Rassie in beheer, was ons van plan om net so deeglik vir Namibië, Italië en Kanada voor te berei as vir die All Blacks. Voordat ons weg is uit Suid-Afrika, het Rassie vir ons gesê: "As julle die Wêreldbeker wil wen, gaan julle vier van jul vyf groot wedstryde (Nieu-Seeland, Italië, die kwarteindstryd, halfeindstryd en finaal) moet wen."

Dit was sy manier om vir ons te sê dat alles nie verlore sou wees as ons nie die pyp rook teen die All Blacks nie. Dit was egter vir seker nie Plan A nie – geen span kon nog ooit die Wêreldbeker lig nadat hulle 'n wedstryd in die groepfase verloor het nie.

Daar was ietwat van 'n media-herrie in die aanloop tot ons wedstryd omdat Rassie gesê het dis 'n "welbekende feit" dat 50/50-skeidsregterbesluite gewoonlik in die All Blacks se guns beslis word. Die Bok-afrigter is daarvan beskuldig dat hy die skeidsregter Jérôme Garcès onder druk wou plaas. Die Fransman was die blaser in vyf Bok-nederlae teen die All Blacks, waaronder die Wêreldbeker-halfeindstryd in 2015. Die All Blacks se hoofafrigter, Steve Hansen, was een van dié wat Rassie 'n bietjie gas gegee het oor sy opmerking.

TEN SLOTTE

Danksy veral Faf de Klerk se akkurate hangskoppe het ons die eerste 20 minute van die openingswedstryd oorheers, maar ons het net 'n enkele strafdoel gehad om daarvoor te wys. En toe maak 'n enkele flater die deur op 'n skrefie vir die All Blacks oop – al wat hulle nodig het. Nadat die bal vorentoe gespat het toe ons nie 'n hoë skop kon bemeester nie, het Nieu-Seeland 'n verstommende aanval van binne hul eie halfgebied geloods. Dit het alles van 'n skop-aangee tot vernuftige voetwerk deur 'n rits All Black-snellers ingesluit. Nadat hulle goed 60 m gevorder het, het Beauden Barrett soos 'n warm mes deur botter gesny voordat hy die bal by George Bridge uitgekry het vir die afrondingswerk.

'n Paar minute later het die haker Dane Coles met 'n oorhoofse basketbalaangee vir Anton Lienert-Brown weggestuur. Die senter het blitsig van rigting verander en 'n hele paar Bokke gesystap voordat hy met perfekte tydsberekening die bal na 'n aanstormende Scott Barrett uitgegee het. Die slot het 'n goeie 30 m doellyn toe genael sonder dat daar 'n Bok-verdediger in sig was. Dit was klassieke All Black-toorkuns – voor- en agterspelers wat soomloos kombineer met rampspoedige gevolge vir die opposisie.

Ons het gesteier, maar het nie tou opgegooi nie.

'n Verdoelde drie van Pieter-Steph en 'n ongelooflike skepskop van Handré Pollard het ons agterstand tot vier punte laat krimp met nog 20 minute oor. Dit het gelyk of ons aan die herstel is, veral toe Cheslin begin om meer gapings te vat soos hul verdedigers moeg geraak het. Maar hul vaste spel het gehou en ons doppie is met twee laat strafskoppe geklink.

Ten spyte van die verloor was die kleedkamer nie in sak en as nie. Tydens Maandag se ontleding van die wedstryd het ons ons foute saaklik en kalm bespreek en besluit hoe om dit reg te stel.

Ons volgende wedstryd was teen Namibië. Hoewel die meeste ondersteuners hulle nie as veel van 'n bedreiging vir ons beskou het nie, het Rassie-hulle geen kanse gevat nie. Ons het die Namibiërs in fyn besonderhede ontleed – hoe hulle afskop, hoe hulle aanval, hoe hulle verdedig, hoe hulle absoluut alles doen – net soos ons die All Blacks ontleed het.

Ná die wedstryd teen Nieu-Seeland was daar ook 'n aangrypende oomblik wat party van ons amper in trane gehad het. Voor die toernooi het iemand die idee gehad om foto's van elke speler se geliefdes op sy trui te laat druk. Die foto's sou in die nommer agterop die trui pryk. Ons is gevra om elkeen ses foto's in te stuur. By die trui-oorhandiging het 'n paar ouens opgemerk dat Makazole nie soos die res van ons foto's van sy ouers, broers, susters, kinders, nabye vriende en mentors op sy nommer gehad het nie, maar ses verskillende foto's van homself.

Die ouens het gegrinnik en gedink hy het nie die opdrag reg verstaan nie. Tydens die boete-oplegging ná die wedstryd het Francois Louw opgestaan en voorgestel dat Makazole beboet word omdat hy te vol van homself is. Dit was sommer die normale rugby-gekskeerdery, maar toe kom daar 'n ongemaklike wending.

Die "beskuldigde" kry altyd die kans om homself te verdedig. Toe Makazole opstaan en gevra word hoe hy pleit op die aanklag, het hy verduidelik dat hy net foto's van homself het omdat hy geen familie oor het nie.

Skielik het niemand meer gegrinnik nie.

Flo was erg verleë. Hy het self die boete betaal – in die vorm van 'n bier wat afgesluk moes word – en kon nie ophou om Makazole om verskoning te vra nie.

Praat van 'n oomblik wat jou laat wakker skrik. Ek dink nie baie van ons het vooraf geweet presies hoe moeilik Makazole se persoonlike omstandighede is nie. Ná die onthulling het ek nóg meer respek gehad vir wat hy bereik het.

Baie mense dink dalk hul lewe was taai, maar Makazole se verhaal van swaarkry en ontbering plaas jou eie klein probleempies in perspektief. Hy is 'n wonderlike voorbeeld vir mense van alles rasse van wat bereik kan word deur geloof en harde werk – en met die hulp van goeie mense wat in jou glo.

Hy kla nooit nie, is altyd superfiks en gee te alle tye 100% vir sy span.

Ek het nog nooit vir Makazole vertel hoe hy my inspireer nie. Elite-rugby is 'n macho-sport en 'n mens wil nie die manne laat dink jy is 'n softie nie. Ek het wel al vir een of twee ander ouens vertel hoe ek na hom opkyk. Soos wat die tyd aanstap, raak ons meer openlik oor ons gevoelens.

Makazole is vir my 'n ware warrior saam met wie ek enige tyd oorlog toe sal gaan.

Hy en Lukhanyo Am was die enigste twee spelers wat teen sowel Nieu-Seeland as Namibië in die beginspan was. Rassie was duidelik haastig om die hele Bok-groep speelkans te gee. Vir die stryd teen die Namibiërs in Toyota het hy die 38-jarige

Schalk Brits as kaptein aangewys. En net om te wys dat daar geen perke aan sy kreatiwiteit is nie, het hy Schalk, wat gewoonlik haker speel, op agtsteman ingespan.

Op die ou end het ons nege drieë opgestapel om Namibië maklik met 57–3 af te stof.

Vir ons wedstryd teen Italië het Rassie weer eens dinge rondgeskommel. Beast, Bongi en Lood de Jager, wat nie eens op die bank was teen die All Blacks nie, is vir die beginspan gekies.

Nadat ek teen Namibië op die bank was, was ek terug in die beginspan vir die Italië-wedstryd. Rassie het by my gestaan, selfs toe die lawaai oor die Langebaan-voorval al hoe harder geword het. Daardie week het die Mensregtekommissie (MRK) bevestig hulle gaan my in die Gelykheidshof vervolg.

Ek is gebombardeer met boodskappe van die huis af. Daar was prokureursfooie wat betaal moes word. Oral is berigte gedeel waarin geëis word dat ek uit die Bok-groep geskop moet word. Een storie het selfs beweer dat die vuurwapen wat ek vir forensiese toetse ingegee het, gebruik is om twee mense mee te "pistol whip". Dit ten spyte van die feit dat die betrokke wapen veilig toegesluit was op die aand van die Langebaan-voorval.

Ek sou verstaan het as Rassie my eenkant toe geroep en gesê het: "Jammer, Eben, maar jou teenwoordigheid ontwrig die span te veel."

Selfs al het hulle gedink ek is onskuldig, sou sommige afrigters onder die druk geswig het omdat ras so 'n sensitiewe kwessie in Suid-Afrika is en die span belangriker is as enige individu. Rassie se houding was egter: "Hy het niks verkeerds gedoen nie, waarom moet ek hom straf?"

TEN SLOTTE

Ek sal hom altyd dankbaar bly; ek kan my eenvoudig nie indink hoe ek op my rusbank sou kon sit en kyk hoe die Bokke in die Wêreldbeker speel nie.

Een van Rassie se gunsteling-sêgoed was: "Fuck them up physically!" Saam met "take them to the gutters" is dit 'n slagspreuk wat die siel van Suid-Afrikaanse rugby perfek opsom. Ons het hard geskrum, ons het hard gerolmaal, ons het hard getackle, en ons het voluit gehardloop. Wanneer ons getrou gebly het aan hierdie identiteit, was dit bitter moeilik om ons te stuit.

En teen Italië was ons vol in die kol.

Die ouens het daardie dag met woede gespeel en een van die beste vertonings deur 'n Springbok-pak van my loopbaan gelewer. Een joernalis het dit as "ysingwekkend" beskryf, terwyl Italië se hoofafrigter, Conor O'Shea, gesê het ons is waarskynlik die kragtigste span wat nog ooit op 'n rugbyveld verskyn het. Beast het binne die eerste 18 minute twee Italiaanse vaskop stutte van die veld af geskrum. Hoewel dit beteken het dat ons na onbetwiste skrums moes oorskakel, het ons bloot gedink: Wel, as ons hulle nie van die veld af kan skrum nie, gaan ons hulle met ons rolmale stoomroller.

Ná die wedstryd was daar die gebruiklike klagtes dat ons te veel geskop het en net op ons kragspel staatgemaak het. Dié kritici se TV's was seker af toe Cheslin 'n paar hase uit sy hoed opgetower het en twee prag-drieë gedruk het.

Ongelukkig is ons indrukwekkende oorwinning met 49–3 deur nóg omstredenheid oorskadu. Ná die eindfluitjie het 'n groep Bokke kringetjie gemaak om die wen te vier. Toevallig was hulle almal wit. Toe Makazole by hulle wou aansluit, is hy weggewys. Gestroop van konteks het dit verdoemend gelyk: 'n Groep wit spelers wat nie saam met hul swart spanmaat wou feesvier nie. 'n Videogreep van die voorval het soos 'n veldbrand versprei. Kyk hoe rassisme in die Bok-kamp floreer, was die refrein op sosiale media.

Die verlore konteks was egter dat die spelers in die kringetjie die Bokke se plaasvervangers was – 'n groepie wat Flo die Bomb Squad gedoop het.

Flo het met dié bynaam vorendag gekom om die ouens wat nie in die beginvyftiental is nie, saam te snoer – om hulle anders te laat voel as 'n gewone plaasvervangersbank.

Die "rebranding" van die reserwebank was so suksesvol dat sommige ouens dit verkies het om eerder lid te wees van die Bomb Squad as die beginspan. 'n Klomp van die ouens het selfs ná die Wêreldbeker vir hulle spesiale Bomb Squad-tatoes gekry.

Flo was om verstaanbare redes heel gesteld op hierdie handelsmerk wat hy geskep het, en dit is hoekom Mapimpi moes hoor: "Nee, dis die Bomb Squad dié …"

Eintlik was dit bloot toevallig dat die Bomb Squad daardie dag uit sewe wit en een bruin ou bestaan het (Herschel was nog besig om hand te skud toe Makazole weggewys is); dit kon netsowel vier wit en vier swart ouens gewees het, soos al baie gebeur het. Dan was daar geen bohaai nie.

Die hele situasie was erg frustrerend, maar ek het gedink dit sal gou oorwaai, bloot omdat dit so belaglik was. Ons mediabestuurder het egter besluit dat stilbly nie 'n opsie is nie. Volgens hom sou dit die leuens net toelaat om verder te versprei.

TEN SLOTTE

Hy het dus 'n verklaring uitgereik en die arme Makazole, wat niks daarvan hou om in die openbaar te praat nie, het gevoel hy moet 'n video vir sosiale media maak waarin hy ontken dat hy die slagoffer van rassisme is. Hy het ook die konsep van die Bomb Squad verduidelik. Dit was die eerste keer dat dié benaming buite die Springbok-kamp gehoor is.

As daar ooit 'n fliek van daardie Wêreldbeker-veldtog gemaak word, sal die draaiboekskrywer waarskynlik die Bomb Squad-voorval melk vir al wat dit werd is en beweer dat dit die span nader aan mekaar gebring het. In der waarheid het ons almal gedink dis belaglik en net aangegaan met ons lewens.

Terwyl die herrie op die agtergrond gewoed het, het ons Kanada in Kobe met 66–7 geklop om tweede in ons groep te eindig en sodoende vir die kwarteindronde te kwalifiseer.

In 'n verrassende wending sou ons in die kwarteind weer teen Japan te staan kom. Die Japannese het die verwagtinge van selfs hul vurigste ondersteuners oortref deur boaan hul groep te eindig ná oorwinnings oor Ierland, Skotland en Samoa.

Ierland se "straf" vir hul verloor teen Japan was 'n kwarteindstryd teen Nieu-Seeland. Die Iere is aanvanklik beskou as een van die gunstelinge om die toernooi te wen, maar die Japannese het hul wiele laat afval. In die kwarteindstryd het die All Blacks die vloer met hulle gevee, al het die Iere twee van hul vorige drie toetse teen Nieu-Seeland gewen. Ná die oorwinning met 46–14 was Nieu-Seeland weer 'n sterk gunsteling om hul derde agtereenvolgende Wêreldbeker te verower.

Tot in daardie stadium het die Japannese baie mooi na ons omgesien, maar skielik was hulle nie meer so hulpvaardig nie.

Ons vrouens en meisies kon nie by ons bly nie, tensy ons ekstra vir ons kamers betaal, en tydens ons oefeninge het hulle die spreiligte vroeg afgeskakel sodat ons binnenshuis moes skuif.

Dit was egter maar net die gasheerland wat 'n voorsprong probeer kry, wat ek kon verstaan. Rassie was natuurlik slim genoeg om so iets uit te buit. In sy spanpraatjie het hy al die Japannese se vuiluil-truuks gelys om ons so 'n bietjie op te werk. Teen die tyd dat hy klaar was, was ons gereed om hulle gutters toe te vat.

So goed as wat Japan vier jaar tevore in Brighton was, het Eddie Jones se opvolger as afrigter, Jamie Joseph, hulle selfs nóg beter gemaak. Waarskynlik het hulle die innoverendste en doeltreffendste aanvalspatroon in die toernooi gehad. Selfs sonder die bal sou hulle soos besetenes bly werk, en die hele span was vinnig en superfiks. Boonop het hulle oorgeloop van selfvertroue nadat hulle Ierland en Skotland gestamp het, én hulle het 50 000 fanatiese ondersteuners gehad wat elke beweging toejuig. Maklik sou dit nie wees nie, dit het ons geweet.

Makazole het vir 'n droom-begin gesorg met 'n puik individuele drie, maar Beast is ná 10 minute weens 'n gevaarlike duikslag koelkas toe gestuur. Om Japan se aanval met 15 man te probeer stuit, is erg genoeg, maar met 14 man, selfs vir net 10 minute, was dit 'n nagmerrie. Ná Beast se tydjie in die koelkas was ek seker die moegste wat ek nog ooit in 'n toets was. Hulle het van alle kante af aangeval en ons soos hase oor die veld rondgejaag terwyl ons probeer het om die gate toe te stop.

Hoe ons Japan gekeer het om in daai eerste helfte 'n drie te druk, weet ek tot vandag toe nie. Hulle kon net 'n enkele

TEN SLOTTE

strafdoel behaal en die rustyd-telling was 5–3 in ons guns.

Die druk was groot toe ons vir die tweede helfte opdraf. 'n Skrale tweepunt-voorsprong was nie naastenby genoeg om die Spook van Brighton uit ons gedagtes te verdryf nie.

Gelukkig het hulle vroeg in die tweede helfte 'n paar dom strafskoppe afgestaan en Pollie het vir die res gesorg. Dit het ons kans gegee om tot verhaal te kom voordat ons Japan met 'n mooi drie laat steier het. Dit het begin met 'n lynstaan net binne ons eie halfgebied waar Lood skoon balbesit gewen het. Met 'n kragtige rolmaalbeweging het ons tot in die Japannese kwartgebied gevorder voordat Malcolm Marx deur 'n gaping gebars en die bal binnetoe na Faf aangegee het wat langs die pale gaan druk het.

'n Paar minute later het Makazole die uitklophou geplant met sy tweede drie. Uiteindelik is die vernedering van 2015 gewreek. Dalk sal hulle nou ophou om dáái drie in die hotel se voorportaal te wys.

Teen dié tyd was die Bokke se 23-tal vasgemessel. Die eksperimente het tot 'n einde gekom, iets wat Rassie gesê het gaan gebeur. Sy plan was dat almal in die groepfase twee wedstryde speel sodat elke Bok 'n regverdige kans het om sy kleim af te steek. Vanaf die kwarteindronde sou die beste ouens gekies en behou word. Rassie kon gewoonlik daarin slaag om elke speler belangrik te laat voel, maar dit was bra moeilik vir iemand wat geweet het hy gaan nie sommer in die uitspeelwedstryde die span haal nie. Nogtans het almal begrip gehad daarvoor en dit so aanvaar. Ek is seker een of twee sou gefrustreerd gewees het, maar Rassie het getroos: "Moet asseblief nie sleg voel as jy nie vir die uitklopwedstryde in die span is nie. Dit is ter wille van die span en onthou, almal gaan aan die einde 'n medalje ontvang."

Buitendien het hy al teen dié tyd ontslae geraak van enige persoon wat volgens hom die spangees sou ondermyn. "Die 31 ouens in die groep is nie noodwendig die talentvolste nie," het hy gesê, "maar hulle is die regte ouens vir hiérdie span." Hy het geweet dat 'n mens soms 'n speler kry wat ongetwyfeld die beste in sy posisie in franchise-rugby is, maar wat ook dikbek raak en oor wedstrydplanne en geriewe kla, twak praat oor ander, en die hele omgewing besoedel. Ander afrigters het nooit na sulke spelers opgelet nie, maar Rassie sou hulle onmiddellik identifiseer en nooit weer kies nie.

Ons teenstanders in die halfeindstryd was Wallis, 'n span met 'n interessante geskiedenis teen die Bokke. Vir amper 'n eeu kon hulle die Bokke nie klop nie. Maar in die vier jaar voor die 2019-Wêreldbeker het hulle die bordjies heeltemal verhang en vier oorwinnings in 'n ry teen ons opgestapel. Die Bokke se laaste oorwinning oor die Drake was in die Wêreldbeker-kwarteindstryd in 2015.

Boonop het hulle vroeër in die jaar die Sesnasies gewen en 'n Grand Slam behaal.

Net soos ons het hulle 'n eenvoudige wedstrydplan gehad: Oordonder die opposisie met 'n soliede vaste vyf, gebruik taktiese skopwerk om jou opponente gedurig te laat omdraai en beperk spel in jou eie halfgebied tot 'n minimum. Nes die Bokke was Wallis ook gemaklik daarmee om lang tye sonder die bal te speel.

TEN SLOTTE

Dis die soort strategie wat veral goed werk in Wêreldbeker-uitklopwedstryde. Wallis was nie 'n span wat jy met brute krag van die veld af kon speel nie, want hulle sou net so hard terugbaklei en jou van jou eie medisyne gee.

Nietemin het Rassie nie afgewyk van sy plan nie. Donner hulle fisiek op!

Ons moes Wallis sonder ons stukkie dinamiet – Cheslin – aanpak, want hy is beseer teen Japan. Rassie se beleid was duidelik: As 'n speler nie die Maandag kan oefen nie, mag hy nie die komende naweek speel nie. Daarom het dit nie saak gemaak dat Cheslin Woensdag weer sy ou self was en die beginvyftiental met sy vinnige voetwerk ore aangesit het nie.

Die ouens wat nie in die wedstrydgroep was nie, het die opposisiespelers bestudeer en hulle tydens ons veldoefeninge nageboots sodat die wedstrydspan beter kon visualiseer hoe die wedstryd gaan verloop. Daar was egter geen kans dat Wallis met iemand soos Cheslin vorendag sou kon kom nie.

Rassie moes sekerlik lank en hard nagedink het of hy nie maar sy eie reël moet ignoreer deur Chessie vir die halfeindstryd te kies nie. Vermoedelik het hy daarteen besluit omdat hy nie geloofwaardigheid wou verloor deur af te wyk van sy eie beleid nie. En boonop was Chessie se plaasvervanger, Sbu Nkosi, 'n uitstekende lugspeler, 'n vaardigheid wat goud werd sou wees indien die halfeind in 'n skop-oorlog ontaard – soos wyd verwag is.

Ons het voor die wedstryd geweet hulle gaan amper elke bal skop wanneer hulle dit kry, en dat ons dit bloot gaan terugskop. Rassie het herhaaldelik gesê: "Moenie afwyk van die plan nie," aangesien hy geweet het die span wat eerste ongeduldig raak, gaan waarskynlik verloor. Dit verg baie dissipline om te volhard met so 'n eenvoudige – sommige mense sal sê "beperkte" – wedstrydplan. Dit is veral moeilik as jy 'n vleuel of heelagter is wie se eerste instink is om te begin hardloop sodra jy 'n gaping sien. Dit vat net een so 'n "held" om van die plan af te wyk en die hele appelkar om te gooi.

Met nie een van die spanne wat 'n kans wou waag nie, was dit 'n aaklige, spanningsvolle wedstryd. Wallis het in die eerste helfte meer balbesit gehad as ons, maar dit het nie werklik saak gemaak nie aangesien hulle die meeste van hul besit na ons kant toe geskop het. En soos ons opdrag was, het ons die bal dan weer teruggesool. Dit het meer gelyk soos twee manne wat mekaar probeer doodwurg as na 'n interessante boksgeveg. Daar was bitter min geleenthede om drieë te druk, maar toe ons in die 56ste minuut binne hul kwartgebied 'n strafskopvoordeel kry, het die spel na links geswaai en op die een of ander manier kon Damian de Allende deur vier Walliese verdedigers ploeg om te gaan druk.

Wallis het sake egter 10 minute later gelyk gemaak met 'n verdoelde drie deur Josh Adams. Ons het reeds vyf lede van die Bomb Squad op die veld gehad en met 11 minute speeltyd oor, het Flo vir Siya vervang. Hy het Alun Wyn Jones geforseer om aan die bal te klou in 'n losskrum en sodoende 'n strafskop afgedwing. Handré het die bal na aan hul doellyn uitgeskop vir 'n lynstaan. Dit is toe dat die ure en ure se rolmaal-oefeninge weer eens vrugte afgewerp het.

Terwyl ons vorentoe gedryf het, het een van hul spelers onkant beweeg, wat nog 'n strafskop tot gevolg gehad het, en aan Pollie die geleentheid gegee het om ons oorwinning met 'n skop pale toe te verseker. Dit was ver aan die linkerkant van die veld en die wind het dwarsoor die veld gewaai, maar toe hy die bal tref, het ek geweet dit gaan tussen die pale deurseil.

Die media se reaksie op ons oorwinning oor Wallis was taamlik neerhalend, ten minste van buite Suid-Afrika. Een bekende Engelse joernalis het ons spel beskryf as 'n "sieldodende, een-dimensionele kragvertoon met stamp- en boelie-spel"; 'n ander een het die wedstryd beskryf as "so vervelig dat jy begin vrees het infanteriesoldate gaan droefgeestige gedigte daaroor skryf". Ander het daarop gewys dat daar elke minuut in die eerste helfte geskop is, en toe die eerste halfuur verby is, het ons die bal meermale geskop as wat ons dit uitgegee het.

Ons het vere gevoel vir al dié praatjies. Ons slagspreuk was "Doen wat nodig is om te wen", en ons verkies om eerder wedstryde met een of twee punte te wen deur eenvoudige rugby te speel as om wedstryde met 'n paar drieë op die telbord te verloor. Dit hang ook af uit watter perspektief jy oordeel. Party mense sal na daardie vyftigmeter-rolmaal teen Japan kyk en sê ons maak die spel dood. Vir my persoonlik is dit een van die mooiste dinge wat ek nog ooit gesien het. Ons het die aand voor ons wedstryd teen Wallis na die halfeind tussen Engeland en Nieu-Seeland gekyk en ek was verras om te sien hoe oortuigend Engeland gewen het. Hulle het indrukwekkend begin, en al het ek bly dink hul wiele gaan een of ander tyd afval, het hulle net aanhou druk toepas. Die eindtelling van 19–7 weerspieël nie regtig hoe dominant Engeland was nie.

Toe ons by die hotel aankom ná ons wedstryd teen Wallis, het ons dadelik begin om Engeland se spel op ons skootrekenaars te bestudeer; ook om visums vir ons familie te reël. Rassie het al die Maandagoggend die span aangekondig. Dit het die ouens wat nie die wedstryd sou speel nie, genoeg tyd gegee om hul nabootsing van die Engelse spelers te verfyn.

Die feit dat Engeland die toernooi-gunstelinge, Nieu-Seeland, so oordonder het, het hul ondersteuners geweldige selfvertroue vir die eindstryd gegee; veral omdat die All Blacks ons in hul eerste groepwedstryd geklop het.

Die meeste Engelse joernaliste en rugbykenners was oortuig dat hulle ons ore sou aansit. Die algemene siening was dat ons te eendimensioneel is en nie slim genoeg om Engeland te wen nie. Ek onthou veral een berig wat beweer het dat al Engeland se Sesnasies-wedstryde vir die volgende jaar reeds uitverkoop is omdat hul ondersteuners seker was dat hulle die wêreldkampioene in aksie gaan sien.

Die berigte uit Engelse koerante waarmee Rassie ons die hele week gevoer het, het beslis as ekstra motivering gedien. Hoe meer jy hoor dat die Engelse fisiek jou eweknie is, dat julle takties uitoorlê gaan word, dat hulle rugby 'n guns gaan bewys deur jou te klop, hoe meer wil jy hulle verkeerd bewys. Rassie was nie bereid om sy basiese spelbenadering vir 'n Wêreldbekereindstryd te verander nie, en sy bepalende boodskap was: "Hou aan om hulle hard te slaan en hopelik sal hulle knak soos die wedstryd vorder." Met ander woorde: Donner hulle fisiek op. Ons het wel met een nuwe lynstaanbeweging vorendag gekom, maar aangesien daar 'n klomp geboue om ons oefenveld was, en mense soms uit hul pad gaan om voor 'n wedstryd op hul teenstanders te spioeneer, het ons dit net in ons hotel ingeoefen.

Ons het 'n klomp ervare voorspelers in die span gehad, manne wat iets vir die eerste keer in 'n wedstryd kan probeer en dit perfek reg kan doen. Om eerlik te wees, dit was nie 'n moeilike beweging nie: 'n kort lynstaan wat geneem word, gevolg deur 'n rolmaalbeweging in die middel van die veld.

Tydens die voorbereiding vir die eindstryd was ek nie juis gespanne nie, waarskynlik omdat ek die soort speler is wat meer selfvertroue kry hoe meer ek oefen. Ander ouens het 'n mate van visualisering nodig om hulle reg te kry vir 'n wedstryd – hulle sal die wedstryd oor en oor in hul koppe speel, visualiseer waar hulle moet wees en wat hulle by sekere punte moet doen. Daar is geen reg of verkeerd nie, dis 'n kwessie van wat vir die individu werk. Vir my is behoorlike voorbereiding, en om die tegniese dinge onder die knie te kry, belangriker as sielkunde. Ek het die Woensdagaand saam met 'n paar manne uitgegaan vir ete sodat ons vir 'n paar uur lank van die wedstryd kan vergeet. Teen daardie tyd het ons geweet wat voorlê en wat van ons verwag word.

My gesin het die volgende dag opgedaag – Ma, Pa en Ryen – en dinge het meer normaal begin voel.

Saterdagoggend het ek besluit om alles wat ek daardie dag doen, neer te skryf: Wat ek vir ontbyt en middagete gehad het, hoe laat die spanvergadering was. Net voordat ek my kamer verlaat het om die bus na die stadion te haal, het ek die tyd neergeskryf wanneer die wedstryd verby behoort te wees, met daarnaas: WÊRELDKAMPIOENE!

Rassie se laaste spanpraatjie was nie te tegnies nie – ons was al 19 weke saam en het presies geweet wat ons taak is. Hy het gesê dit sal onaanvaarbaar wees om van die veld te stap en spyt te wees oor iets. Druk vir 'n Suid-Afrikaner is nie rugby nie, dit is om werk te soek en dit nie te kry nie, of om 'n geliefde te hê wat vermoor word. Met die hele Suid-Afrika wat agter ons staan, moes ons ons lywe ten volle op die spel plaas. G'n speler het die luukse gehad om hom oor sy eie foute te bekommer nie. Dit sou selfsugtig wees, want die fokus moet op die span wees, nie jou eie glorie nie. Indien ons 'n duikslag mis, moet ons opstaan en seker maak van die volgende een.

Dít was die boodskap van Rassie.

Ek weet nie wat Engeland se plan met hul spankeuses was nie, maar ek was verbaas dat Owen Farrell op binnesenter eerder as losskakel begin het. Hy was 'n fisieke speler, kon 'n mens hard grond toe bring en het goed uit die hand geskop. Indien hy losskakel sou gespeel het, sou dit vir Engeland die opsie laat om 'n groter en sterker binnesenter te kies.

George Ford het in Farrell se plek op no. 10 begin. Ons het geglo ons kon hom onder druk plaas en hom daardeur ontsenu. Dit sou sy besluitneming 'n breukdeel van 'n sekonde stadiger maak en hy sou meer huiwerig wees om dinge te probeer.

Engeland het 'n stewige pak voorspelers gehad, en ons het geweet hulle gaan ons met mening aanvat; Maro Itoje het 'n uitstekende wedstryd teen die All Blacks gehad, en ons het geweet Tom Curry het nog nooit weggeskram van harde spel nie. Vir die rateltaai Courtney Lawes se spel het ek nog altyd hoë agting gehad. Ons het egter nooit spesifiek na individue gekyk

TEN SLOTTE

nie, dis nie ek teen Itoje of Pieter-Steph teen Curry nie … dit was eerder die Springbok-agttal teen hul agttal.

Engeland se eerste kopseer in die skrums het gekom toe die vaskop, Kyle Sinckler, ná drie minute met harsingskudding van die veld af is. Dit het beteken dat Dan Cole, wat waarskynlik verwag het om net 25 minute te speel, vir 77 minute lank sy kant moes bring. Boonop was Beast sy teenstander, waarskynlik die sterkste loskop ter wêreld, en later Steven Kitshoff wat straks die tweede sterkste loskop ter wêreld is. Dis baie gevra, selfs vir iemand so goed soos Cole.

In die Rugbykampioenskap het ons uitstekend geskrum teen Argentinië en ons was selfs nóg beter teen Italië in Fukuroi. En ná die eerste skrum in die eindstryd, toe ons Engeland teruggedryf het, het ek geweet ons voorry, bestaande uit Beast, Bongi en Frans Malherbe, is weer in 'n verwoestende bui.

In die skrums is daar nêrens om weg te kruip nie. Dis nie soos met 'n duikslag waar 'n speler een van verskeie maniere kan gebruik om 'n opponent plat te trek nie, of in 'n losgemaal waar jy 'n hele paar truuks kan uithaal om die ander span se vordering te stuit nie. Die skrum is agt ouens wat teen agt ouens te staan kom, en geen kunsies gaan 'n ligter pak help teen 'n swaarder pak wat fiks en gereed is vir die konfrontasie nie.

Ons hele voorry het soos besetenes geskrum. En ná ongeveer die derde skrum het ek besef dat hulle bloot nie opgewasse was teen ons nie.

Pollie het ons ná 10 minute met 'n strafskop laat voorloop, Farrell het 12 minute later die telling gelykop gemaak, en toe het Pollie ons weer laat voorloop nadat Cole uit 'n skrum geboender is. Daar was 'n uitgerekte periode rondom die halfuurmerk toe Engeland keer op keer probeer het om oor ons doellyn te kom, maar uiteindelik met net drie punte moes wegstap. Jacques Nienaber het wondere verrig deur ons verdediging van verdag tot waterdig te verander, en ek dink daardie besondere verdedigingspoging het 'n groot invloed gehad op die finale uitslag. Hulle het álles probeer en kon steeds nie 'n drie druk nie; dit moes 'n geweldige sielkundige terugslag vir Engeland gewees het. Vir ons was dit beslis 'n groot aansporing.

Rassie het baie daarvan gepraat dat spelers soos krygers moet wees. Om aanval ná aanval suksesvol af te weer, moet almal in jou span – van no. 1 tot by no. 15 – sterk genoeg wees om dit te stuit, en niemand durf te bang te wees om hul koppe op gevaarlike plekke in te druk nie. Faf was 'n goeie voorbeeld hiervan, want wanneer 'n kleingeboude outjie soos hy 'n groot ou in sy spore stuit, gee dit die span 'n groter hupstoot as wanneer 'n voorspeler soos ek byvoorbeeld dieselfde sou doen. Met Engeland se aanslag afgeweer, het ons uit ons kwartgebied ontsnap, en het ons 'n strafskop gekry nadat ons hulle weer in 'n skrum vermorsel het. Pollie het die skop deur die pale gestuur, en ons was weer ses punte voor.

Dalk moes ons teen rustyd verder voorgeloop het, maar Rassie was heel rustig in die kleedkamer. Al wat ek onthou van wat hy gesê het, is dat enige teken wat wys dat ons moeg is, vir Engeland hoop gaan gee. Daarom moet ons so gou moontlik opstaan nadat ons geduik is.

Natuurlik het Rassie ook geweet dat ons vier vars voorspelers tot ons beskikking het. Reeds voor rustyd is Bongi en Lood

TEN SLOTTE

vervang omdat hulle beseer was, maar ek kan my goed indink wat deur Dan Cole se gedagtes moes gegaan het toe hy vir Kitshoff en Koch op die veld sien draf drie minute ná die aanvang van die tweede helfte. Hul eerste skrum was iets ysliks. Enkele minute later het Engeland vir Maku Vunipola met Joe Marler vervang, en kort daarna kon hulle 'n skrumstrafskop wen wat die momentum vir ongeveer vyf minute omgekeer het. Met die telling op 15–9 het ons daardie lynstaanbeweging uitgehaal wat ons in die hotel geoefen het: 'n kort lynstaan, gevolg deur 'n reuse-rolmaal in die middel van die veld wat Engeland laat ineenstort het. Drie maklike punte reg voor die pale. Dit was 'n ongelooflik bevredigende oomblik, en 'n les vir enigiemand wat gedink het ons is vervelig en eendimensioneel.

Engeland het bly veg. Nog 'n strafskop deur Farrell het die telling 18–12 gemaak. Dit was net té naby om gerus te raak. Ek was toe al op die bank, maar het gevoel ons is naby aan 'n deurbraak wat uiteindelik hul veggees kon breek. Met 14 minute speeltyd oor, het Engeland 'n hoë skop geloods, Willie le Roux het die bal gevang, maar is vasgevat. Ons het die losskrum skoongemaak en Faf het die bal steelkant toe uitgegee. Vir 'n groot ou het Malcolm Marx die bal uitstekend hanteer. Hy het uitgegee na Lukhanyo Am wat vir Makazole langs die linkerkantlyn weggestuur het. Nadat Makazole vorentoe geskop het, het die bal perfek in Lukhanyo se arms gespring. Hy het blitsig uitgegee na Makazole aan sy binnekant, wat Suid-Afrika se eerste drie in 'n Wêreldbeker-eindstryd gaan druk het.

Die besonderse wisselwerking tussen Makazole en sy mede-Oos-Kapenaar Lukhanyo was die sleutel tot die drie.

Pollie het die doelskop bygevoeg en met die telling 25–12 met 15 minute oor kon ek nie 'n pad terug vir Engeland sien nie. Dit was nie soseer weens die punteverskil nie, maar omdat ons verdediging die Rose heeltemal verlam het.

Engeland het wel aanhou raas en blaas, maar kon geen manier vind om deur te breek nie. Toe hulle die bal in 'n duikslag verloor, het Lukhanyo dit opgepik en na Pieter-Steph uitgegee wat dit wyd na Cheslin op regtervleuel weggekry het. Chessie het eers om 'n paar voorspelers gedartel, voordat hy Farrell met 'n swenkstappie en meesterlike draaibeweging uitoorlê het, en sonder enige verdere teenstand gaan druk het. Dit was die doodskoot vir Engeland.

Nog voordat Chessie die bal agter die doellyn geplant het, het ons begin bos gaan langs die veld. Ek het besef die voorspelling wat ek voor die wedstryd in groot, vet letters neergeskryf het, het pas waar geword.

As iets waaroor jy die grootste deel van jou lewe gedroom het, waar word, weet jy nie mooi wat om te doen nie. Wat moes ek doen nadat die eindfluitjie geblaas het? In die lug spring? 'n Spanmaat op die grond neertrek? Begin huil? 'n Dankgebedjie opsê? Wat ek gedoen het, was om soos 'n mal man op die veld te storm en die eerste ou te gryp wat ek teëgekom het, wat Herschel was (ten minste, ek dink dit was hy).

Toe my medalje oorhandig word, het ek reguit na my ma, pa en broer gekyk wat my stralend van trots dopgehou het. Eers toe het ek behoorlik na my medalje gekyk, en die laaste paar maande van my lewe het deur my gedagtes geflits – daardie aand in Langebaan wat amper my Wêreldbeker verongeluk

TEN SLOTTE

het, al die verskriklike leuens wat oor my vertel is, die ure en ure van moordende oefening, die wonderlike kameraderie van my spanmaats. Ek het opgekyk en 'n dankgebedjie opgestuur terwyl die trane teen my wange afgerol het. Dit het gevoel of twee yslike rotse van my skouers verwyder is.

Toe Siya op die verhoog stap om die Webb Ellis-beker te ontvang, het ek glad nie aan simboliek gedink nie, en waarskynlik sal my spanmaats dieselfde sê. Ons het nie aan Siya as 'n "swart" kaptein gedink nie. Hy was net een van die manne, ons pêl. Ek wou hê dat hy die trofee so gou moontlik omhoog moet hou sodat ons dit behoorlik kon begin vier.

Die oomblik toe hy dit doen, het ek gevoel ek het rugby "voltooi" – op dieselfde wyse wat jy klaarmaak met 'n videospeletjie. Wat bly oor as jy die Final Boss doodgemaak het? Hoe gaan jy nou verder?

Siya Kolisi, kaptein van Suid-Afrika: *Ek het geweet Eben gaan 'n wonderlike speler vir die Springbokke word toe ons as tieners saam by die Westelike Provinsie Instituut was. Ek het al saam met baie goeie spelers gespeel, maar voor Eben het ek nog nooit iemand ontmoet wat so presies geweet het wat hy in die lewe wou hê nie. Hy het ongelooflik hard gewerk en nie soos sommige van ons – ek ingesluit – partytjie gehou en gedrink nie. Hy was mal daaroor as ek glimlag en ons was van meet af aan baie na aan mekaar. Ek het naweke by sy huis oorgebly, sy ma en pa sou braai, en dit was duidelik hoeveel sy gesin vir hom beteken. Familie beteken vir my ook baie, dus het dit regtig 'n snaar aangeraak.*

Ons het vroeg reeds by die Stormers kamermaats geword en

sedertdien is dit steeds so (afgesien van enkele kere wat hy sy eie kamer het en ek met Cheslin deel – wat hom jaloers maak). Waarskynlik het ek meer tyd saam met Eben deurgebring as enigiemand anders, selfs sy eie gesin, en ek het die voorreg om kante van hom te sien soos min ander mense. Hy steek geen gevoelens vir my weg nie, wat een van die redes is waarom ek so baie van hom hou, en hy is baie beslis nie bloot 'n rugbymasjien nie, hy kan sag en kwesbaar wees.

Ons is al saam deur soveel dinge, goed en sleg, en dit is die goeie dinge wat vriende nader aan mekaar bring vir die tye wat dit sleg gaan. Ná Eben se pa oorlede is, het ek in ons hotelkamer net langs hom gelê. Daar is nie baie wat jy vir iemand in so 'n situasie kan sê nie, maar net om daar te wees, sê reeds iets. En wanneer ék deur 'n moeilike tyd gaan, kan ek in Eben se gesig sien dat hy regtig wil hê dat dit beter moet gaan, wat soveel vir my beteken.

Wat rugby betref, was die nederlaag teen Japan vir ons almal moeilik, maar die ergste was toe Eben kaptein was en ons 57–0 teen die All Blacks verloor. Ek was só jammer vir ons span, ek was só jammer vir ons land, maar bowenal was ek ook jammer vir my vriend. Ons het nie ná die tyd baie vir mekaar gesê nie, benewens dat ons nooit weer so iets wil beleef nie. Drie weke later het hulle ons met slegs een punt geklop.

Toe ek as Springbok-kaptein aangewys is, was hy een van die eerstes om my geluk te wens en het gesê dat ek sy volle ondersteuning het. En omdat ek nie baie praat nie, is hy die span se stem. Hy is die mees ervare ou in die groep, soos 'n ouboet vir almal. Dit is duidelik hoe baie hy daarvan hou om vir die Bokke te speel, en

TEN SLOTTE

almal respekteer hom. En alhoewel hy baie hoë standaarde stel, is hy nooit onredelik nie. Ons het al in die kleedkamer gestry, maar dit is goed in 'n spanomgewing – dit wys hoeveel ons omgee – en dan is dit gou vergete.

Wanneer ek nie seker is wat ek op die veld moet doen nie, kyk ek na Eben omdat hy tegnies briljant is en vir die skeidsregter die regte vrae vra. Rassie wil hê dat ons vir onsself moet dink, en Eben kom altyd met nuwe maniere vorendag om iets te doen. Sy navorsing is uiters noukeurig, amper belaglik goed. Hy sal ure lank saam met Felix Jones, die Bokke se hulpafrigter, in 'n vertrek sit en die teenstanders se spel ontleed voordat hy sy insigte met die res van die ouens deel. Hy sal enigiets doen om vir sy span 'n mededingingsvoordeel te gee.

Eben is onbeskryflik sterk, fiks en atleties – hy is vinniger oor die 40 meter as party van die agterspelers – en hy het deur die jare geleer om sy aggressie beter te kanaliseer. Wat hom egter uniek maak, is hoeveel hy omgee.

Hy het eenkeer, ná hy 'n lang tyd weens 'n besering uit was, gedink dat hy reg is om te speel, maar is toe nie gekies nie. Almal in die vertrek kon sy seer aanvoel, en hy was amper in trane toe ek ná die tyd met hom praat. Dit was iemand wat reeds meer as 100 toetse gespeel het, maar bitter graag meer wou speel.

Wanneer hy nie op die spanlys is nie, raak ek bekommerd, want hy bring iets wat die meeste spelers nie het nie. Hy is vanselfsprekend 'n formidabele rugbyspeler, maar baie van wat hy bring, kan die meeste mense nie eens raaksien nie – dis meer 'n soort gevoel. Ek is seker hy gaan in die volgende Wêreldbeker speel – mits hy nie beseer word nie – en selfs nog daarna.

Eben het 'n professionele kant waarin hy maklik verdwyn, maar ek wens meer mense kan sy prettige kant sien. Hy het die lafste grappies en ons het gunsteling-koffiewinkels en -restaurante regoor die wêreld waar ons oor die lewe kan gesels. Ons hou gewoonlik van dieselfde dinge, maar selfs as hy nie baie hou van iets wat ek wil doen nie, sal hy dit saam met my doen en omgekeerd.

Selfs toe Eben in Frankryk was, het ons kontak behou, en noudat ons in Durban langs mekaar woon, bring ons gesinne baie tyd in mekaar se geselskap deur. Ons reis saam, gaan eet uit, hou braaie by mekaar se huise, en ek kan sien aan die manier waarop hy met my kinders praat dat hy baie lief is vir hulle. Eben is eenvoudig so: As iets vir hom saak maak, kan 'n mens dit sien.

Ek en Eben beskou nie ons vriendskap in terme van wat dit sê van die moderne Suid-Afrikaanse samelewing nie, dit is meer dat dit so moet werk vir die hele wêreld. Dit is eintlik maklik: Moenie iemand op grond van sy velkleur beoordeel nie, leer hulle behoorlik ken en beoordeel hulle op grond van wie hulle is.

Eben ken my storie – waar ek vandaan kom, my probleme, die redes waarvoor ek speel – en ek ken sý storie, en op daardie manier het ons geleer om mekaar lief te hê en te waardeer. Ek weet hy sal enigiets vir my doen, en ek sal enigiets vir hom doen. Hoewel ek hom altyd as een van die beste Springbokke ooit sal sien, indien nie dié beste nie, sal hy altyd een van die beste vriende wees, meer soos 'n broer. Hopelik sal ons ná ons uittrede steeds bure wees, want ek wil ons reis saam tot op die einde beleef.

Eers later, nadat die stof gaan lê het, het ek nagedink oor die betekenis van ons wen. Ons was regdeur die toernooi baie bewus

TEN SLOTTE

daarvan dat ons vir die mense by die huis speel. Rassie het die hele tyd vir ons video's gewys van ondersteuners uit alle agtergronde wat ons oorwinnings vier, en vir ons gesê: "Kyk hoe graag wil hulle hê julle moet wen, kyk hoe ondersteun hulle julle, kyk hoe verander julle mense se lewens."

Ek is mal oor Suid-Afrika, dis 'n pragtige land, die beste ter wêreld, ten spyte van die probleme. Ek is nie so naïef om te dink dat net omdat ons die Wêreldbeker gewen het, gaan Suid-Afrika nou in die land van melk en heuning verander nie. Maar ek dink wel rugby kan doen wat politiek nie kan doen nie – dit kan mense opbeur en hulle verenig. Al is dit net vlugtig. Indien ons ons mense vir selfs net 24 uur gelukkig en trots gemaak het, het ons iets bereik.

Dalk was daar kinders in die townships wat gesien het hoe Siya daardie beker bo sy kop hou en gedink het: Ek wil ook die kaptein van die Springbokke word. Miskien was daar swart kinders wat soos Handré Pollard wou wees, of wit kinders op plase wat soos Siya of Cheslin wou wees, of bruin kinders uit 'n arm agtergrond wat soos ek wou wees. Dít sou ware transformasie wees.

Ek wens ek het 'n GoPro op my kop gehad toe my gesin ná die eindstryd op die veld by ons aangesluit het, want daardie emosie was so rou en wonderlik. En ná die ererondte met die trofee, is ons binnetoe vir foto's voordat ons kleedkamer toe is vir 'n bier. Báie bier. Dit was chaos daarbinne, en toe prins Harry inkom, was die meeste ouens in hul onderbroeke; Faf het rondgewals met een van daardie Speedo's met die Suid-Afrikaanse vlag op. Iemand het vir prins Harry 'n bier in die hand gestop. Hy het 'n paar vriendelike woorde gesê, en homself toe verskoon en geloop. Die Webb Ellis-beker – 'n glinsterende, goue en pragtige beker – het uiteindelik in die hande van Frans Steyn beland, Suid-Afrika se tweede speler om die Wêreldbeker twee keer te wen, en ons het die musiek opgedraai en 'n propperse paartie gegooi.

Ek het geen idee wat Rassie ná die tyd by die vergadering by die hotel gesê het nie – ek het toe al te veel biere agter die blad gehad – en daar is teen 05:00 steeds feesgevier toe ek geloop het. Ek het twee of drie uur se slaap ingekry, aangetrek, teen die trappe afgestrompel vir 'n funksie en is toe weer terug om verder te paartie.

Ons het in verskillende groepe teruggevlieg, wat nie ideaal was nie. Ek was saam met Rassie, wat sy 47ste verjaardag gevier het, op die vliegtuig. Jacques, Siya, Beast, Pollie en die Webb Ellis-beker, wat sy eie sitplek gehad het, was ook op die vlug.

Toe ons twee of drie uur van die huis af is, het een van die bestuurslede gesê ons moet nou ophou drink en probeer om 'n bietjie nugter te raak voordat ons met die media praat, maar ek was nog kwaai gekoring toe ons in Johannesburg land. Ek sal egter nooit die verwelkoming tuis vergeet nie.

Die lughawe was iets om te sien – O.R. Tambo se aankomssaal was stampvol singende ondersteuners van alle rasse, geklee in Groen-en-goud, met Suid-Afrikaanse vlaggies in hul hande. Daar was selfs 'n koor wat die volkslied gesing het. Nadat ons vinnig 'n paar handtekeninge uitgedeel het, is ons reguit by 'n vertrek ingebondel vir 'n mediakonferensie, waarna ons ons feesvieringe by 'n hotel na aan die lughawe voortgesit het.

TEN SLOTTE

Ek het altyd gesê indien ons die Wêreldbeker wen, wil ek 'n tatoe hê. Dus het iemand in die span 'n tatoeëerder na die hotel ontbied en 'n paar manne het besluit om saam met my 'n tatoe te kry. Party het toe besluit om die woorde Bomb Squad op hulle te laat tatoeëer. Ek het vir my 'n tatoe laat maak van die trofee, saam met die datum en 'n Bybelvers wat ek op die dag van die eindstryd by die Stormers se voormalige voorspelerafrigter, Russell Winter, gekry het. Deuteronomium 20:4: "Dit is immers die HERE julle God wat saam met julle gaan om vir julle teen julle vyande te veg, om julle te laat wen."

Toe ons twee dae later met die trofeetoer in Pretoria begin, het die meeste van ons al belaglike hoeveelhede alkohol ingeneem, maar ons was beslis nie van plan om nou al op te hou nie. Ten spyte van al die gedrink was dit onmoontlik om nie geraak te word deur die uitbundige vreugde wat ons in stede regoor Suid-Afrika ervaar het nie. Ja, daar is so baie dinge wat fout is in ons land, maar ons het ten minste vir die mense 'n klein kykie gegee op die wonder en hoop wat daar wel is.

'n Week ná die eindstryd was dit my 10-jaar-skoolreünie en ek was nie van plan om dit mis te loop nie.

Daarna is ek en my gesin Sun City toe vir 'n vakansie. Ek het heeltyd gedink: Ek gaan nooit weer vir die eerste keer 'n Wêreldbeker wen nie, daarom moet ek die meeste hiervan maak. En net wanneer ek gedink het dat ek nou genoeg gehad het, sou iemand anders bel en sê: "Nee, nee, nee … Jy gaan saam met ons uit." Ek is seker party mense het gedink: Gaan hierdie ou ooit ophou drink? Ek wou egter ons sukses met soveel mense as moontlik deel.

Ná drie weke het ek uiteindelik ophou feesvier. Een van die eerste goed wat ek gedoen het die oomblik toe my kop weer helder was, was om my trui te laat raam saam met Itoje se trui wat ek in die wedstryd teen Engeland gekry het. Ek het my pet en toks saam met die truie laat raam, asook die nota waarop ek my roetine op die dag van die eindstryd neergeskryf het. Herinneringe vervaag, hoe wonderlik dit ook al mag wees, en daardie dag wil ek nooit ooit vergeet nie.

9

'JULLE LIEG VIR DIE LAND!'

So baie van die spelers wat deel was van Suid-Afrika se Wêreldbeker-triomf het ook Bok-rugby se donkerste tye beleef: 50-punt-loesings teen die All Blacks, geskiedkundige eerste nederlae teen kleiner rugbylande soos Japan en Italië, en die verlies van ons eeu lange oorheersing oor spanne soos Wallis en Ierland. Hulle sê moeilike tye kweek harde manne en al die taai klappe wat ons in daardie droewige era gekry het, het ons ongetwyfeld sterker gemaak. Omdat ons nou die allerbeste tyd in die Groen-en-goud gesmaak het, wou ons nooit weer die ergste beleef nie.

Met die Wêreldbeker agter die rug, het ek ook sterk genoeg gevoel om die sogenaamde Langebaan-4 vir die eerste keer van aangesig tot aangesig te konfronteer. Hulle het my voor die toernooi valslik van alles van rassisme tot aanranding beskuldig. Ek het oorkant die vier gaan sit en reguit vir hulle gesê: "Ek hoor julle wil 'n miljoen rand hê om dié ding te laat verdwyn. Wel, as elkeen van julle nou vir my 10 rand gevra het, sou ek dit steeds nie vir julle gegee het nie. Ek weet ek is onskuldig, en julle het geen voet om op te staan nie."

Ek kon sien my selfvertroue het hulle verras. En toe ek vra

waarom hulle so seker is dat hulle die regte man beet het, het hul storie uitmekaar geval. Twee van hulle was seker dat ek daardie aand 'n rooi Nike-T-hemp aangehad het, maar ek het 'n foto wat bewys dat ek 'n swart Asics-T-hemp gedra het. (Ek is daardie tyd deur Asics geborg en het nooit Nike gedra nie.)

Die ouens was vir seker opportuniste wat besluit het hulle kon doen met 'n miljoen, net soos wat die Mensregtekommissie opportuniste was wat politieke munt uit die situasie wou slaan.

Die wolk wat oor my gehang het, het begin lig, maar dit het nog 'n rukkie gevat om heeltemal te verdwyn. Saru het die volgende jaar bevind dat ek my nie aan rassisme skuldig gemaak het nie, terwyl die howe uiteindelik laat in 2021 die saak teen my laat vaar het.

Ná 'n paar weke se uitspan het ek my sakke gepak en Frankryk toe gevlieg. Dit sou 'n groot aanpassing wees. Toe ek vroeër vir drie maande in Japan gespeel het, het ek my broer saamgevat. Die Franse kontrak was egter vir drie jaar. Ek en Ryen is baie na aan mekaar, maar ek kon nie van hom verwag om so lank aan my sy te wees nie.

Gelukkig is Toulon 'n pragtige, kultuurryke stadjie langs die Mediterreense kus met mooi strande en baie son, selfs in die winter. Die voormalige All Black-flank Liam Messam het kontak gemaak net voordat ek uit Suid-Afrika weg is en aangebied om my vir ontbyt te neem en my touwys te maak wanneer ek daar aankom.

Op die veld was Toulon nie meer so dominant soos die span wat Jonny Wilkinson enkele jare gelede aangevoer het nie. Tussen 2013 en 2015 was hulle drie jaar in 'n ry die rugbykonings van Europa. Hoewel hulle ietwat teruggesak het ná hierdie hoogtes, was hulle allermins sukkelaars. Toulon was vyfde op die Top-14-punteleer toe ek daar aankom, en het ná my Top-14-debuut na die derde plek opgeskuif met 'n goeie oorwinning oor Clermont waarin ek ná vier minute 'n drie gedruk het.

Ons het maklik vir die kwarteindronde van die Europese Uitdaagbeker gekwalifiseer, en al ses ons wedstryde gewen, maar toe begin ons hoor van iets wat die koronavirus genoem is. Covid-19 het spoedig regoor Frankryk versprei en wedstryde moes gekanselleer word. Op 17 Maart het president Emmanuel Macron 'n nasionale inperking afgekondig.

Dit was 'n harde slag. Ek het my rugby geniet, 'n paar pêlle gemaak, gevorder met my Frans, en ek was mal oor die stad. Nou was ek skielik op my eie ingehok met niks om te doen nie.

Enkele dae ná Macron se aankondiging het ek my situasie aan die klub verduidelik en gevra of ek huis toe kon gaan, maar hulle het geweier. Die klub het gereken ons sou binne vier tot vyf weke weer begin speel. Ek was erg skepties oor dié rooskleurige voorspelling, en wou nie vasgevang in 'n vreemde stad bly sit nie. Uiteindelik het hulle wel bes gegee en ek kon op een van die laaste vlugte uit Frankryk wegkom. 'n Paar weke later – met sterfgevalle van Covid-19 wat eksponensieel styg – is die Top-14-seisoen amptelik gekanselleer.

Die pandemie het natuurlik ook Suid-Afrika in 'n ystergreep beetgehad.

Ek, Pa, Ma en Ryen het laer getrek in my huis in Bloubergstrand. Op die ou end was dit 'n lekker ruskans vir ons. Ons het oorgenoeg ruimte gehad en boonop 'n swembad in die agterplaas. Ek het ook handgewigte en 'n oefenfiets laat aflewer, wat beteken het dat ek twee gim-sessies per dag kon inkry. Elke aand het ons saam kos gemaak, en natuurlik gebraai dat die rook draai. Dit was van die beste gesinstyd wat ek ooit gehad het.

Ek ken talle rugbyspelers wat soos ek daardie tyd verbasend baie geniet het. Dit was vir hulle 'n blaaskans van die sieldodende roetine van lang vlugte en verblyf in hotelle. Ek het begin wonder of die hele wêreld nie dalk elke paar jaar 'n paar maande lank moet "sluit" sodat mense kwaliteit-tyd saam met hul geliefdes kan deurbring en hul batterye kan herlaai nie. Uiteraard net sonder 'n dodelike pandemie.

Suid-Afrika het onttrek uit die 2020-Rugbykampioenskap en die jaareindtoetse, wat beteken het dat ek vir die begin van die 2020/21-seisoen terug was in Toulon. Ons moes nog die vorige seisoen se Uitdaagbeker klaarmaak. Ek het ons uitklopoorwinnings oor Scarlets en Leicester misgeloop weens 'n ribbesering, maar ek was terug in die beginspan vir die eindstryd teen Bristol in Aix-en-Provence. Die duisend Toulon-ondersteuners wat toegelaat is om te kom kyk, moes maskers dra, terwyl Bristol geen ondersteuners daar gehad het nie. Hoewel dit basies 'n tuiswedstryd vir ons was, is ons taamlik maklik verslaan. Ek sou nóg langer moes wag vir 'n tweede trofee op plaaslike vlak, agt jaar nadat WP die Curriebeker in my eerste seisoen verower het.

Boonop is ons in die Kampioenebeker uitgeskakel omdat een van ons spelers voor ons wedstryd teen Leinster positief getoets is vir Covid-19. In die Top-14 het ons 'n teleurstellende agtste plek behaal. En om sake te vererger kon ons nie vir die volgende jaar se Kampioenebeker kwalifiseer nie. Gewoonlik kwalifiseer die eerste agt spanne, maar ongelukkig het Montpellier, wat ná ons geëindig het in die Top-14, die Uitdaagbeker gewen. Dit het hulle outomatiese toelating tot die Kampioenebeker ten koste van ons gegee.

Voordat ek by Toulon aangesluit het, het ek vir myself die doel gestel om twee Kampioenebekers te probeer wen. Ek wou die klub help om hul status as 'n vyfsterspan te herwin. Daai drome het nou baie ver in die verskiet gelê.

Die Top-14 was baie fisiek, maar ek het die indruk gekry dat die spanne nie so goed beplan het soos sommiges in die Pro14 of Engelse Premierliga nie. Miskien was dit omdat die salarisperk in Frankryk hoër was, en hulle gereken het dat al hul supersterre hulle sou laat wen. Wat ook al die rede, dit het gelyk asof die Top-14 meer oor gevoel as struktuur gegaan het, met sommige spanne wat bloot uitgestuur is om te gaan speel. Dis iets wat ek nooit vantevore in my professionele loopbaan ervaar het nie en dit het my taamlik gefrustreer.

Aan die internasionale front was die Britse en Ierse Leeus veronderstel om die volgende jaar in Suid-Afrika te kom speel.

Enigeen wat sê 'n Britse en Ierse Leeus-reeks is groter as die Wêreldbeker, praat onsin – indien jy 'n Suid-Afrikaner, Australiër of Kiwi is, en jy kan kies om net een van die twee tydens jou loopbaan te wen, sal jy enige tyd 'n Wêreldbeker kies.

'n Leeu-reeks bly egter iets besonders aangesien hulle net elke 12 jaar Suid-Afrika toe kom. En omdat ek amper 30 sou wees wanneer die 2021-reeks veronderstel was om plaas te vind, het ek net hierdie één kans gehad.

Weens die pandemie was daar sterk sprake dat die toer gekanselleer of uitgestel kon word of dat dit selfs in Brittanje en Ierland sou plaasvind. Dit was 'n klein wonderwerk dat dit op die ou end wel soos beplan in Suid-Afrika kon plaasvind. Die prys wat ons egter daarvoor moes betaal, was dat geen toeskouers in die stadions toegelaat sou word nie.

Al drie toetse, plus die Leeus se opwarmingswedstryde teen Suid-Afrika A en die Stormers, het in die Kaapstad-stadion plaasgevind. Ek het die ryke geskiedenis van die reekse tussen die Springbokke en die Britse Leeus goed geken en het jare lank uitgesien om deel te wees daarvan. Ek was maar ses toe die Leeus in 1997 in Suid-Afrika getoer het, die jaar toe die Engelse senter Jeremy Guscott die reeks met 'n laat skepdoel in Durban beklink het.

Ek kan nog goed onthou hoe die Bokke in 2009 wraak geneem het toe Morné Steyn in die tweede toets op Loftus 'n monster-strafdoel deur die pale gejaag het. 'n Bok-toetsreeks teen die Leeus is so seldsaam dat dit feitlik onmiddellik mitiese status kry.

Vergeleke met hierdie verhale van toeka, was die 2021-reeks egter ietwat van 'n antiklimaks, deels weens die gebrek aan toeskouers. Die Bokke het sedert die Wêreldbeker-eindstryd amper twee jaar tevore nog nie weer gespeel nie. Dit was dus uiters belangrik dat ons voor die Leeu-reeks 'n kans kry om saam te speel en ons kombinasies reg te kry.

Daarom was dit 'n groot terugslag toe 'n klomp spelers voor ons eerste opwarmingswedstryd teen Georgië positief getoets het vir Covid. Die gevolg was dat die hele span geïsoleer moes

TEN SLOTTE

word. Die toets het nogtans voortgegaan, en alhoewel ons 'n bietjie verroes was, was dit 'n verligting om weer die Groen-en-goud oor ons koppe te trek. Dit moes selfs 'n groter verligting gewees het vir Jacques Nienaber wat 18 maande tevore as hoofafrigter oorgeneem het nadat Rassie besluit het om hom voltyds toe te spits op sy pos van direkteur van rugby. Hy was egter steeds ten nouste betrokke by die span.

'n Tweede opwarmingswedstryd teen Georgië moes gekanselleer word weens 'n uitbreking van Covid in albei kampe. Boonop het die Leeus óók 'n paar gevalle gehad.

Die hele reeks was opnuut in die gedrang. Die situasie het aan die belaglike gegrens: Indien een ou positief getoets word, moes ons almal vir vyf tot sewe dae in ons kamers bly; dan kon ons in klein groepies uitgaan om te oefen voordat ons weer binne moes bly en duim vashou. Twee weke voor die eerste toets het ons span nog nie 'n behoorlike oefensessie gehad nie. Dit is waarom Rassie en Jacques besluit het om die beste beskikbare span vir Suid-Afrika A teen die Leeus te kies, en die toer vir alle praktiese doeleindes in 'n vierwedstryd-reeks te omskep.

Daar was onvermydelik nóg 'n uitbreking van Covid. Nie net het dit Siya uit die SA A-wedstryd gehou nie, maar dit het ook beteken dat Jacques ons vanuit sy kamer moes afrig, met Rassie wat alleen op die oefenveld aan diens was. Intussen moes Steven Kitshoff die 1 300 km van Johannesburg na Kaapstad per motor aflê, en het hy eers die Donderdagaand in Kaapstad aangekom. Hy het daardie aand geslaap, die kapteinsoefening die Vrydag bygewoon en Saterdag die wedstryd gespeel.

Vir 'n groep spelers wat 'n groot deel van die vorige maand in 'n hotel opgesluit was, het ons goed gedoen om die wedstryd te wen, selfs al het ons bietjie stoom verloor weens ons gebrek aan oefening. Miskien was die grootste gesprekspunt Rassie se rol as waterdraer; sommige Britse en Ierse koerante het gemeen hy's moedswillig of selfs dat dit 'n verneukery was, maar in werklikheid was dit net nog 'n teken van Rassie se briljantheid. Rassie het die keuse gehad om in die afrigterslosie myle weg van die aksie te sit, of om die rol van waterdraer oor te neem aangesien hy nie die hoofafrigter was nie. Dit sou hom in staat stel om op die veld met die spelers te kan praat en vanselfsprekend het hy laasgenoemde verkies.

Uit ervaring het hy geweet dat dit beter was om boodskappe persoonlik oor te dra sodat daar geen misverstande is nie. Ook kon hy 'n speler in die oë kyk en sodoende bepaal of die betrokke speler genoeg krag het om aan te gaan, en of hy eerder vervang moes word. Hy het geen reël oortree nie en dit het beslis sin gemaak.

Hoe bemoedigend ons spel ook al in daardie wedstryd was, amptelik was dit net 'n opwarming en ons het nog net 10 dae gehad om vir die eerste werklike toets voor te berei. Daar was egter oorgenoeg tyd vir omstredenheid met Rassie wat vergeefs probeer het om die Leeu-breier Warren Gatland uit te lok om nog 'n opwarmingswedstryd teen Suid-Afrika A te speel. Op sy beurt het Gatland beweer dat Faf de Klerk in die SA A-wedstryd afgestuur moes gewees het. Hy het ook gekla oor die aanstelling van die Suid-Afrikaner Marius Jonker as die TV-skeidsregter. Die Kiwi-skeidsregter Brendon Pickerill kon weens Covid nie reis nie, en daar was geen ander TV-skeidsregters beskikbaar nie.

Omdat Duane Vermeulen nog besig was om van 'n enkeloperasie te herstel, is Kwagga Smith gekies om op agtsteman te begin. Dit het die wenkbroue in die Britse en Ierse media laat lig. Kwagga is net 1,81 m lank en weeg 100 kg, wat klein is vir 'n moderne agtsteman. (Duane is 12 cm langer en ongeveer 24 kg swaarder.)

Toe Kwagga in 2014 van die Blitsbokke na vyftienman-rugby oorgeskuif het, sou niemand voorspel het dat hy eendag die Springbokke sou verteenwoordig nie. Hy het hom egter nie gesteur aan praatjies dat hy te klein is om 'n Springbok-voorspeler te wees nie en het op die ou end sy kritici dubbel en dwars verkeerd bewys deur al meer as 50 toetse te speel. Ek glo eerlikwaar dat Kwagga die beste impakspeler in wêreldrugby is. Elke keer as hy van die bank af op die veld gestuur word, maak hy 'n reuse-verskil. Hy is nie die grootste of die sterkste nie, maar hy het ongelooflike energie in daardie kort lyf van hom. Hy is vinnig en rats, en hy het uitstekende hande, wat alles sin maak as jy na stories oor hom luister – van hulle sluit in dat hy vanaf 'n bewegende bakkie wilde diere kon platduik ...

Die Bokke se groep van 46 het 22 spelers ingesluit wat in die buiteland gebaseer is – 'n stewige toename sedert die 2019-Wêreldbeker. Die oorsese Bokke het natuurlik waardevolle kennis van die Leeu-spelers gehad. Dit was amper asof ons spioene in die opponente se kamp gehad het! Die eerstehandse insig wat hulle gebied het, was heel anders as om die spelers op video te bestudeer.

Ons het selfs 'n hulpafrigter, Felix Jones, gehad wat in Ierland gebaseer was. Felix is kort voor die 2019-Wêreldbeker aangestel, en het baie tyd saam met die Bokke se Europese spelersgroep deurgebring. Hy het oefensessies gemoniteer, na wedstryde gekyk, met klubafrigters geskakel en terugvoer gedeel met betrekking tot spelers in plekke soos Montpellier, Toulouse en Sale waar vyf lede van ons oefengroep gebaseer was.

Felix is een van die beste afrigters saam met wie ek nog ooit gewerk het, en ek dink nie ek het al enigeen so hard sien werk soos hy nie. Hy is elke oggend voor sonop op om oefeninge en wedstryde op sy skootrekenaar te ontleed. Felix het nie doekies omgedraai wanneer hy ons foute in sy video's uitgewys het nie. As ons nie aan sy hoë standaarde voldoen het nie, het hy vuur gespoeg. Dit is presies waarom ek mal was oor hom.

Ongelukkig kon ons eerste volledige oefensessie eers op die Maandag voor die eerste toets plaasvind. Boonop was 'n hele paar van die spelers afwesig weens Covid.

Hoewel Rassie, Jacques, Felix en Mzwandile Stick reeds 'n rukkie by die span betrokke was, was die krag- en kondisioneringsafrigter, Andy Edwards, en die voorspeler-afrigters, Deon Davids en Daan Human, nuut. Dit het beteken dat hulle nie tyd gehad het om ons enigiets nuuts te leer nie, en noodgedwonge moes ons dinge weer eenvoudig hou. Al wat ons werklik kon doen, was om aandag te gee aan die Leeus se verwagte aanvalstrategieë en ons verdedigingsplanne agtermekaar te kry; drie of vier van ons eie basiese bewegings voor te berei, en seker te maak dat ons vaste fasette en skoppe reg werk.

Dit sou geen aanskoulike toetsreeks wees nie.

TEN SLOTTE

Ek het nie verwag om in die eerste toets teen Alun Wyn Jones te speel nie, maar die Leeus se kaptein het ná 'n ontwrigte skouer merkwaardig herstel. Intussen het die media probeer om die vure te stook deur te beweer dat die Bokke nie veel agting vir Jones se slotmaat, Maro Itoje, gehad het nie. Dit was hoegenaamd nie waar nie.

Ons het geweet hoe goed Itoje is – benewens sy lynstaanwerk is hy 'n yster in die losspel en ontwrigtend by die afbreekpunte. Hy weet hoe om druk op die opposisie se skrumskakel te sit. Boonop ken hy die reëls soos die palm van sy hand en weet presies waarmee hy kan wegkom.

Asof ons twee boksers in die kryt is, probeer die media al jare lank om moeilikheid tussen my en Itoje te maak. Maar wanneer jy 'n slot is, het jy nie regtig daardie direkte konfrontasie met jou eweknie soos ander spelers nie. (Byvoorbeeld loskop teen vaskop, regtervleuel teen linkervleuel en binnesenter teen binnesenter.) Natuurlik ding jy mee in die lynstaan, maar daar is ook losvoorspelers wat spring, en jy hardloop selde reguit af op 'n ander slot. Dit is nogtans normaal om jou spel te wil vergelyk met dié van 'n opposisieslot wat 'n reputasie opgebou het.

Ek het al 'n paar onderonsies met Argentinië se Tomás Lavanini gehad (daar is 'n wonderlike foto van ons twee wat mekaar in die 2015-Wêreldbeker se bronsmedaljewedstryd gryp), en joernaliste hou daarvan om te maak asof ons aartsvyande is. Selfs my spanmaats en afrigters maak iets daarvan. Wanneer ons ook al teen Argentinië speel, sê Siya altyd voor die tyd in die kleedkamer vir my: "Gaan jy en Lavanini vandag weer baklei?"

Maar ek en Tomás het lekker gesels nadat ons die vorige keer teen mekaar gespeel het, en hy is regtig 'n goeie ou.

Ek droom al jare lank daarvan om teen die Leeus te speel in stadions vol raserige ondersteuners – die een lot bloedrooi geklee en die ander ons Bok-ondersteuners in groen. Om in 'n dolleë stadion te moet speel het spookagtig en vreemd gevoel. Ek was maar 'n bietjie bekaf daaroor.

Hoe ook al, ons was reg vir die stryd en het in die eerste klompie minute die oorhand gehad. Pollie het vier strafskoppe oorgesit om die rustyd-telling 12–3 te maak, en met die Bomb Squad wat gereed staan, het dit gelyk asof ons op die regte pad is. Die Leeus se haker, Luke Cowan-Dickie, het egter kort ná die begin van die tweede helfte 'n drie vanaf 'n rolmaal gedruk, net voordat die TV-skeidsregter 'n drie van Willie le Roux omgekeer het omdat hy onkant was. 'n Drie deur Faf het ons weer laat voorloop, maar van daar af was dit net die Leeus. Die Skotse flank Hamish Watson was gelukkig om met 'n gevaarlike duikslag op Willie weg te kom, en 'n laat drie deur Damian de Allende is omgekeer omdat Cheslin aangeslaan het. Ons het aanhou strafskoppe afstaan, Dan Biggar het aanhou oorskop, en ons het met 17–22 verloor.

Sedert Rassie oorgeneem het, is ons nie toegelaat om verskonings te hê nie. Dit het nie saak gemaak of ons baie gereis, baie wedstryde gespeel, te hard geoefen of nie genoeg geoefen het nie. Rassie se houding was: "Jy kan nie aan die een kant sê jy sal enigiets doen om vir die Bokke te speel en dat jy jou lewe op die veld vir jou land sal aflê, en aan die ander kant sê jy het nie lekker gevoel nie. Dis stront."

TEN SLOTTE

Rassie het daardie Maandag nie teruggehou by die spanvergadering nie. Hy was smoorkwaad en het die ouens uitgetrap soos nog nooit tevore nie. Hy het spelers daarvan beskuldig dat hulle vir die mense van Suid-Afrika gelieg het deur te sê hulle wil hulle inspireer en trots maak. Hy het 'n paar individue uitgesonder en gesê dat hulle op hul louere gerus het deur te dink hulle is beter as wat hulle is. Dit was uiters onaangenaam.

Rassie ken egter sy spelers soos hy homself ken, en dit is wat hom so spesiaal maak. Verskillende spelers het verskillende persoonlikhede en reageer verskillend, en Rassie sal dit altyd in ag neem voordat hy besluit om iemand voor die groep vas te vat. En hoe dit ook al die spelers mag ontstel, hulle besef altyd op die ou end dat hy die span se belange eerste stel.

Rassie is ook 'n realis, en net soos hy die spelers se spel bestudeer, sal hy ook uitwys waar 'n skeidsregter 'n fout begaan het wat tot punte teen ons gelei het. Dit is nodig omdat jy nie jou wedstrydplan wil verander indien dit die skeidsregter was wat gefouteer het nie. En hy het 'n hele klomp foute gevind wat Nic Berry in die eerste toets begaan het.

In die aanloop tot die tweede toets was daar heelwat omstredenheid omdat Mako Vunipola van roekelose en gevaarlike spel beskuldig is. Daar is ook 'n video op sosiale media gedeel waarin verskeie twyfelagtige besluite deur die skeidsregter uitgelig word. Die Britse en Ierse media het beweer dat Rassie self verantwoordelik is vir dié videogrepe, maar hy het dit ten sterkste ontken. Dit was helaas maar net die begin.

Twee dae voor die tweede toets is 'n uur lange video van Rassie op Twitter geplaas waarin hy die skeidsregter se beslissings in die eerste toets bevraagteken. Hy het dit gestuur aan Nic Berry, maar ook aan Joël Jutge (bestuurder van Wêreldrugby se skeidsregters), Joe Schmidt (die wêreldbeheerliggaam se direkteur van rugby) en aan die Springbok-span, maar iemand het die video laat uitlek.

Dit het bestaan uit 38 voorvalle, soos Tom Curry se laatvat op Faf wat net met 'n strafskop gestraf is, daardie gevaarlike duikslag van Watson op Willie, verskeie oortredings in die losskrums, en Berry se beweerde disrespek teenoor Siya in sy rol as kaptein.

Ek het nie die video gesien voordat dit uitgelek het nie, maar nadat ek dit onder oë gehad het, het ek gedink dis eintlik baie vermaaklik. En ek het natuurlik met alles saamgestem wat Rassie uitgelig het.

Toe die storie die media tref, het Rassie vir ons verduidelik wat gebeur het. Sy bedoeling was dat net 'n paar sleutel-mense dit moes sien. Hy het gesê dit was beslis nie hý wat dit laat uitlek het nie – en het gevra of enigeen van ons daarvoor verantwoordelik was. Hy het gereken dat iemand dit dalk via WhatsApp vir iemand buite die groep aangestuur het, en dat iemand anders dit op Twitter geplaas het. Niemand het na vore gekom nie, en Rassie was tevrede. Toe het ons voortgegaan om te kyk hoe ons dinge vir die tweede toets kon regstel.

Die media, in Suid-Afrika én elders, het beweer dat Rassie onder die druk begin swig, en dat die video 'n desperate poging was om 'n sielkundige slag te slaan. Ek dink egter nie dit was die geval nie. Ja, Rassie weet goed hoe om met mense se koppe te smokkel, maar hy het opreg geglo dat die beslissings in die eerste toets onaanvaarbaar was, en hy wou hê dat die betrokke mense dit moet weet. Vir my klink dit heel regverdig. Al weet hy dat van die dinge wat hy aanvang riskant is, sal hy dit doen as hy glo dat die span op die lang termyn daarby gaan baat; selfs as dit vir hom op die kort termyn probleme veroorsaak.

Indien ek 'n afrigter was, sou ek dieselfde gedoen het.

Natuurlik het die feit dat die hele wêreld Rassie se video gesien het, 'n groot impak op Berry gehad. Sy reputasie het skade gely, en hy en sy gesin moes aaklige beledigings verduur, iets waarvoor daar geen verskoning is nie, hoe graag jy ook al wil hê jou span moet wen.

Die spelers was kwáád voor die tweede toets. Kwaad oor die beslissings van die vorige Saterdag, en kwaad dat ons so sleg gespeel het. Ons moes egter daardie woede behoorlik kanaliseer. As ons ons dissipline verloor, verloor ons die wedstryd én die reeks. Die meeste van ons sou nooit 'n tweede kans kry om wraak te neem nie.

Dit het net 'n paar minute geneem vir die spanning om oor te kook, en 'n stoeiery het geëindig met my en Alun Wyn Jones wat mekaar aangluur. Die eerste helfte was egter maar 'n saai affêre. Nie een van die twee spanne kon veel op die aanval uitrig nie, en ons was rustyd agter met drie strafskoppe teen twee.

In die tweede helfte het ons voorspelers die skroewe aangedraai. Agterlangs het ons begin om die hangskopstryd te wen. Die Kiwi-skeidsregter, Ben O'Keeffe, het die wedstryd met 'n ysterhand hanteer en 15 strafskoppe teen die Leeus toegeken. Hul Suid-Afrikaanse gebore vleuel, Duhan van der Merwe, is afgestuur omdat hy Cheslin opsetlik gepootjie het. O'Keeffe het ook vir Cheslin 'n geelkaart gewys ná 'n lomp duikslag op die Ierse skrumskakel, Conor Murray.

Makazole het ons vroeg in die tweede helfte laat voorloop ná 'n pragtige dwarsskop van Pollie voordat die Bomb Squad op die veld gekom het. Anders as in die eerste toets kon die Leeus nie die vars voorspelers en hul kragtige dryfwerk hanteer nie, en toe ons ná 'n rolmaalbeweging binne vyf meter vanaf hul doellyn kom, het Faf 'n kort skoppie gegee. Lukhanyo was die vinnigste om te reageer en het op die bal geval. Pollie se doelskop het dit 18–9 gemaak en hy het met nog drie strafskoppe in die laaste 10 minute die spyker in die doodskis geslaan.

Weens al die oponthoude het die wedstryd 'n uitmergelende twee uur geduur.

In die dae daarna het die beskuldigings van alle kante af rondgevlieg. Suid-Afrikaanse ondersteuners het op sosiale media vir Itoje daarvan beskuldig dat hy met sy knie op Damian de Allende se nek afgekom het, dat die heelagter Stuart Hogg vir Willie le Roux gebyt het, en dat die stut Kyle Sinckler vir Franco Mostert gebyt het. (Net Sinckler is uitgewys, maar hy is as gevolg van 'n gebrek aan bewyse kwytgeskeld en toegelaat om in die derde toets te speel.)

Intussen het Gatland gevra dat Wêreldrugby vir Rassie straf oor die video wat uitgelek het. Dit sou wel later gebeur, maar eers ná die reeks. Die Britse en Ierse media het al hoe meer begin kerm oor Rassie se rol as waterdraer, en ook oor die gehalte rugby in die reeks. Volgens hulle was dit 'n swak advertensie vir die spel. As hulle egter gereken het dit gaan beteken dat ons die bal begin rondgooi, het hulle hul geheel en al misgis. Hulle kon maar aanhou droom van tierlantyntjies, maar ons was vas van plan om te doen wat ons moes om te wen.

Pieter-Steph het sy skouer in die tweede toets beseer, wat beteken het dat hy die beslissende laaste stryd sou misloop. Van buite het dit gelyk asof dit 'n groot terugslag is, maar ons het egter geweet dat Franco Mostert, wat in die eerste twee toetse langs my op slot begin het, 'n waardige plaasvervanger is.

Sous is 'n ware spanspeler, 'n strydros, en een van die mees gerespekteerde ouens in die groep. Hy het nog nooit 'n Bok-span in die steek gelaat nie. Boonop is die no. 7 se rol in die Bok-span soortgelyk aan die no. 5 se rol op die verdediging en aanval; Franco se skuif na steelkantflank was dus geen probleem nie. Dat ons vir Lood de Jager beskikbaar gehad het op slot, het hierdie verandering besonder glad laat verloop.

Die Leeus is erg deur die Britse en Ierse media gekritiseer weens hul gebrek aan ambisie in die tweede toets. Gatland het groot veranderings in hul agterlyn aangebring, maar nie op losskakel nie. Ek dink Rassie het die gevoel gehad dat die Leeus dalk met Skotland se Finn Russell op no. 10 gaan begin, pleks van die meer konserwatiewe Dan Biggar, maar hy kon nie heeltemal verbaas gewees het toe hy hoor dat Biggar gekies is nie. Biggar is 'n betroubare stelskopper en het ons met sy skoppe uit die hand in moeilike posisies geplaas. Voorts het Wallis vier van hul laaste vyf wedstryde teen ons gewen en ons amper in die Wêreldbeker-halfeindstryd geklop; net by een van daardie wedstryde was Biggar nié betrokke nie.

Hoewel ons vir Biggar voorberei het, is hy binne die eerste 10 minute beseer en deur Russell vervang, wat die wedstryd se dinamiek heeltemal verander het. Russell is 'n losskakel wat dinge laat gebeur; sy eerste instink is om met die bal te hardloop eerder as om te skop, en dit het onmiddellik veroorsaak dat die Leeus meer aanvallend begin speel het.

Hul voorspelers het ook hul kant gebring en Russell het die telling ná 'n skrumstrafskop 3–3 gelykop gemaak. Die Leeus het voorgeloop toe die haker Ken Owens ná 'n rolmaalbeweging oor die doellyn gebars het. Hulle het egter twee of drie verdere geleenthede om punte aan te teken, verbrou. Die Leeus het meer balbesit en gebiedsvoordeel gehad, en moes teen rustyd met meer as vier punte voor gewees het. Die gesprek in die kleedkamer was hoofsaaklik oor hoe Russell dinge verander het, en ons het ons tyd gebruik om uit te werk hoe ons dit gaan omkeer.

Ná sowat 'n kwartier in die tweede helfte het Cheslin 'n tipies wonderbaarlike drie gaan druk ná 'n aangee van Willie le Roux. Chessie is aan Liam Williams se binnekant verby, het uit Luke Cowan-Dickie se kloue ontsnap, en in die hoek gaan druk. Daarna het Russell weer met 'n strafskop die telling geëwenaar voordat Morné Steyn vir Pollie vervang het.

Toe Morné in ons groep van 23 vir die toets aangekondig is, het die voormalige Engelse losskakel, Andy Goode, op 'n rugby-podsending gesê dis 'n teken dat die Leeus gaan wen, waarskynlik omdat Morné 37 jaar oud was en vyf jaar laas vir die Bokke gespeel het. Goode moes egter geweet het dat gehalte permanent is. Ek het daardie oggend by ontbyt vir Morné genoem hoe opgewonde ek was oor die wedstryd en hoe ek nog op skool was toe hy in 2009 daardie wenskop teen die Leeus oorgesit het. Toe ek gesê het dit sal wonderlik wees

TEN SLOTTE

as hy dit wéér doen, het hy net gelag. Min het ons geweet …

Morné was skaars op die veld toe hy ons met 'n strafskop laat voorloop het. Russell het self met 'n lang strafskop geantwoord om die telling op 16–16 te staan te bring voordat die Leeus met twee minute speeltyd oor weens 'n oortreding in die losskrum gestraf is. Herschel Jantjies het dit in sy kop gekry om 'n tikskoppie te gee en reguit in die moeilikheid in te hardloop, maar die skeidsregter, Mathieu Raynal, het beslis dat hy dit van die verkeerde merkie af gedoen het, wat beteken het dat Morné 'n kans gehad het om dit déjà vu te maak.

Dit was 'n skop van ongeveer 35 meter en reg voor die pale. Net soos 12 jaar gelede het Morné die strafdoel deur die pale gejaag. Weer is die Leeus se harte in die doodsnikke gebreek. Die 2009-toets was maar Morné se tweede. Daar kan seker nie 'n meer dramatiese begin en einde van 'n Springbok se loopbaan wees as syne nie.

Op die perskonferensie ná die wedstryd het ek Morné gevra of hy kan onthou wat ek tydens ontbyt vir hom gesê het. Hy was sprakeloos, waarskynlik omdat hy nog probeer het om die gebeure te verwerk. Van die stadion is ons reguit na ons hotel waar ons 'n reuse-paartie gegooi het. My grootste emosie was verligting, eerder as blydskap. Indien ons die beslissende wedstryd verloor het, sou ek nóóit sake kon regstel nie. Dit was my eerste en enigste kans om Die Leeu te tem.

Die feit dat ons die unieke uitdagings van hierdie reeks te bowe kon kom, is een van die hoogtepunte van my loopbaan.

Die Britse en Ierse media was verdoemend oor die reeks. Hulle het dit bestempel as vervelig, onaanskoulik, en 'n klad op die spel se naam. 'n Paar verslaggewers het selfs beweer dat dit die toekoms van Leeus-toere in gedrang gaan bring.

Hulle sou natuurlik 'n heel ander deuntjie gesing het as die Leeus gewen het.

Om aanskoulik te verloor, het my nog nooit aangestaan nie.

10

LIEFDE EN NUWE PERSPEKTIEWE

Tydens daardie Leeus-reeks was ek dikwels op my eie. Al het ons soms poker-toernooie in die spankamer gehou, het ek meestal my eie ding gedoen in my hotelkamer. Baie van die ander spelers het hul gesinne by hulle gehad, maar ek was enkellopend.

Dit was op die punt om te verander.

Ek is nie juis 'n ou vir rekenaarspeletjies of sosiale media nie, maar ironies genoeg is dit hoe ek my vrou ontmoet het.

Anlia van Rensburg was 'n sanger en aktrise in die sepie *Getroud met rugby*. Ons het mekaar op Instagram gevolg en sy het na 'n gawe meisie gelyk. Toe besluit ek eendag om vir haar 'n boodskap te stuur. Dit was net iets soos: "Haai, hoe gaan dit?" Sy het nie geantwoord nie, maar ek gee nie sommer maklik op nie. Sy het darem later uiteindelik geantwoord met iets soos: "Dit gaan goed, dankie." Nie juis iets om oor opgewonde te raak nie! Teen die einde van die reeks het ek gedink ek moet dit dalk maar los, want dit het regtig nie gelyk of sy belangstel nie.

Maar in die week van ons eerste toets teen Nieu-Seeland in Townsville, Australië, het ek besluit om vir oulaas te probeer.

Dié keer het sy 'n bietjie meer gesê: "Dit gaan goed dankie, hoop met jou ook." Dis al aanmoediging wat ek nodig gehad het en teen die tyd van die tweede toets was ons geselsies darem al 'n bietjie langer. Ek skraap toe die moed bymekaar om haar nommer te vra en sy het dit vir my gestuur.

Ek was amper 30 en ek het reg gevoel vir 'n ernstige verhouding. Anlia het vir my na die ideale meisie gelyk: Gaaf, plat op die aarde, Afrikaans, hou van die eenvoudige dinge in die lewe. Presies wat ek wou hê.

Ek onthou die heel eerste foto wat ek vir haar gestuur het. Dit was ná die Gold Coast-wedstryd waar ek 'n lekker groot sny op my voorkop gekry het toe Malcolm Marx my teen die kop gestamp het. Ek en Andy Edwards het toe ná die tyd iets by McDonald's gaan eet, en toe stuur ek vir haar 'n foto van ons twee – ek so ewe met my sny.

Op pad terug na Suid-Afrika, net voordat ons gevlieg het, het ek vir Anlia laat weet ek gaan vir vier weke af wees, waarvan ek twee en 'n half weke in Kaapstad sou deurbring. Daarna sou ek vir my dertigste verjaardag Mauritius toe gaan – saam met my ouers en Ryen – en dan by die Springbokke aansluit vir die jaareindtoer. Ek het Anlia gevra of sy dalk iewers in daai twee en 'n half weke in die Kaap sou wees. Dit het perfek uitgewerk, want sy het 'n fitting daar gehad op 12 Oktober 2021. 'n Datum wat ek nooit sal vergeet nie.

Ek het my kans waargeneem en haar uitgevra vir ete. Ek het vooraf mooi verduidelik dat ek geen romantiese verwagtinge het nie, en dat ek net lekker met haar wou gesels en haar beter wou leer ken.

TEN SLOTTE

Ons date kon toe nie beter nie! Ons het dadelik gekliek en heerlik gesels. Ek het ook myself gedwing om net 20 stukkies sushi te eet pleks van my gewone 28, sodat Anlia nie dink ek is 'n vraat nie.

Ná die tyd het ek haar vir koffie by die huis genooi. My ouers het in daardie stadium in my huis gebly en my ma wou haar vreeslik graag ontmoet. Sy was baie opgewonde dat ek saam met 'n aktrise van *Getroud met rugby* gaan uiteet het! Ek verduidelik toe vir Anlia my ouers, en veral my ma, wil haar baie graag ontmoet, en sy stem toe in om saam met my huis toe te gaan.

Ná die koffie kon ek agterkom Ma en Pa brand om by ons in die sitkamer te bly sit, maar hulle is genadiglik kamer toe en ons kon toe darem 'n rukkie alleen kuier. Daarna het ek haar teruggevat hotel toe, en toe ek terugkom by die huis, het my ma in die gang vir my gewag. "Ma," het ek gesê, "ek dink ek het my vrou ontmoet." Sy was so bly, want sy het ook baie van Anlia gehou.

Die volgende oggend het ek en Anlia ver op die strand gaan stap. Ons het geweet 'n langafstandverhouding gaan moeilik wees. Ek het in daardie stadium vir Toulon in Frankryk gespeel en sy het in Suid-Afrika gewoon en gewerk, maar ons het besluit om aan te hou gesels op WhatsApp en te kyk wat gebeur.

Kort daarna het ek en my ouers in Mauritius gaan vakansie hou. Daar het ek heerlik in die son gelê en met Anlia op die foon gesels. Ek het al hoe meer en meer van haar gehou.

'n Jaar of wat voordat ek Anlia ontmoet het, het ek een aand by Bismarck du Plessis en sy gesin gaan kuier in Montpellier. Handré en sy vrou, Marise, was ook daar. In daai stadium het ek gevoel ek gaan nooit die regte vrou ontmoet nie en ek gaan maar net eendag moet settle. Marise sê toe ek sal dadelik weet wanneer ek "die een" ontmoet. Ek het nog gestry en gesê dit werk nie so nie. My lewe lank was ek oortuig daar bestaan nie iets soos liefde met die eerste oogopslag nie. Dit wys jou net hoe verkeerd 'n mens kan wees.

Ek was vanaf ons eerste sushi-date in Melkbos verlief op Anlia.

Toe ek weer in Wallis by die Bokke aansluit, het my kamermaat, Siya, vir my gevra wat met my aangaan. "Jy lyk anders, jy beweeg anders," het hy gesê. Siya kon dadelik sien iets was aan die gebeur met my. Iets het my hele lewe op sy kop kom keer.

Ek vertel hom toe wat ek vir my ma gesê het: Dat ek die vrou ontmoet het met wie ek gaan trou. Hy sê toe hy kon sommer sien ek is verlief toe hy my eenkeer met Anlia oor die foon sien praat het. Ek het glo op die bed gelê en my voete teen mekaar gevryf asof ek koors het!

Ná ons laaste wedstryd teen Engeland het Anlia vir twee weke in Toulon by my kom bly. Ek het sommer ná 'n paar dae geweet sy is die een vir my. Ek wou haar dadelik vra om te trou, maar het myself ingehou. Dit sou darem te mal wees, of hoe?

So 'n paar aande voordat sy teruggevlieg het Suid-Afrika toe, het ons op die strand gaan sit en ek het haar gevra om my meisie te wees. Sy het gelukkig ja gesê. 'n Paar maande later, toe ek vir Marise sien, kon ek haar met 'n glimlag herinner: "Onthou jy wat jy daai aand by Bismarck se huis vir my gesê het …"

My hoogtepunt van 2021 was nie ons oorwinning oor die Leeus nie. Dit was Anlia.

TEN SLOTTE

Ons was daardie Kersfees saam in Suid-Afrika en sy het toe haar vlug bespreek om die volgende Maart in Frankryk vir my te kom kuier. Sy sou die middag van haar verjaardag in Nice land, en dit lyk toe vir my na die perfekte geleentheid om die groot vraag te vra.

Anlia het die romantikus in my uitgebring, en ek het die hele aand haarfyn beplan. Dit sou begin met 'n ete by 'n fênsie restaurant in Nice en eindig met 'n romantiese skattejag by die huis in Toulon.

Ongelukkig raak Anlia toe deurmekaar met haar vliegtye en verpas haar vlug van Frankfort na Nice. Dit het amper my planne beduiwel, maar sy kon toe darem die volgende vlug haal en is toe net-net betyds vir ons ete.

Ek het vir ons plek bespreek by Jan, die bekende Suid-Afrikaanse sjef Jan Hendrik van der Westhuizen se restaurant in Nice waar hy spesialiseer in Suid-Afrikaanse geregte met 'n Franse kinkel. Dit was 'n wonderlike aand en die disse het net aanhou kom. Ons is eers kort ná middernag daar weg en het eers omtrent tweeuur die oggend by my huis in Toulon aangekom. Toe ons by die voordeur kom, het ek die huissleutels vir Anlia gegee en net gesê "Sien jou nou-nou!" voordat ek laat spaander het.

Ek het vooraf vir haar 'n skattejag gereël met leidrade wat by die voordeur begin en haar dan regdeur die huis neem.

Terwyl sy besig was met die skattejag, is ek af strand toe om vinnig alles reg te kry. Haar laaste leidraad was 'n briefie op 'n sjampanjebottel in die yskas wat gelees het: *Kry my waar ek jou gevra het om my meisie te wees.*

Ek het op 'n kombers op die strand vir haar gesit en wag, omring deur kerse. Toe ek haar sien aankom, was dit al halfdrie die oggend. Skielik was ek doodbang sy sê nee. Ons het mekaar net vyf maande geken. Sê nou sy voel dis te vinnig?

Gelukkig het sy ja gesê. Dit was een van die beste aande van my lewe.

Ons was eers halfvier by die huis. Ek kon net 'n uur of wat slaap, want ek moes weer vroeg opstaan om te oefen, maar ek was die gelukkigste man op aarde.

Die 2021-Rugbykampioenskap het die naweek ná die derde toetswedstryd teen die Leeus begin. Daar was 'n bietjie toutrekkery oor waar ons sou speel. Uiteindelik is daar besluit ons eerste twee wedstryde teen Argentinië sou in Suid-Afrika wees en die res in Australië.

Ons het die Poemas twee keer geklop, en ons en hulle is toe sommer op dieselfde vliegtuig Australië toe. Covid het steeds gewoed en Australië was nog in 'n staat van inperking, maar niemand van ons het geweet hoe erg dit sou wees nie.

Ons is soos melaatses behandel. Eers is ons soos skape van die vliegtuig gejaag, direk na die hotel geneem en toe dadelik na ons kamers gestuur. Die hotel het dolleeg gelyk. Soggens het 'n aankondiging ons laat weet ons ontbyt is gereed. In die eetkamer was daar dan geen teken van 'n mens nie. Dit was asof feetjies die kos gemaak het. Ons het ontbyt in papierborde en met houtmesse en -vurke geëet. Daarna moes ons direk terug kamer toe.

Daar was een gimsessie en een oefensessie per dag. Sodra iemand in die groep positief getoets is vir Covid moes ons die res van die tyd in ons kamers deurbring. Ontbyt, middag- en aandetes is met 'n klop aan die deur by ons hotelkamers afgelewer. As jy oopmaak, was daar nie 'n mens in sig nie – net die bord kos met 'n paar velle toiletpapier daarby.

Australië het ons in Gold Coast en weer in Brisbane geklop, en die All Blacks het ook naelskraap teen ons gewen in Townsville, met Jordie Barrett wat die wenpunte twee minute voor die eindfluitjie met 'n strafskop aangeteken het. Terug in Gold Coast kon ons darem 'n bietjie vergoed vir ons nederlae. In die doodsnikke van ons wedstryd teen die All Blacks het Elton Jantjies die bal met 'n skepskop deur die pale gejaag en vir ons 'n oorwinning verseker. Daarna kon ons uiteindelik huis toe gaan.

Rassie het ons wedstryde in Australië gemis omdat hy besig was om vir sy Wêreldrugby-tugverhoor voor te berei. Hy was in die moeilikheid oor die video waarin hy die Aussie-skeidsregter Nic Berry gekritiseer het. Rassie het 'n dag ná die Bokke in Wallis aangekom en was weer in beheer van ons wedstryde teen Wallis en Skotland.

Ons het darem albei wedstryde gewen. Danksy 'n laat drie deur Malcolm Marx kon ons Wallis vir die eerste keer sedert 2013 in Cardiff klop.

Drie dae voor ons wedstryd teen Engeland het Wêreldrugby Rassie skuldig bevind aan ses oortredings. Hy is vir twee maande geskors en verbied om op wedstryddae enigiets met die span te doen te hê.

Ek het gedink die straf was onredelik. Afrigters word aan hul span se prestasie gemeet. As 'n skeidsregter 'n slegte dag het en 'n swak besluit neem, kan dit 'n afrigter sy werk kos.

Daarom glo ek dis net reg dat 'n skeidsregter ook op sy foute gewys word, nes afrigters en spelers op hul foute gewys word.

Kritiek moet sekerlik deurdag en opbouend wees, maar ek kan ook verstaan dat 'n afrigter se frustrasie soms oorkook, veral wanneer dit lyk asof die skeidsregter aanhou met swak oordeel sonder enige gevolge. En as jy jou sê op sosiale media probeer sê, ontaard dit altyd in 'n lelike moddergooiery.

In die aanloop tot die wedstryd teen Engeland was daar baie wraakpraatjies. Dit was die eerste keer sedert die Wêreldbekereindstryd dat ons en Engeland kragte sou meet. Tien minute voor die eindfluitjie geblaas het, het dit gelyk of ons gaan wen toe Mapimpi 'n mooi drie in die hoek druk. Maar toe maak ons 'n fout in die losskrum reg voor die pale, hulle kry 'n strafskop, en Marcus Smith klits die wenskop netjies oor.

Daardie wedstryd het die einde van my loopbaan by Toulon beteken. Ek moes daardie November weer vir hulle begin speel, maar ek kon nie, want ek het in ons wedstryd teen Engeland 'n lelike hou teen die kop gekry. Dit was my derde harsingskudding in 'n jaar en volgens die Top-14-reëls moes ek vir drie maande uitsit.

Bernard Lemaître, president van Toulon, was eers heel gemoedelik daaroor, maar 'n paar dae later het ek gehoor daar loop stories dat ek in die mark is.

Ek het Lemaître gaan sien en vir hom gesê ek is gelukkig by Toulon. Hy het my verseker hy is ook bly om my daar te hê. Maar 'n paar dae later het hy in 'n koerantonderhoud gesê ek is 'n las vir die klub, omdat hulle vir my 'n salaris betaal terwyl ek internasionaal vir die Bokke speel.

TEN SLOTTE

Dit het my ontstel. Lemaître het geweet ek sou baie tyd saam met die Bokke moes deurbring toe hy my vir die klub gewerf het. Hy het ook geweet beserings is deel van rugby. Ek het immers twee van my harsingskuddings opgedoen terwyl ek vir sy klub gespeel het. Hoe kon hy my kwalik neem?

Dit het my gegrief dat hy nie met my gepraat het nie, maar agter my rug met die media. Toe ek hom weer gaan sien, het hy dit as 'n misverstand afgemaak en gesê ek moet dit nie verkeerd opneem nie.

Die sop was toe reeds sout. As daar een ding is wat ek nie kan vat nie, is dit 'n agteraf geskinder. As iemand 'n probleem met my het, moet hulle dit in my gesig vir my sê.

Eendag het ek oor die foon met Siya gesels en toe as 'n grap vir hom gesê hy moet vir my 'n kontrak met die Haaie reël. Ek het glad nie gedink dis eens moontlik nie, maar die volgende dag het Siya my teruggebel en gesê Marco Masotti, die Haaie se eienaar, wou met my gesels. Ons het begin onderhandel en gou die saak beklink.

Mense vra my hoekom ek nie eerder vir die Stormers gaan speel het nie. Ek sou natuurlik graag wou en dit sou lekker wees om weer in Kaapstad te gaan bly, maar die Haaie het bloot vinniger gespring. Ek wou nie hul aanbod gebruik om meer geld uit die Stormers te kry nie. Dit het vir my gevoel dit sou oneties wees. Ek het ook baie vriende en Bok-spanmaats by die Haaie gehad, soos Siya, Bongi, Makazole, Lukhanyo en Thomas. So die Haaie was eerste, ek was tevrede met hul aanbod, en dit was dit.

Daar was nog twee jaar van my Toulon-kontrak oor, maar ek het die klub se bestuur gevra of ek die seisoen kan klaarmaak en dan kan terugkeer na Suid-Afrika. Ek was nie meer gelukkig daar nie en ek het ook gevoel hulle is nie gelukkig met my nie.

Dit was vir my hartseer dat my Franse hoofstuk so moes eindig. Ek was mal oor die stad en die weer en ek het goeie vriende gemaak: Cheslin Kolbe, Quinn Roux, Cornell du Preez. Van die Franse ouens het ook my pêlle geword, spesifiek die agsteman Raphaël Lakafia. En Toulon het geldelik goed na my omgesien. Maar geld is nie alles nie. My hart het met 'n punt na Suid-Afrika toe getrek. Ek het na my familie verlang en my pa het in daardie stadium 'n stryd teen kanker gevoer. Hy het toe reeds vier broers verloor en ek het geweet hy het nie baie lank oor nie. Dan was daar natuurlik ook Anlia.

Ek en Toulon het ooreengekom dat ek die seisoen vir hulle sou klaarmaak en dan sou terugkeer na Suid-Afrika.

'n Paar dae nadat die media daaroor berig het, het my ou spanmaat Bakkies Botha my besluit in 'n onderhoud met 'n Franse rugbykoerant gekritiseer. Bakkies het gesê ek het my rug op Toulon gedraai en nie my belofte nagekom om die Top-14 te wen nie. Hy het gesê ek wil net my "beste voetjie vir die Springbokke" voorsit. Wanneer jy vir die Bokke speel, moet jy verwag om negatiewe kommentaar van die media en ondersteuners te kry, maar ek was ontsteld en kwaad dat dit van 'n voormalige spanmaat kom.

Ek het gedink ek en Bakkies het nog altyd goed oor die weg gekom. En daar is 'n erekode onder die Bokke: Jy respekteer ander ouens wat die trui dra. Ek sal nooit iets negatiefs oor 'n oudspanmaat sê nie, selfs nie wanneer ek uittree nie.

Toe twiet ek: *As jy weer jou mening wil ENFORCE, bel my.*

TEN SLOTTE

Jy het my nommer. #onthoujouerekode. Bakkies het my 'n paar dae later gebel en gesê hy is buite konteks aangehaal. Ek het sy woord aanvaar en daar was geen kwade gevoelens tussen ons nie.

Kort daarna het ek weer begin oefen sodat ek my bes vir Toulon in my laaste seisoen kon gee.

Ons eerste wedstryd was teen Bordeaux Bègles. Hulle was boaan die punteleer en ons heel onder, maar ons het nogtans gewen.

Voordat ons teen Perpignan kon speel, het ek my kuitspier beseer. Dit was natuurlik nie my plan nie, maar ek was terug op die kantlyn.

Vir die uitklopronde van die Europese Uitdaagbeker was ek darem weer terug. Die seisoen het bra rampspoedig vir Toulon begin, maar ná oorwinnings oor London Irish in die kwarteindstryd en Saracens in die halfeind, het dinge beter begin lyk. Ons was nou in die middel van die Top-14 se punteleer pleks van heel onder.

Vir die eindstryd teen Lyon in Marseille was Cheslin terug nadat hy van 'n gebreekte duim herstel het. Tienduisende van ons ondersteuners het na Marseille gereis om te sien hoe ons Lyon vermorsel, maar ons het te veel dom foute gemaak en ons kanse verbrou om punte aan te teken. Lyon het baie beter gespeel en ons welverdiend met 30–12 geklop.

Twee Europese eindstryde in twee jaar is seker nie sleg nie, maar dis nie hoe ek dit sien nie. Om in 'n eindstryd te verloor maak jou net die beste van die verloorders. En boonop was dit die Europese Uitdaagbeker en nie die Kampioenebeker nie.

Terug in Suid-Afrika het ek eers vir die Springbokke in 'n toetsreeks teen Wallis gaan speel voordat ek by die Haaie aangesluit het.

Die eerste toets was op Loftus in Pretoria, die tweede in Bloemfontein en die derde in Kaapstad.

Ek het toe reeds 97 toetswedstryde op my kerfstok gehad, so ek het geweet daar was 'n kans dat ek my 100ste toetswedstryd vir die Springbokke in die derde toets in Kaapstad sou speel. Maar ek het ook geweet Rassie en Jacques wou nuwe spelers 'n kans gee, so daar was geen waarborg nie.

Met die eerste toets op Loftus was ons teen rustyd 18–3 agter. Vier van hul ouens is koelkas toe en in 'n stadium in die tweede helfte het hulle net 12 spelers op die veld gehad. Ons het met 'n opwindende 32–29 gewen. Damian Willemse het die wenpunte met 'n laaste strafskop aangeteken.

Ons beginspan vir die tweede toets in Bloemfontein het 14 veranderings gehad. Rassie het vir almal gesê ek behou my plek sodat ek my 100ste toetswedstryd in Kaapstad kan speel.

Walliese kommentators, onder wie die legendariese skrumskakel Gareth Edwards, het gesê ons stuur ons B-span in. Plaaslik het sportskrywers en -ontleders ook in die media gegis oor Rassie en Jacques se keuses en gewonder hoekom hulle dit sou waag om 'n toetswedstryd te verloor.

Dit was egter alles deel van hul groter plan. Sedert hulle in 2018 oorgeneem het, het die twee probeer om 'n groter Springbok-groep te ontwikkel wat uit meer as die gebruiklike wedstrydgroep van 23 spelers bestaan. Hulle het sowat 30 spelers nodig gehad wat groot wedstryde kon hanteer. Rassie-hulle

TEN SLOTTE

wou hulle kon uitruil en meng en pas sonder om 'n verskil aan die span se prestasie te maak.

So is ses spelers vir die toets in Bloemfontein gekies wat nog nooit voorheen in 'n Springbok-toets gespeel het nie. Twee was in die beginspan: Evan Roos, losvoorspeler van die Stormers, en Kurt-Lee Arendse, 'n vleuel van die Bulle wat nie veel groter as Cheslin is nie, maar omtrent net so vinnig op sy voete. Dan was daar ook vier debutante op die bank: Deon Fourie, 35-jarige flank van die Stormers; Grant Williams, skrumskakel van die Haaie, Ntuthuko Mchunu, stut van die Haaie, en Ruan Nortjie, slot van die Bulle. Harlequins se yslike André Esterhuizen, seker die senter wat die meeste skade gemaak het in die Engelse liga, het weer 'n kans gekry en so ook die flank Marcell Coetzee ná 'n afwesigheid van drie jaar.

Rassie en Jacques het werklik geglo daardie ouens was goed genoeg om Wallis te klop. Soos Jacques dit gestel het: "Ons het antwoorde gekry wat hierdie waagstuk die moeite werd gemaak het."

Ek wou nie 'n groot ding van my 100ste toets maak nie, maar ek het nie veel van 'n keuse gehad nie. Die media wou met my daaroor praat, my spanmaats wou 'n spesiale okkasie daarvan maak, en dit was ook onvermydelik dat die afrigters dit in 'n stadium sou noem.

My pa sou ook saam met die res van my gesin in die Kaapstad-stadion wees, so ek het geweet dit gaan vir my emosioneel wees.

Toe kom ek agter Anlia voer iets in die mou. Sy is nie goed met dinge wegsteek vir my nie. Toe sê ek vir haar: "Liefie, dis vir my 'n groot week. Moet asseblief nie met verrassings kom nie. Sê net asseblief vir my wat jy beplan."

Sy kom toe uit met die sak patats en sê sy is gevra om die volkslied voor die wedstryd te sing. Dankie tog sy het my vertel, want dit sou 'n groot skok gewees het om uit te draf en haar daar te sien.

Ek moes maak of ek van niks weet nie, want Anlia het vir Saru belowe sy sal nie vir my sê nie.

Toe kom Maandag se spanaankondiging. Rassie het soos gewoonlik die name begin uitlees: "1, Trevor; 2, Bongi; 3, Frans …" Toe hy by my kom, sê hy op sy saaklike manier: "Eben, dis jou 100ste wedstryd, veels geluk. Terloops, jou verloofde gaan die volkslied sing. Ek wil nie hê jy moet té emosioneel raak nie. Nou weet jy. 5, Lood; 6, Siya …"

Hy was óók nie veronderstel om vir my te sê nie, maar vir Rassie was dit natuurlik veel belangriker dat ons die reeks wen en dat daar geen verrassings voor die toets vir my wag nie.

'n Paar dae voor die wedstryd het ek en Frans Malherbe al twee siekerig begin voel, maar ons is reggedokter en was albei in die beginspan.

Dit was ook Bongi se 50ste toets. Dit was 'n groot voorreg om die dag saam met hom te deel – hy is 'n ware yster vir die Bokke.

Ek het die eer gekry om eerste uit te draf. Toe sien ek die *EBEN 100* in groot, brandende letters op die veld en ek hoor hoe die skare raas. My hele lyf het van kop tot toon in hoendervel uitgeslaan.

Dit was ekstra spesiaal om vir die volkslied langs Frans te kon staan – hy as no. 3 en ek as no. 4. So het ons ook as tieners

TEN SLOTTE

in die Craven-week gespeel. Volgens my is Frans nie net die beste vaskop wat nog ooit die Groen-en-goud gedra het nie, maar ook 'n Springbok vir wie almal net die grootste respek het. Ek hoop hy sal nog baie jare deel van my lewe wees, selfs nadat ons eendag klaar is met rugby.

Toe Anlia begin sing, was dit vir my regtig moeilik om my emosies onder bedwang te hou. As jy na die TV-opname kyk, sal jy sien ek kry dit vir 'n rukkie reg om saam te sing, maar teen die tweede vers was dit verby met my. Toe Anlia die laaste deel sing, kon ek nie meer die trane keer nie.

Rassie het die vorige dag vir my 'n stemboodskap gestuur. Hy't gesê hy weet dit gaan vir my 'n emosionele dag wees, en hy't gesê ek moet al daardie emosie uit my kry met die sing van die volkslied sodat ek daarna op die wedstryd kon fokus. Soos altyd was dit wyse raad.

Ek het geweet daar's baie op die spel. Ons kón nie verloor nie. Dit sou die eerste keer ooit wees dat Wallis ons in 'n toetsreeks klop. En dan sou niemand omgegee het dat dit my 100ste toets was nie.

Rassie en Jacques het 10 veranderinge vir die wedstryd aangebring. Net vyf van ons het ons plek in die beginspan behou. Net agt spelers wat in die 2019-Wêreldbeker begin het, is teruggebring. Dit was nie dat die ander ouens in Bloemfontein swak gespeel het nie; ons het bloot die mees gehardede spelers op die veld nodig gehad. En Rassie-hulle was reg. Ons was 24–14 voor toe Franco Mostert my ná 'n uur vervang, en teen die einde van die wedstryd het Handré Pollard ons oorwinning met twee strafskoppe beklink.

Ná die tyd was daar 'n mooi funksie waar ek my 100ste cap ontvang het. Dit was baie spesiaal, want my pa was deel van die seremonie. Toe gaan vier ons dit met 'n paar biere by die hotel. Anlia het ook iets spesiaals gereël vir die Sondag by die huis saam met nabye familie en vriende, maar die mylpaal het my eintlik eers later daardie dag getref toe ek op my foon kyk en sien ek is nou deel van 'n WhatsApp-groep genaamd die "Boks Centurions".

Daar langs my naam was die name van Bok-legendes soos Percy Montgomery, die eerste Springbok wat 100 toetse gespeel het en steeds die rekord hou vir die meeste toetspunte vir die Bokke, John Smit, wat 83 keer die Bok-kaptein was en die span in 2007 na Wêreldbeker-glorie gelei het, Victor Matfield, in daardie stadium die rekordhouer vir die meeste Bok-toetse met 127, Jean de Villiers, een van die beste senters wat nog vir Suid-Afrika gespeel het, Bryan Habana, die Springbok met die meeste toetsdrieë, en Beast, wat langer as 'n dekade sy opponente in die skrums vermorsel het.

Ek het teruggedink aan hoe ek as kind met die grootste heldeverering na hierdie ouens gekyk het. En hier was ek nou deel van hulle, een van hulle.

Karen Etzebeth, Eben se ma: *Toe Eben vir die Springbokke begin speel het, kon ek dit amper nie glo nie. Ek was ontsettend trots. Dit was oorweldigend om al die mooi dinge te lees wat mense oor hom skryf. Met trane in my oë het ek dan gedink: Sjoe, dis my seun.*

Ek sal nooit sy eerste toets op 9 Junie 2012 vergeet nie. Dit was

TEN SLOTTE

'n dag voor my 50ste verjaardag. Eben het my, sy pa en broer Ryen na Durban laat vlieg vir die naweek. Dit was wonderlik om te sien hoe hulle teen Engeland wen. Die Sondagoggend het Eben vir my 'n verjaardagkoek by ons hotelkamer laat aflewer. Dit is 'n herinnering wat ek vir altyd sal koester.

Ek bid altyd vir hom voor elke wedstryd en ek raak ontsteld as hy op die veld in 'n bakleiery betrokke raak. Dan sal Ryen ook nog altyd olie op die vuur gooi en skree: "Kyk! Eben baklei!" Ek was in trane toe hy sy 50ste toets gespeel het en hulle die trui van sy lyf afgeskeur het.

Hy kry so 'n kenmerkende glimlag op sy gesig wanneer daar 'n onderonsie uitbreek. Dan weet ek hy het sy emosies onder beheer.

Eben het baie vriende, maar familie is vir hom die belangrikste. As hy 'n naweek oop het, sal hy altyd kies om dit saam met sy gesin deur te bring. Hy geniet dit altyd om sy mylpale met ons te deel.

Met sy debuut vir die Bokke het hy seker gemaak ons is daar in die stadion en nadat hulle die halfeindstryd teen Wallis in die 2019-Wêreldbeker gewen het, het hy ons dadelik gebel om te sê ons moet vir die eindstryd vlieg. Hy was só opgewonde.

Dit was een van die grootste hoogtepunte vir ons gesin, veral toe hulle gewen het. Ek kon nie wag om by Eben uit te kom ná die eindfluitjie geblaas het nie.

Hy het dit reggekry om ons deur die sekuriteit te smokkel en ons is toe na die span se hotel toe waar dit werklik gevoel het asof ons deel was van die feesvieringe. Ons het tot laatnag rinkink en toe ek uiteindelik in die bed kom, kon ek nie slaap nie. Ek was steeds te bly en opgewonde.

Iemand het 'n foto van my en Eben geneem waar ek hom op die veld 'n drukkie gee, en Gavin Varejes het toe as geskenk vir Eben 'n skildery daarvan laat maak. Daardie skildery hang nou in my kombuis en ek kyk elke dag met 'n glimlag daarna.

Hy het een van sy Wêreldbeker-eindstryd-truie vir sy broer gegee, en dit hang nou geraam teen 'n muur in Ryen se huis.

Ek het ook sy trui van sy 55ste toets wat hy op my verjaardag teen Frankryk gespeel het.

Vir sy 100ste toets was ons gelukkig genoeg om in die stadion te wees. My man, Harry, was in daardie stadium baie siek, en Eben het gereël dat ons in die VIP-suite kon sit, sodat Harry so gemaklik as moontlik kon wees.

Daardie dag kon nie meer perfek wees nie: die wedstryd is in ons tuisstad, Kaapstad, en die organiseerders het so 'n wonderlike okkasie daarvan gemaak. Ek was so emosioneel toe ek besef my seun is nou 'n Springbok-legende.

Eben wys nooit baie emosie nie, maar dit was vir hom baie moeilik toe sy pa oorlede is. Hulle was baie na aan mekaar teen die einde. Toe Harry in die hospitaal was, het hy vir Eben gesê hoe spyt hy is dat hy nooit sy kleindogter sal sien nie. Eben was so hartseer dat hy moes uitstap. En toe einde aanbreek, was hy heeltemal gebroke.

Ek en Ryen was ook in die stadion toe Eben die speler met die meeste toetse in die geskiedenis van Bok-rugby geword het. Dit voel steeds vir my onwerklik.

Hy's 'n regte "mama's boy", maar op 'n mooi manier. Hy bel my gereeld soggens op pad oefening toe.

Sy geloof is ook vir Eben baie belangrik. Dit is vir my mooi om te sien hoe hy voor elke wedstryd bid, en dis wonderlik om te sien watter goeie man hy vir sy vrou is. Anlia is so 'n goedhartige, plat op die aarde meisie en Eben is so gelukkig by haar. Ek kan dit in sy oë sien.

Hy is ook 'n wonderlike en betrokke pappa vir hul dogtertjie. Hy bad haar, ruil doeke om, speel met haar. Hy sal veel eerder tyd by sy gesin deurbring as om saam met vriende uit te gaan.

Ons is nou al daaraan gewoond om Eben met die res van die land te deel, maar Eben laat ook nie toe dat rugby sy hele lewe oorheers nie. Sy gesin se geluk is altyd sy eerste prioriteit. Solank hulle gelukkig is, is hy gelukkig.

Ons het die 2022-Rugbykampioenskap op 'n hoë noot in Mbombela begin toe ons Nieu-Seeland met 26–10 geklop het. Dit was ons grootste oorwinning oor die All Blacks sedert 1928. Vir die eerste keer sedert 2009 het ons twee agtereenvolgende wedstryde teen hulle gewen en vir die eerste keer sedert 2014 kon ons hulle op ons tuisveld klop. Dit het ook beteken dat die All Blacks vyf van hul laaste ses toetse verloor het en tot die vyfde plek op die wêreldranglys teruggesak het. Dit was vir hulle 'n yslike krisis.

Voor dit het Frankryk hulle in Parys pak slae gegee en hulle het ook drie uit vier toetse teen Ierland verloor. Frankryk en Ierland was in daardie stadium goeie aanvallende spanne met vaardige, beweeglike voorspelers.

Dis ook net nog 'n bewys van hoe baie en vinnig rugby in net 'n klompie jaar verander het. Nou die dag het die meeste spanne groot lummels vir slotte gehad. Hierdie ouens is hoofsaaklik gekies vir hul krag in die skrum en hul lengte in die lynstaan.

Nou was daar slotte soos Nieu-Seeland se Scott Barrett, Frankryk se Cameron Woki, Ierland se Tadhg Beirne en die Bokke se Franco Mostert. Dis ouens wat steeds relatief groot is, maar ook geweldig fiks en atleties; eintlik meer soos ekstra losvoorspelers.

Iets soortgelyks het met die vleuels gebeur. Engeland se Jason Robinson was een van my gunstelingspelers toe ek klein was. Hy was maar 1,73 m lank en het net 80 kg geweeg.

Shane Williams was soos Jason gebou terwyl almal gedink het moderne vleuels moet minstens 100 kg weeg sodat hulle oor hul verdedigers kan hardloop.

Toe kom Cheslin wat amper net so groot is soos Robinson en Williams, en alles verander.

Kurt-Lee Arendse het kort op Cheslin se hakke gevolg, en ander lande het begin om eerder systappers en vinnige ouens as stoomtreine te kies.

Argentinië het 'n paar opwindende kleiner vleuels opgelewer soos Mateo Carreras. Frankryk het vir Louis Bielle-Biarrey en Gabin Villière gehad, Italië vir Ange Capuozzo, en Skotland vir Darcy Graham. Hulle is wat jy die "X-faktor"-spelers noem: ouens wat 'n haas uit 'n hoed kan pluk wanneer hul spanmaats sukkel.

Ons afrigtingspan het geweet dat ons nie bloot met ons bestaande wenresep kon aanhou nie. Die ander spanne het begin agterkom wat ons doen en hoe ons dit doen. Ons moes minder voorspelbaar raak.

Dalk het ons nou ook 'n stadium bereik waar ons spanne

met 'n rolmaal onkant kan vang pleks van om met die bal te hardloop!

Daar was nie genoeg tyd om dit vir die reeks teen die Leeus te doen nie, maar ons wou in 2022 met iets nuuts vorendag kom.

Felix Jones was 'n kerndeel van daardie plan. Rassie en Jacques het geweet wat ons nodig het, en Felix het vir ons vars perspektiewe en 'n slimmer aanvalstrategie gegee.

Toe ons weer op Ellispark teen die All Blacks speel, was Nieu-Seeland hul ou genadelose self. In die laaste sewe minute het hulle twee drieë gedruk en ons in die stof laat byt. Die boodskap was duidelik: Dit was nie verby met die All Blacks nie. Hulle was steeds formidabel.

Australië was wel in tamatiestraat. Hulle het ses van hul laaste agt toetswedstryde verloor. Nadat Argentinië hulle met 48–17 vermorsel het, het hul hoofafrigter, Dave Rennie, groot veranderings gemaak vir hul wedstryd teen ons in Adelaide. En dit het gewerk. Die jong flank Fraser McReight het ná slegs twee minute hul eerste drie gedruk, en hulle het vir die res van die wedstryd goed verdedig.

Met nog twee drieë ná rustyd het hulle ver voorgeloop en uiteindelik kon selfs Kwagga se twee drieë in die laaste stuiptrekkings van die wedstryd ons nie laat wen nie.

Die Maandag ná die wedstryd was Rassie regtig moerig. Hy het ons mooi laat verstaan ons moenie dink ons is die kat se snor nie. Dis nog een ding as 'n ander span slimmer speel, maar hulle kan nie hárder speel nie.

Ons volgende wedstryd teen die Wallabies het soos 'n halfeindstryd in 'n Wêreldbeker gevoel. Die druk was enorm.

As mens nou terugkyk, was dit uitstekende voorbereiding vir Frankryk in 2023.

Die afrigters het agt veranderings vir die toets op die Sydney Football-stadion aangebring. Sommige daarvan was weens beserings, ander om taktiese redes. Uiteindelik was ons 'n heel ander span.

Ons het hulle voorlangs vermorsel, ons skopwerk was eksieperfeksie, ons afronding was klinies, ons het vier drieë teen hul een gedruk en uiteindelik het ons met 24–8 gewen. Dit was 'n taai, strydlustige wedstryd. Presies wat ons nodig gehad het.

Twee oorwinnings oor Argentinië, insluitend 'n bonuspunt in Buenos Aires, sou genoeg gewees het om die kompetisie te wen – as dit nie vir die vreemde einde van die toets tussen Australië en Nieu-Seeland in Melbourne was nie.

Die Wallabies was in 'n stadium 18 punte agter, maar het verbete teruggeveg. Met een minuut oor het hulle met drie punte voorgeloop. Toe die Aussie-senter Lalakai Foketi 'n strafskop reg onder sy span se pale wen, het dit gelyk of dit neusie verby was vir die All Blacks. Maar toe beslis die skeidsregter dat die Wallaby-losskakel, Bernard Foley, te lank geneem het om uit te skop. Hy het 'n skrum aan Nieu-Seeland toegeken. Ná 'n paar verwoede voorspeler-stormlope het die All Blacks die bal wyd gespeel ... en daar gaan druk Jordie Barrett toe wragtig 'n drie.

Die volgende naweek het die All Blacks Australië in Auckland afgeransel en die kampioenskap met 'n enkele punt onder ons neuse weggeraap. Dit was hul derde agtereenvolgende titel en hul negende sedert 2012.

In die aanloop tot ons jaareindtoetse was daar baie praatjies

TEN SLOTTE

in die Europese media oor 'n groot omwenteling in wêreldrugby. Slegs een span uit die Noordelike Halfrond het al die Wêreldbeker gewen: Engeland in 2003. Ná 2003 was Nieu-Seeland en Suid-Afrika die enigste spanne wat die Webb Ellis-trofee kon lig. Maar die Noorde was besig om te ontwaak. Frankryk het in 2022 vir die eerste keer boaan die wêreldranglys gepryk nadat hulle 'n groot oorwinning oor die All Blacks in Parys behaal het en Ierland het later ook die no. 1-plek beklee ná hul geskiedkundige reekssege oor Nieu-Seeland.

Ek kon verstaan waarom Europese joernaliste en rugbykenners opgewonde geraak het oor die moontlikheid van 'n Wêreldbeker vir die Noordelike Halfrond. Ierland en Frankryk was albei puik spanne.

Ons het dit heimlik baie geniet want dit het baie druk van ons af gehaal. Ons nederlae teen Ierland en Frankryk het ons baie waardevolle lesse geleer.

Die wedstryd in Dublin was 'n oorweldigende, spanningsvolle affêre. Ons het baie foute gemaak, skoppe pale toe gemis, en hulle het met 19–16 gewen.

In my vorige vyf toetse teen Frankryk het ek nooit verloor nie, en hulle kon in 2009 laas die Bokke klop. Ons het hulle selfs in 2017, toe ons een van ons kwaaiste insinkings beleef het, in drie agtereenvolgende wedstryde geklop en elke keer meer as 30 punte opgestapel.

Hierdie Franse groep was egter veel gevaarliker. Die span was propvol spelers van wêreldgehalte, insluitend 'n hele paar wat deur suksesvolle junior spanne tot die top-vlak gevorder het. Hulle het oorgeloop van selfvertroue. Hul skrumskakel,

Antoine Dupont, word met goeie rede as een van die beste spelers ter wêreld beskou en dalk die beste no. 9 van alle tye. Waar Dupont ook al gespeel het, was hy meesterlik.

Die Franse het ons in 'n titaniese stryd met 30–26 geklop. Ons moes vir 69 minute met net 14 spelers speel en was aan die ontvangkant van 'n hele paar aanvegbare beslissings. Die skeidsregter Wayne Barnes het Pieter-Steph du Toit met 'n rooikaart van die veld gestuur ná kopkontak met Jonathan Danty, en vir Dupont vroeg in die tweede helfte omdat hy Cheslin in die lug geloop het.

Deon Fourie is met 10 minute speeltyd oor koelkas toe gestuur weens 'n oortreding in die losskrum; en 'n paar minute later is Frankryk se plaasvervangerstut, Sipili Falatea, met mag en mening oor die doellyn om hul wendrie aan te teken.

Die kykweer het gewys dit kon moontlik 'n dubbele beweging wees, maar Barnes het kommunikasie verloor met die TV-skeidsregter, en dit het tot 'n stortvloed samesweringsteorieë op sosiale media gelei.

Maar ons was optimisties, want ons het besef: Ons het amper met 14 man teen Frankryk gewen. As ons in die Wêreldbeker weer teen hulle te staan kom, kan dinge anders verloop.

Daar was nog iets wat ons opgebeur het: 'n Video op sosiale media wat wys hoe Cheslin vir Anthony Jelonch, Frankryk se 112 kg-flank, afstamp.

Die hoofstroommedia wou ongelukkig eerder 'n bohaai maak oor 'n reeks twiets van Rassie.

Dié twiets het gegaan oor 'n klompie twyfelagtige besluite deur die skeidsregter, insluitend Falatea se drie, 'n vorentoe-

TEN SLOTTE

aangee van Willie le Roux, en 'n voorarm-afstamp deur die Franse heelagter Thomas Ramos. Dit het toe nóg 'n storm ontketen.

Rassie het by 'n perskonferensie probeer verduidelik dat die twiets net vir Springbok-ondersteuners bedoel was, maar Wêreldrugby het dit anders gesien. Hy is vir ons wedstryde teen Italië en Engeland geskors.

In Genoa kon ons Italië darem met 60 punte klop. Teen Engeland was veral Kurt-Lee Arendse die ster in 'n maklike Bok-oorwinning. Dit was darem 'n positiewe wending!

Almal stem nie altyd met Rassie se metodes saam nie. Maar hy doen alles vir 'n rede.

Hy laat my dink aan Michael Scofield, die hoofkarakter in *Prison Break*: altyd besig met nuwe planne. En hoe mal dit ook al mag klink, dit werk altyd uit.

11

TRANE VAN BLYDSKAP EN PYN

Ek en Anlia wou aanvanklik in Oktober 2022 trou, maar as gevolg van die rugbykalender en my skuif na die Haaie sou ons nie op wittebrood kon gaan ná die troue nie. Ek het dit al te veel gesien – manne wat trou op 'n Saterdag en die Maandag is hulle terug by oefening. Dis iets wat ek nooit wou doen nie. Ek wou my troue geniet en direk daarna op 'n lekker lang wittebrood gaan.

Ons wou dinge behoorlik doen en het Februarie 2023 vasgemaak by La Paris Estate in Franschhoek. In September 2022 het die dokters vir my ma gesê hulle kan nie sien hoe my pa Desember gaan haal nie. Anlia het voorgestel dat ons die troue vroeër skuif en dit klein en intiem hou met net ons naastes. Die meeste vroue droom van 'n groot sprokiestroue – en die feit dat Anlia bereid was om dit prys te gee ter wille van my pa, het my net weereens laat besef dat ek my sielsgenoot gevind het.

Op die ou end het ek besluit om by die datum in Februarie te hou, want ek was oortuig daarvan dat my pa dit sou haal. Hy was 'n hardkoppige man as dit by sulke dinge gekom het en ek het geweet hy sou uit sy pad uit gaan om die dokters verkeerd te bewys. Ons het wel in Oktober 'n klein verlowingspartytjie gehou, om seker te maak hy is deel van iets, maar hy het dit net gesien as nog 'n mylpaal wat hy gehaal het en toe begin uitsien na die volgende mylpaal.

Ons wou 'n kleinerige troue gehou het, maar dinge raak 'n bietjie moeilik wanneer die een persoon in die TV- en musiekbedryf werk en die ander een 'n rugbyspeler is. Gelukkig vir ons – en ek bedoel dit op 'n mooi manier! – was bitter min van my huidige en voormalige spanmaats daardie naweek beskikbaar. Boonop het Frans Malherbe dieselfde dag as ek getrou, wat beteken het party van die gaste wat ek sou nooi, was op sy troue, en omgekeerd.

Op 'n pragtige, windstil Kaapse dag het ek en Anlia uiteindelik by La Paris Estate in Franschhoek getrou. Ek het al baie hoogtepunte in my lewe beleef, maar ek dink nie enigiets sal ooit daarby kom nie.

'n Vriend van Frankryk het vir ons 'n klein emmertjie sand saamgebring van Plage de l'Almanarre, die strand waar ek Anlia eers gevra het om my meisie te wees en later my vrou. Ons het die sand in 'n groot skulp gegooi en ons ringe bo-op geplaas. Pa was die ringdraer en het die skulp met die sand en die ringe na ons toe gebring tydens die seremonie. Dit was so spesiaal, want hy hét toe sy dokters verkeerd bewys.

My strooijonkers was Ryen, Siya, my swaer, Gerrit, my neef Emile en 'n ou skoolmaat, Corné. Die onthaal was in 'n groot markiestent, en omdat dit so 'n lieflike aand was, kon ons die kante van die tent oopmaak.

Net voordat ek my toespraak moes lewer, het Anlia opgestaan, die mikrofoon gevat, en gesê sy het 'n verrassing vir my.

Toe sing sy 'n liedjie wat sy self geskryf het oor ons lewe saam. My beker het oorgeloop en ek kon nie die trane keer nie.

Later die aand het ons 'n entjie gaan stap en toe ek so terugkyk na die markiestent, het dit my getref hoe kosbaar dit alles is: Ons vriende en familie wat saam met ons kom bruilof hou het.

Ons wittebrood was in die Maldives en Dubai en dit was eenvoudig fantasties. Twee weke van ontspan saam met die vrou wat ek liefhet. Ek kon dit regkry om heeltemal af te skakel en aan niks anders te dink nie.

'n Paar dae nadat ons teruggekeer het, moes ek weer gaan oefen. Dit was ons eerste Springbok-oefenkamp vir die Wêreldbekerjaar. Ek dog ek sterf! Dit het regtig gevoel of Andy Edwards, ons krag- en kondisioneringsafrigter, ons probeer doodmaak. Hy was 'n gas by ons troue en ek het gewonder of ons iets aan die ou gedoen het dat hy nou wou wraak neem! Dit was regtig moordend.

Omdat ek nou 'n Haai was, moes ek in die United Rugby Championship (URC) speel. Dit het eers as die Celtic League (Walliese, Skotse en Ierse spanne) bekend gestaan voordat die Italiaanse en later die Suid-Afrikaanse spanne bygekom het.

Aanvanklik het ons gedink dit gaan makliker wees om Europa toe te vlieg omdat ons en hulle min of meer in dieselfde tydsone is. Maar ons het 'n paar dinge buite rekening gelaat: Anders as met Superrugby was die vlugte nie direk nie en ons het nie besigheidsklas gevlieg nie.

In my eerste URC-seisoen is die Haaie sommer vier keer Europa toe. Toe nog twee keer vir die groepfase van die Kampioenebekerreeks, en 'n laaste keer vir 'n kwarteindstryd teen

TEN SLOTTE

Toulouse. Dis nie maklik vir rugbyreuse om lang vlugte ekonomiese klas te vlieg en dan 'n paar dae later vir 80 minute alles op die rugbyveld in te sit nie.

Ek kon ook sien waarom die Europese spanne vies was. Hulle het 'n lekker plaaslike ding aan die gang gehad voordat die Suid-Afrikaanse spanne bygekom het. Die verste wat hulle vir 'n wedstryd moes reis, was 'n paar uur. Nou moes hulle meer as 11 uur Suid-Afrika toe vlieg.

As Springbok-spelers was ons gewoond daaraan om van einde November tot Januarie 'n blaaskans te kry. Dan kon ons ons batterye herlaai en tyd saam met familie deurbring. Nou was daai dae verby. Skielik moes ons oor Kersfees en Nuwejaar speel.

Twaalf of dertien toetse per seisoen is moordend, maar dis doenbaar as jy dit in die Suidelike Halfrond speel. Nou was ons op 'n noordelike skedule vir klubrugby en op 'n suidelike skedule vir internasionale rugby. Dit beteken jy kry feitlik nooit 'n ruskans nie.

Dit beduiwel ook die provinsiale spanne, want die URC oorvleuel met die Rugbykampioenskap. Dan moet hulle aan die begin van die URC sonder hul Springbokke speel. Die URC-spanne kan ook nie hul top-spelers vir die Curriebeker beskikbaar stel nie. En wanneer die Kampioenebekerreeks inskop, moet afrigters weer sekere wedstryde prioritiseer om hul spelers te beskerm.

Ek kry ook die Suid-Afrikaanse ondersteuners jammer, want hulle is baie lief vir Superrugby. Toe ek vir die Stormers gespeel het, sou van hulle buite die Nieu-Seelanders se hotel saamdrom net om Ma'a Nonu of Julian Savea te sien of dalk 'n selfie of handtekening by hul gunsteling-All Black te kry. Hulle was ook amper net so gaande oor Wallaby-supersterre soos Quade Cooper en Will Genia.

Ek dink eenvoudig nie die URC-spanne gryp Suid-Afrikaners se verbeelding so aan soos die Crusaders, Hurricanes of Highlanders nie. So vir my is Superrugby lekkerder as wedstryde in Europa, maar my skuif na die Haaie was steeds die beste besluit wat ek kon neem.

Hoewel die URC nie so taai soos Superrugby is nie, het ons nooit gedink ons gaan net in Europa opdaag en koning kraai nie. Die Haaie was baie mededingend wanneer ons al ons Bokke gehad het, maar ek het geweet die Kampioenebekerreeks is die taaiste klubkompetisie ter wêreld, veral wanneer 'n mens teen die Franse spanne speel.

Die Top-14-salarisse is beter as dié van ander ligas; daarom kry die Franse dit reg om elke jaar 'n paar groot name te lok.

Die URC lewer soms lekker hardlooprugby op, mits die nat Britse weer nie 'n demper op die spel plaas nie. Maar Kampioenebeker-wedstryde voel amper soos toetse. As ons byvoorbeeld in die Kampioenebeker teen Leinster speel, voel dit omtrent of ons teen die volle Ierse nasionale span speel. Die Franse spanne is ook gelaai met toetsspelers van regoor die wêreld. En wanneer ons in Frankryk teen klubs soos Toulouse, La Rochelle of Clermont speel, is hul stadions gepak met Fransmanne wat ons háát. Dit het die wedstryde bitter moeilik gemaak.

My debuut vir die Haaie was in Durban teen die Glasgow Warriors, en ons het redelik maklik gewen. Maar kort daarna

TEN SLOTTE

het Cardiff ons op ons tuisveld met 35–0 verneder. (Die Springbok-spelers was weg vir hul jaareindtoer.) Dit het ons 'n goeie idee gegee van hoe taai dit gaan wees om in Europa te speel.

Die Haaie se hoofafrigter, Neil Powell, het toe besluit om 'n paar spelers te laat rus voor ons tuiswedstryd teen Ospreys in die URC. Dis gedoen met die oog op die Kampioenebeker: Die volgende naweek sou ons tuis teen Harlequins speel, en daarna 'n wegwedstryd teen Bordeaux Bègles.

Dit is presies die probleem: Jy moet die Kampioenebekerreeks eerste stel ten koste van sommige URC-wedstryde, maar steeds goed genoeg vaar in die URC om vir die volgende jaar se Kampioenebeker te kwalifiseer. Dis 'n moeilike balanseertoertjie.

In die laaste 16 van die Kampioenebekerreeks het ons Munster met 50–35 verslaan, maar ek het my skouer in die eerste helfte ontwrig. Ek druk nie gereeld my kop by die afbreekpunte in om die bal te steel nie, maar hierdie keer het ek. Dit het my weer laat besef dat lang slotte nie rêrig gemaak is om balle te steel by 'n losskrum nie.

Ek moes 'n operasie kry en het net gehoop ek is nie so lank buite aksie dat dit my kanse vir die Wêreldbeker beduiwel nie. Gelukkig het die operasie goed afgeloop en alles het daarop gedui dat ek reg sou wees vir die begin van die Rugbykampioenskap in Julie.

Terwyl ek beseer was, moes die Haaie in die kwarteindstryd van die Kampioenebekerreeks teen Toulouse op hul tuisveld speel. Hulle het ons moeg gehardloop en sewe drieë teen twee gedruk. Dit het darem beteken ons kon fokus om vir die URC-uitspeelwedstryde te kwalifiseer.

Nadat ons net-net agtste op die punteleer was, het Leinster ons in die laaste agt verslaan. Pleks dat ons die volgende seisoen in die Kampioenebekerreeks speel, sou ons nou in die minder aansienryke Uitdaagbeker speel. Dis beslis nie wat die Haaie se eienaars wou hê nadat hulle 'n klomp geld in die span belê het nie. Nogtans was dit die lekkerste rugby-omgewing waar ek al betrokke was. Die Haaie het my en my gesin baie goed behandel, en ek was oortuig ons sou nog die groot trofeë huis toe bring.

Intussen het Pa verbete aan die lewe vasgeklou terwyl hy teen die kanker baklei het. Ná ons troue in Februarie was sy volgende mikpunt om te bly leef tot Ma se verjaardag op 10 Junie. Om die geleentheid te vier, het ek vir ons almal – my gesin en Anlia s'n – plek bespreek by 'n warmwaterbron, Montagu Avalon Springs in die Kaap.

'n Paar dae voordat ons vertrek het, het Anlia vir my die wonderlike nuus gegee: Sy was swanger! Sjoe, wat 'n ongelooflike oomblik. Ons het besluit die Montagu-wegbreek is die ideale kans om die blye tyding met albei ons ouers te deel.

Pa is deur die genade saam, selfs al het hy die vorige week 'n groot terugslag gehad. En ons kon toe die aand van Ma se verjaardag vir almal vertel 'n kleinkind is op pad. Die trane het gerol en die sjampanjeproppe het gevlieg! Teen die einde van die aand het Pa vir Anlia gesê: "Nou het ek nóg 'n rede om te leef." Pa het tot in Julie vasgebyt. Ek het hom gaan groet net voordat ons vir die Rugbykampioenskap Nieu-Seeland toe moes vlieg. Iets het vir my gesê dis die laaste keer.

Hy sou nooit toegelaat het dat ek ter wille van hom bly nie.

TEN SLOTTE

Selfs al het ek dit voorgestel, sou hy gesê het: "Is jy mal?!"

Dit was 'n Dinsdag en ek was in die spanbus toe ek 'n boodskap by Ryen kry. *Kan ek gou bel?* Toe weet ek. Ek het vir Rassie en Jacques gaan sê ek sal nie kan oefen nie.

Later, ná die oefening, het hulle my gevra of ek huis toe wou gaan. Ek het gedink aan wat my pa sou sê: "Vir wat? Ek is dood. Daar's niks wat jy daaraan kan doen nie. Jou broer is by jou ma, hulle is oukei. Loop speel vir jou land en maak my trots soos wat jy nog altyd doen."

Pa was mal oor rugby, veral die Springbokke. Toe ek die eerste keer Springbok-kaptein geword het, wou hy bars van trots. En wanneer ons gaan uiteet het, het hy altyd 'n klomp vreemdelinge bymekaar gaan hark en na die tafel toe gebring om met my te spog: "Kyk, dis my seun, julle ken hom seker." Dan sou hy soos 'n stout kind glimlag en lekkerkry terwyl ek met die mense gesels en foto's saam met hulle neem.

Ek het geweet hy sou kwaad wees as ek die kans laat verbygaan om die Bokke in 'n toets teen die All Blacks te lei. (Ek was kaptein in Siya se afwesigheid.)

So ek is nie huis toe nie. Ek het gaan speel vir my land. Soos Pa dit sou wou hê.

Ek glo hy het van bo af gekyk. Dis hoekom ek nooit sal ophou om hom in die Groen-en-goud trots te maak nie. Ek sal altyd probeer om 'n goeie Springbok, 'n goeie seun, 'n goeie broer, 'n goeie man vir my vrou, en 'n goeie pa te wees. Vir my pa.

Dit was vir my 'n emosionele week, en die span het nie goed gevaar nie. Die All Blacks het ons met 35–20 in Auckland gewen. Twee weke later kon ons Argentinië darem met 'n punt klop, maar ons het steeds tweede op die punteleer beland, ná Nieu-Seeland. Ons laaste wedstryd was teen die Poemas in Buenos Aires. Ek kon weens 'n seer knie nie speel nie, maar ons het redelik maklik gewen.

'n Paar dae later het ons bymekaar gekom en die Wêreldbeker-groep is aangekondig. Ons het daarna gaan braai en 'n paar drankies gedrink, en ek het sleg gevoel oor die ouens wat nie gekies is nie: My ou slotmaat, Lood de Jager, wat te siek was vir die toernooi, en Handré Pollard, wat die hele jaar gesukkel het met 'n kuitbesering. Hy het gedink hy sou betyds reg wees, maar Rassie en Jacques wou nie die kans waag nie.

Ek het deur die loop van die aand na Pollie toe gegaan en vir hom gesê: "Luister, Handré, ek weet dis nie nou lekker nie, maar ek het so 'n gevoel jy gaan nog vir ons die Wêreldbeker wen." Hy het seker gedink ek wou hom net laat beter voel, maar ek het dit regtig geglo.

Een ou wat wel Wêreldbeker toe sou gaan, was Siya, al kon hy heeljaar nie 'n toets speel nie. Hy het sy knie seergemaak toe die Haaie in April teen Munster gespeel het en moes uiteindelik 'n operasie kry.

Die volgende vier maande was moeilik en hy was nie altyd seker of hy betyds sou herstel nie. Ek het self 'n hele paar slegte beserings gehad, en ek kon met hom simpatiseer. My raad was: "Vat dit een dag op 'n slag en maak seker jy het die regte mense om jou." Ek het geweet hoeveel die Bokke vir hom beteken en hoe desperaat hy was om hulle in die Wêreldbeker te lei. Ek het geen twyfel gehad dat hy reg sou wees nie.

Die oggend nadat die Bokke – met Siya terug in die span –

TEN SLOTTE

meer as 50 punte teen 'n eksperimentele Wallis-span opgestapel het, het ek in die hotel se gimnasium gaan oefen. Op pad soontoe het ek Rassie op sy eie sien sit en koffie drink. Hy het my nader geroep en gevra of ek reg sal wees vir die All Blacks op Twickenham. Ek het hom verseker ek sal wees, en hy het gesê: "Oukei, wonderlik. Jy sal dalk net 45 minute speel want ons dink daaraan om sewe voorspelers op die bank te hê. Moet dit vir niemand noem nie."

Ek was mal oor die idee. Toe ek daar wegstap, het ek net my kop geskud en gedink: Dié ou is op 'n ander vlak.

Sommige mense het gereken 'n 7/1-verdeling op die bank is strydig met die gees van die spel, maar ek het my nie daaraan gesteur nie. Ons speel volgens die reëls, en enige ander span kan dit ook doen. Rugby is op die ou end 'n kontaksport en spanne moet doen wat hulle kan om hul teenstanders fisiek te oorrompel.

Dit gaan daaroor om jou sterkpunte te benut. Ander spanne is dalk oukei met drie agterspelers op die bank, maar dan is dit ouens wat die verdediging flenters kan hardloop wanneer die spel begin lostorring. Suid-Afrika het twee pakke voorspelers wat ewe goed is. Daarom maak dit heeltemal sin om sewe voorspelers op die bank te hê en hulle in te bring met so 35 minute speeltyd oor.

Natuurlik was dit 'n risiko om net een agterspeler op die bank te hê, want hy sou al die posisies moes dek, van skrumskakel tot heelagter. En as twee of meer agterspelers van die beginspan sou seerkry, sou hulle met voorspelers vervang moes word. Maar Rassie het reeds aan al hierdie dinge gedink. Wat as die skrumskakel seerkry? Wat as 'n senter moet afgaan? Dis hoekom Kwagga en Pieter-Steph geoefen het om in die agterlyn te speel sou dit regtig nodig word.

Daar was daardie week sommer baie opgewondenheid, veral onder die voorspelers. Ek het nie vir enige agterspelers gevra wat hulle van die 7/1-verdeling dink nie, want dalk sou hulle nie so bly gewees het soos ek nie.

Toe breek die dag van die wedstryd aan. Ons was 14–0 voor toe die All Black-slot Scott Barrett net voor rustyd 'n rooikaart kry. In die 48ste minuut het al sewe ons plaasvervangers op die veld gekom. Ek sal dit nooit vergeet nie. Die skeidsregter het gesê: "Oukei – 1, 2, 3, 4, 5, 6 en 8, julle is almal af." Net Pieter-Steph, ons no. 7, het gebly.

Dit moes iets gewees het om te aanskou: Sewe grotes vervang deur sewe grotes. Teen die tyd dat ek op die bank gaan sit het, het ek lekker in my mou gelag. Ek hoop eintlik Rassie kan eendag agt voorspelers op die bank hê, al is dit net om die reaksie te sien.

Op die ou end het ons die All Blacks 'n helse pak van 35–7 gegee. Dit was een van my lekkerste wedstryde nog, maar dit het my ook bekommerd gemaak. Daardie aand het ek vir my kamermaat gesê: "Ek hoop nie ons speel weer teen hulle in die Wêreldbeker nie, want party ouens sal dink dit sal weer so maklik wees."

Ek het maar te goed geweet hoe Nieu-Seeland die krane kan oopdraai wanneer hulle moet, so ek het gehoop die hele Bok-span vergeet ons wonderlike dag op Twickenham so gou moontlik.

12

DRIEKUNS

Die loting vir die 2023-Wêreldbeker is einde 2020 gehou – en in daardie drie jaar het baie in die rugbywêreld verander. Teen die tyd dat die toernooi begin het, het dit gelyk asof slegs twee van die top-5-spanne op die ranglys die halfeindronde gaan haal. Drie van daardie topvyf was in Groep B: Suid-Afrika, Ierland en Skotland.

Maar dit sou nie help om daaroor te kla nie. Ons moes eenvoudig vir Skotland in ons openingswedstryd klop. Dan kon ons asemhaal. Anders sou ons met 'n mes teen ons kele teen Ierland gespeel het. Want as ons daai een ook verloor het, was ons uit.

Ons het 'n goeie oefenkamp in Korsika gehad, waar dit ongelooflik warm was. Soos altyd sou ons basis die vaste fasette en verdediging wees, maar Rassie, Jacques en die res van die afrigtingspan het besef skrums en rolmale het só moeilik geword om te beoordeel dat ons ander, meer spesifieke maniere moes kry om punte aan te teken. Toe fokus ons daarop om ons vaardighede te slyp: Basiese maar belangrike dinge soos om die bal behoorlik uit te gee, veral vir die voorspelers. Die ander spanne het geweet ons gaan strafskoppe probeer afdwing met ons skrums en rolmaalbewegings, maar ons het 'n paar beplande bewegings bygewerk en 'n truuk hier en daar. En almal in ons span moes die vaardighede hê om iets onvoorspelbaar te kon doen.

Skotland was een van my gunsteling- Europese spanne. Ek is mal oor die passie en atmosfeer wat die Skotse toeskouers na Murrayfield toe bring. Dis my gunstelingstadion buite Suid-Afrika. En dis vir my wonderlik hoe trots die Skotse spelers is.

In 2023 het hulle 'n paar baie goeie agterspelers gehad: Vinnige, sterk ouens soos Duhan van der Merwe en Sione Tuipulotu. Hul voorspelers was dalk nie die grootste nie, maar hulle kon hul man staan teen enige pak ter wêreld. Hulle het ook vir Finn Russell op no. 10 gehad en hy kon met die bal toor. Hulle het Engeland drie keer ná mekaar in die stof laat byt en ook die afgelope 12 maande klaargespeel met Argentinië en Wallis. So ons het geweet ons gaan moet uithaal en wys.

Skotland het baie ingevoerde spelers in hul span gehad, waaronder drie Suid-Afrikaners, maar niemand was kwaad daaroor nie. Voordat die loskop Pierre Schoeman en die vleuel Van der Merwe by Edinburgh aangesluit het, was hulle by die Bulle saam met Lood de Jager, Jesse Kriel, Trevor Nyakane en 'n paar ander. En al die ouens – by ons én by hulle – was lus om hul oudspanmaats te laat les opsê.

Skotland se voorspelers het ons goed beteuel in die eerste helfte in Marseille. Teen rustyd was ons slegs 6–3 voor. Maar Pieter-Steph het deur die Skotse verdediging gebreek en ons eerste drie gaan druk. Toe doen ons losskakel Manie Libbok iets geniaal: Sonder om eens in Kurt-Lee se rigting te kyk, gee hy die bal met 'n skoppie sekuur vir hom aan en Kurt-Lee is los deur. Nog 'n drie vir ons!

Ons het nie Manie se skopaangee vooraf geoefen nie. Dit was net Manie wat in die hitte van die oomblik briljant was. Hy het dit gereeld vir die Stormers ook gedoen wanneer sy voorspelers die bal vinnig genoeg by hom kon uitkry.

Ons het Russell so rondgejaag dat hy nie tyd gehad het vir sy gewone toorkunsies nie en uiteindelik het ons 18-3 gewen.

'n Paar dae later het Malcolm Marx 'n kruisligament tydens 'n oefening beseer. Ek het sommer geweet dis ernstig die oomblik toe dit gebeur. Malcolm is so taai soos 'n ratel maar hy het gebrul van die pyn.

Daar was toe 'n opskudding in die Bok-kamp want ons het net twee spesialishakers gebring: Malcolm en Bongi. Deon Fourie het al redelik baie op haker gespeel, maar nie onlangs nie, en hy is eintlik as losvoorspeler gekies. Intussen het die Bulle se flank, Marco van Staden, nou en dan as haker geoefen. Ek dink nie hy het ooit op haker gespeel nie.

Persoonlik het ek gedink Handré moet in Malcolm se plek speel, want ons het net vir Damian Willemse as plaasvervanger vir Manie gehad, en Damian was nie 'n spesialislosskakel nie. Willie le Roux en Faf kon ook losskakel speel, maar dit sou moeilik wees om dit in 'n uitklopwedstryd te doen. Die Maandag nadat ons Roemenië met 76-0 laat aftjop het, kom die aankondiging toe: Handré gaan inderdaad vir Malcolm vervang.

Die media het skoon op hol gegaan. Verslaggewers en rugbykenners het gereken Jacques en Rassie is mal. Vir my het dit heeltemal sin gemaak. Deon was baie gemaklik op haker en Handré het onlangs vir Leicester gespeel. Hy sou in elk geval nie teen Ierland speel nie en het 'n paar weke gehad om fikser te word ná sy besering. Hy was ook ongetwyfeld die wêreld se beste stelskopper onder druk. Wie is beter as Handré om in die naelbyt laaste minute die wedstryd met 'n netjiese strafskop vir ons te wen?

Om ons 'n bietjie ekstra woema te gee, het Rassie regdeur die opbou tot die Wêreldbeker presies vir ons vertel wat die buitelandse media alles oor die Springbokke kwytraak. Een joernalis het geskryf dit sal 'n wonderwerk wees as 'n span uit die Suidelike Halfrond die eindstryd haal. Ek het nog 'n skermskoot van die berig gemaak. Want al was Ierland en Frankryk ook hóé goed, ek kon nie sien dat hulle beter as Nieu-Seeland kon wees nie.

Maar ja, daar was goeie redes hoekom Ierland boaan die wêreldranglys was. Ons kon hulle sedert 2016 nog nie klop nie. Hulle het 28 van hul laaste 30 toetse gewen. Hul laaste 15 wedstryde het hulle álmal in 'n ry gewen. Hulle het puik spelers regoor die veld, en hulle het werklik uitstekende diepte in hul span. Hul aandag aan detail is ongelooflik: hul afbreekpunte, die lyne wat hulle hardloop. Hulle was baie tegnies en dit het gemaak dat hulle ander spanne in baie opsigte kon laat kleitrap. Hulle het ook verder vooruit beplan as ander, amper asof hulle skaak speel.

'n Speler sou ná vyf of ses fases 'n losskrum skoonmaak, en die regte manne sal presies in die regte posisies wees om 'n aanval te loods. Ierland was 'n baie goed geoliede masjien.

TEN SLOTTE

En dan het hulle Johnny Sexton gehad, hul veteraanlosskakel. Sexton háát dit om te verloor en ek dink hy het die ander Iere aangesteek. Hulle wou eenvoudig nie verloor nie en dis iets wat ek kan respekteer.

Nadat die Haaie vroeër die jaar teen Leinster gespeel het, het van die ouens oor Sexton se aanhoudende op- en aanmerkings op die veld gekla. Dit het my nie gepla nie. Vir my was dit net 'n teken van hoe mededingend hy is.

Ons wedstryd teen Ierland breek toe in die Stade de France aan. Dit was baie intens. Die Ierse vleuel Mack Hansen het die enigste drie van die eerste helfte gedruk ná 'n pragtige lopie deur die senter Bundee Aki. Ná rustyd kon hulle 'n drie van Cheslin neutraliseer, die Bomb Squad se impak weerstaan en uiteindelik met 13–8 wen.

Dit was 'n goeie oorwinning, maar dit was net met vyf punte en ons het geweet ons het 'n paar stelskoppe opgeneuk. Ek was steeds verbaas toe 'n paar van die Iere my hand skud en sê: "Sien julle in die eindstryd." Hulle het dit vir 'n hele paar van ons ouens gesê.

Dit was vir my vreemd want ek het geweet hulle sou tien teen een in die kwarteindronde teen die All Blacks te staan kom. Toe ek van die veld af stap, het ek gedink: Hel, jy kan tog nie Nieu-Seeland so vlak kyk nie. Dis 'n baie gevaarlike ding om te doen. Selfvertroue is goed, en ons het natuurlik ook gedink ons kan die Wêreldbeker wen, maar ek sou wragtig nooit vir iemand sê "sien jou in die eindstryd" nie! Ons het nie eens verder as Frankryk in die laaste agt gekyk nie.

Natuurlik wou ons vir Ierland ore aansit, maar ek het nie

gedink dis die einde van die wêreld om te verloor nie. Vir ons was die Skotland-wedstryd eintlik die belangrikste in die groepsfase.

Maar Rassie was die hél in. Dit was die kwaadste wat ek hom nog ooit gesien het.

Toe die eindfluitjie blaas, het daai derduisende Iere in die stadion losgetrek met "Zombie" deur The Cranberries: "In your hea-head, in your hea-ea-ea-head, Zo-om-bie, Zo-om-bie, Zo-om-bi-ie-ie-ie," het hulle gedreun. Dit was sout in ons wonde.

Ons het ook ná die tyd gehoor dat party Ierse toeskouers allerhande vieslike goed vir ons vroue en meisies toegesnou het. Dít het my die moer in gemaak. Maar Rassie was bebliksemd vir óns, sy spelers.

Toe ons vir Maandag se spanvergadering opdaag, was Rassie doodstil. Ek kon sien hoe hy besig is om oor te kook. En toe ontplóf hy: Ons is traak-my-nie-agtig, ons gee nie om nie, ons voel 'n veer. Ons dink ons het net met 'n paar punte verloor, ons het net 'n paar skoppe gemis, ons gaan in elk geval die uitklopronde haal.

Rassie het gesê ons het grootkop gekry. Daar is nie genoeg pyn en berou op ons gesigte nie. Ons is leuenaars: Ons sê ons sal sterf vir ons land, maar dan speel ons so slapgat.

En as Rassie die span uittrap, voel dit asof hy nét met jou praat. Dis net jy en Rassie, daar's niemand anders nie. En jy voel soos 'n blerrie hónd, al het jy niks verkeerd gedoen nie.

Hy het gesê hy kon die spanning tussen my, Siya en Duane aanvoel, en dat Siya my kant kies omdat hy my beste vriend is.

TEN SLOTTE

Hy het ons 'n "virus" genoem en gesê ons dra niks by tot die span nie. En toe los hy die bom: Ek, Duane en Siya gaan nie in die kwarteindronde speel nie. Ná Tonga, die laaste groepwedstryd, is ons klaar. "Bongi, jy's die kaptein teen Frankryk," het hy gesê, "maak seker dat jy op hulle fokus."

Ná die vergadering het Rassie my, Duane en Siya eenkant gevat. Hy het ons laat sit, en gevra of daar 'n probleem is tussen ons. Ons het na mekaar gekyk en gesê nee, daar's niks nie. Toe sê Rassie die jong outjies voel dit aan en hy gaan dit nie duld nie. Ons moes die Wêreldbeker wen en hy sou nie toelaat dat sulke onenigheid ons ontspoor nie. Ek het erken ek en Duane het so nou en dan verskillende opinies oor rugbydinge, maar ons kon dit nog altyd uitsorteer. Rassie sê toe hy los dit vir ons.

Ek en Duane het al baie toetse vir die Bokke gespeel, so natuurlik sou ons nie altyd oor alles saamstem nie. Vir my was dit net normaal dat 'n mens in 'n groep nie altyd met almal oor alles sal saamstem nie. Dis nie asof ons ooit voor iemand gestry of baklei het of iets nie. Maar Rassie het volgehou dis nie goed vir spaneenheid nie. Hy kon aanvoel hoe die jonger spelers dit raaksien as ek en hy verskillende menings het.

As jy vir Rassie en die Bokke speel, is niemand groter as die span nie.

Arme Siya het eintlik niks met die hele ding te doen gehad nie. Al hoekom hy nou deel was van die storie, is omdat ek en hy altyd saam was. Maar dit was vir my en Duane om uit te sorteer. Ek en hy kom toe ooreen ons sal nie voor die ander van mekaar verskil nie. As ons iets moet uitpraat, sal ons dit agterna en op ons eie doen.

Anlia het vir my in my hotelkamer gewag. Sy kon dadelik sien daar is groot fout toe ek instap. Sy ken my so goed. Sy het geweet sy moet eerder niks sê of vra nie en my net vashou. Maar sy het my nog nooit só gesien nie. Ek was heeltemal teen die grond. Ek het eerlikwaar gedink Tonga sou my laaste wedstryd wees.

Ek het nie by Rassie gaan kla nie. Niemand kla by Rassie nie, dis net nie iets wat jy doen nie. So ek het maar op my eie in my stilligheid gestoom en besluit ek gaan my hart uitspeel teen Tonga.

As ek nou terugkyk, kan ek sien hoe briljant Rassie was met sy hele hantering van die ding. Ek en Duane het nie gedink ons klein meningsverskilletjies is 'n probleem nie, maar Rassie sien 'n ding van 'n myl af. Laaank voor iets 'n probleem word, het Rassie dit klaar gesien en klaar gefix. Hy's soos 'n mechanic wat na 'n enjin luister. En hy kon hoor ek en Duanne krap mekaar soos twee ratte wat nie pas nie. As hy nie iets daaraan gedoen het nie, sou die enjin uitbrand. Dalk nie in die volgende wedstryd nie, dalk nie in die een daarna nie, maar een of ander tyd.

Vandag weet ek: As Rassie nie daar en dan ingegryp het nie, sou ons nie kon regkry wat ons uiteindelik het nie. Nadat Rassie vir my en Duane voor stok gekry het, kon ons ons issues met mekaar laat staan en álles vir die span gee.

Hy het geweet wat hy doen toe hy die hele groep daar aan die strot gegryp het: Hy het geweet dit sal ons kwaad en desperaat maak. En dit het ons laat besef: Dalk is Rassie reg. Dalk lieg ons nog heeltyd vir onsself.

In die aanloop tot die Tonga-wedstryd in Marseille het ek en

Duane goed saamgewerk en ons kon die Tongane met 49–18 verslaan. Ierland het Skotland maklik geklop en ons plek in die kwarteindronde was verseker. Rassie maak nooit geselsies in die gange of in sy kantoor nie. So ek moes maar wag tot die span aangekondig word om uit te vind of Tonga toe wel my laaste wedstryd was. Ek het geweet dit kan enige kant toe gaan, so toe ek my naam op die spanlys sien, saam met Siya en Duane s'n, was dit 'n hengse verligting.

Min dinge in 'n rugbyloopbaan kom by 'n Wêreldbeker-uitklopwedstryd teen Frankryk in Parys. En ná wat met my in Toulon gebeur het, het hierdie kwarteindstryd vir my persoonlik gevoel. Ek het geen kwade gevoelens teenoor my Toulon-spanmaats gekoester nie. Hulle was almal wonderlik. Maar ek het wel 'n appeltjie te skil gehad met van die kritici, Franse joernaliste en senior bestuurslede van Toulon. Hulle het my nie goed behandel nie.

Ek het geweet hulle gaan almal kyk, en ek wou hê hulle moes sien hoe die Bokke hulle uit hul eie Wêreldbeker uit boender.

Frankryk was die hele jaar op hul allerbeste. In hul Sesnasies-wedstryd teen Engeland op Twickenham het hulle meer as 50 punte opgestapel en toe kry hulle nog 40 punte in hul laaste opwarmingswedstryd teen Australië. Hulle was ook baie beter as die All Blacks in hul Wêreldbeker-groepwedstryd, en dis nie iets wat sommer maklik gebeur nie.

Die Franse Hane was almal uitstekend, maar ons was veral lugtig vir Antoine Dupont. Hy het nog nie weer gespeel sedert hy sy wangbeen in Frankryk se derde wedstryd teen Namibië gebreek het nie. En dan was daar natuurlik die skuim-om-die-mond tuisskare …

Toe ons in 2022 in Marseille teen Frankryk gespeel het, het hulle ons geháát. Ons het soos gladiators gevoel in die Colosseum, omring deur 'n skare wat hul sakdoeke in ons bloed wou doop. Op daai dag het hulle só lawaai dat ons gesukkel het om mekaar te hoor. Rassie het toe met die blink plan vorendag gekom om "La Marseillaise" deur 'n groot luidspreker te speel terwyl ons oefen. Dit het ons voorberei vir die oorverdowende rumoer op die dag van die wedstryd.

Die luidspreker was reg langs die veld tydens ons lynstaanoefeninge, en ons kon skaars die instruksies hoor. Wanneer ons rugbysessies gehad het, sou Rassie die luidspreker rondbeweeg van losskrum na losskrum. Hy was nes 'n stoutgat wat hom gate uit geniet het om die hel uit ons te irriteer.

Ons was baie versigtig oor wat ons in ons oefensessies gesê en gedoen het, want ons het nie geweet of iemand dalk op ons spioeneer nie. Ons het baie van ons lynstaansessies op 'n binnenshuise basketbalbaan gedoen en ook ons spesiale bewegings daar ingeoefen. Die baan se CCTV-kamera is met 'n Springbok-baadjie toegegooi.

Teen die tyd dat die uitklopwedstryd teen Frankryk aangebreek het, het ek seker al 20 keer met "La Marseillaise" oorverdowend in my ore geoefen. Maar níks kon ons voorberei op die 80 000 Franse wat daardie dag hulself hees geskree het nie.

Dit het die Franse spelers ongetwyfeld aangevuur, want toe die wedstryd begin, het dit gevoel asof ons in 'n wasmasjien beland het. Frankryk se intensiteit was skrikwekkend. Baie

TEN SLOTTE

Bokke se oë was so groot soos pierings en ek dink baie het die gemaal om gebid.

Die stut Cyril Baille het ná vier minute vanuit 'n aanvallende lynstaan in die hoekie oorgeval en 'n vinnige drie gedruk. Ons kon maklik 'n paar minute later 14–0 agter gewees het. Frankryk het ons voordeellyn die heeltyd aangeval. Ek sien toe hulle het 'n ekstra man in die lyn aan die steelkant. En toe Damian Penaud na Thomas Ramos aan sy buitekant uitgee, steek ek my arm instinktief uit.

Ek het eerlikwaar nie geweet of die bal vorentoe of agtertoe getrek het nie, so ek was ongelooflik verlig toe die skeidsregter sê dit was reguit grond toe. Enkele sentimeters vorentoe, en ek sou in die koelkas gewees het én Frankryk sou 'n strafdrie gekry het.

'n Paar minute later het Cobus Reinach 'n geweldige hoë skop geskop. Die bal het vanaf 'n Franse verdediger vorentoe gespring en Kurt-Lee het die res gedoen en doellyn toe gehol vir 'n triomfantelike drie. 'n Uitjouery het nog nooit so mooi geklink nie.

Met dié dat ons vastrapplek gekry het, het ons 10 minute later voorgeloop. Manie skop toe 'n hoë skop na regs waar Franco Mostert, Pieter-Steph en Damian de Allende gewag het. Cameron Woki het die vangskoot verbrou, en die bal het in De Allende se hande beland. 'n Franse verdediger het hom net voor hul doellyn neergetrek, maar in die volgende fase kon hy oorval en 'n drie druk. Ons het al daardie bewegings op die binnenshuise basketbalbaan geoefen met Manie wat die bal gooi pleks van skop omdat die dak so laag was.

Dit was 'n klassieke drie deur De Allende, 'n speler wat geweldig onderskat word. Party mense dink hy kan net sterk hardloop met die bal, maar hy's in werklikheid een van die beste balverspreiders in die spel. Hy speel feitlik nooit sleg nie en sorg altyd vir groot oomblikke in groot wedstryde, soos sy briljante drie teen Wallis in die 2019-halfeindstryd. Ek dink eerlikwaar hy's een van die heel beste binnesenters wat ooit rugby gespeel het, minstens van my generasie.

Vier minute later het Frankryk weer die voortou geneem toe die haker, Peato Mauvaka, in die hoekie gaan druk het ná 'n vinnige tikskoppie deur Dupont. Maar daardie drie – hoe goed dit ook al was – sal altyd onthou word vir dit wat net daarna gebeur het.

Ramos skop eintlik nooit mis nie, so die meeste van ons het agter die pale gestaan en wag. Nie Cheslin nie. Die oomblik toe Ramos 'n tree na die bal toe gee, is Cheslin soos blits van sy merk af en hy storm daai skop af. Ek het nog nooit gesien dat iemand dit doen nie, nie eens op skool nie.

'n Paar minute later het die Franse die bal verloor, Jesse Kriel het 'n perfekte skop geloods, Cheslin het die bal ingehardloop en gaan druk. Baille het kort daarna vir sy tweede drie in die wedstryd gesorg en hierdie keer het Ramos sy kant gebring om die telling gelyk te maak op 19–19.

'n Paar minute voor rustyd het Louis Bielle-Biarrey 'n lang skop gegee, Damian Willemse het dit binne ons kwartgebied gevang, 'n skoonvang geroep al was daar geen Franse naby hom nie, en toe gewys ons gaan skrum. Dit gebeur feitlik nooit nie. Van die toeskouers het seker gewonder of dit ooit toelaatbaar is.

TEN SLOTTE

Maar ons slim afrigters het voor die tyd ons agterste driehoek aangesê om in so 'n situasie eerder 'n skrum te kies.

Die Franse voorspelers is 'n kragtige pak en uitstekend in die vastespel. Hul skakels maak ook seker die voorspelers werk nie te hard en ooreis hulself nie. Ons taktiek was dus om hulle moeg te hardloop.

As Damian soos gewoonlik die bal teruggeskop het, kon hul voorspelers net bly waar hulle was. Die bal sou oor hul koppe gevlieg het en hulle sou bloot vir die vanger gewag het om dit weer terug te skop. Nou moes hulle 35 tot 40 meter na die kolletjie toe draf. En toe ons 'n strafskop uit die skrum wen, het ons veldaf geskop om hulle wéér al die pad terug te jaag. Ons het die lynstaan gewen, en toe moes hulle skielik verdedig. Sommige joernaliste het ná die tyd gesê ons wou net spog met hoe goed ons was, maar dis nie waar nie. Ons wou hul energie tap.

Net voor rustyd het die Franse stut Uini Atonio na my binnekant toe gebreek. Dis nie iets wat 'n mens sommer van 'n ou van 1,96 m en 150 kg verwag nie. Ons het koppe gestamp, ek het 'n geelkaart gekry en vir 'n ondraaglik lang 15 minute in die kleedkamer moes ek sit en wonder of daai geelkaart 'n rooikaart gaan word.

Dit was eerder 'n poging om hom te keer as 'n duikslag, maar 'n mens weet nooit wat die TV-skeidsregter gaan besluit nie. Gelukkig was ek ná 10 minute in die tweede helfte terug op die veld. Ons het net drie punte afgestaan terwyl ek in die koelkas was.

As 'n mens na so 'n intense en frenetiese wedstryd kyk, met twee spanne wat tot elke prys wil wen, wonder jy hoe enigeen op die veld in beheer kan voel. Hoe kan spelers in daardie soort atmosfeer doen wat hulle tydens hul oefensessies beplan het? Hoe kry hulle dit reg om nie fout op fout te maak nie? Maar wanneer jy op die veld is, voel dit wel of jy 'n mate van invloed en beheer het.

Toe hulle voorgeloop het, het ek gedink: Ons móét nou punte aanteken. Om 'n agterstand van meer as sewe punte uit te wis, sou moeilik wees. Maar ek het nie vir 'n oomblik gedink ons gaan nié wen nie.

Sewe van ons plaasvervangers was ná 51 minute op die veld, en Vinny Koch het dit agt gemaak met 17 minute speeltyd oor. 'n Rukkie later was ons vyf meter vanaf die Franse se doellyn. Toe voer ons 'n geoefende strafskopbeweging uit: RG Snyman gee die tikskoppie uit na Duane. In die volgende losskrum is dit ek, Kwagga en Bongi. Hulle stuit ons net voor die doellyn, maar Kwagga tel op en probeer oorduik. Dis nie deel van die plan nie, maar toe die bal weer regs beweeg, kom ek van die steelkant by. Faf gee die bal aan na my. Net Matthieu Jalibert, Franse losskakel is voor my. Ek weet hy verdedig hoog, so ek storm reguit op hom af. Alles werk uit en ek druk reg langs die pale.

Wat 'n ongelooflik bevredigende oomblik! Ek onthou RG was eerste by my. Ons was só opgewonde dat ons so te sê kopgestamp het. Maar ons moes kalm word. Daar was nog werk om te doen.

'n Paar minute later kry Handré 'n strafskop van net binne ons halfgebied, en toe hy die bal op die kegel plaas, sê Bongi vir hom: "Doen dit vir Suid-Afrika!" Praat van druk, maar

TEN SLOTTE

dit lyk nooit asof enigiets Handré van stryk kan bring nie. Sy skop trek sekuur tussen die pale deur en daar het ons 'n vierpuntvoorsprong!

Met net nege minute speeltyd oor, kry die Hane 'n strafskop. Ek dog hulle gaan kantlyn toe skop, maar tot my verligting mik Ramos vir die pale. In hierdie stadium van die geveg sal ek eerder met net een punt wil voorloop, maar diep in hul halfgebied as om met vier punte voor te loop, maar reg op ons doellyn.

Hulle het 'n laat aanval in ons helfte geloods, maar ons het die aanslag gestuit op ons tienmeterlyn. Toe raak die skare stil. Wat 'n lafenis vir die ore.

Met die horlosie in die rooi het Frankryk nog 'n paar fases aanmekaar probeer flans, maar Faf was 'n terriër. Hy het die bal uit die plaasvervangerstut Reda Wardi se hande gegryp, Cheslin het dit opgeraap, omgedraai en dit tussen die skare in geskop.

Wat 'n absolute hoogtepunt! 'n Wêreldbeker-kwarteindstryd teen Frankryk in Parys met feitlik die hele stadion teen ons. Almal wou ons sien verloor, en amper elke joernalis en rugbykenner het dit voorspel. Toe laat ons die onmoontlike gebeur. Min dinge kan lekkerder wees. Ek het elke oomblik van daardie wedstryd geniet.

Die voormalige All Black-losskakel Stephen Donald het tydens 'n onderhoud iets gesê waarvan ek sommer baie gehou het. Hy het gesê álles was teen ons: Die Franse was puik, hulle het gespeel voor hul tuisskare, 80 000 ondersteuners wou ons sien verloor, en verreweg die meeste mense het gereken ons staan geen kans nie. En toe voeg hy die volgende by: As daar nou een span is vir wie niks van hierdie goed saak maak nie, is dit die Bokke. Hy het ons 'n "special breed" genoem en vir Rassie 'n genie. Ons het hom op die veld reg bewys.

Ek het nie Dupont se kritiek teen die skeidsregter gesien nie, want ek was te besig om ons oorwinning te geniet. Ons het nie lank feesgevier nie en niks gedrink nie, want ons moes ses dae later ons halfeindstryd speel. Dit was 'n spanbesluit: Geen partytjie vir die volgende 13 dae nie. 'n Klein prys om te betaal vir die moontlikheid om die Wêreldbeker te wen en ons almal se lewens vir altyd te verander.

Toe Ierland in die kwarteindronde teen Nieu-Seeland speel, het ons almal natuurlik saam gekyk en vir ons ou vyande in die Suidelike Halfrond geskree. Sommige van ons het die grootste deel van die laaste dekade in die Rugbykampioenskap en Superrugby teen die All Blacks gespeel en van ons was goeie vriende met hulle.

En daar laat hulle die Iere op hul neus kyk en wen met 28–24.

Ná al daai snedige voorafpraatjies oor die Noordelike Halfrond wat kastig die Wêreldbeker sou oorheers, het net een Noordelike span die halfeindstryd gehaal: Engeland.

Vir sommiges was dit 'n verrassing, want Engeland het die voorafgaande jaar nie watwonders gespeel nie. Met Steve Borthwick as hoofafrigter, het Engeland 'n rekordgetal van 50 punte aan Frankryk afgestaan op Twickenham, en vir die eerste keer ooit teen Fidji verloor. Maar ons het ook geweet Engeland vaar gewoonlik goed in Wêreldbeker-toernooie waar daar meestal minder oop spel is.

TEN SLOTTE

Hulle het hul Wêreldbeker-openingswedstryd teen Argentinië maklik gewen, al het hulle vir 77 minute met net 14 man gespeel. Daarna het hulle ook klaargespeel met Japan en boaan hul groep geëindig.

Maar niemand het gedink hulle staan 'n kans teen ons nie. Die Suid-Afrikaanse media en ondersteuners was oortuig ons gaan Engeland lag-lag afransel. Sommige mense het kuikenmoord voorspel en gesê ons gaan hulle met 20 of 30 punte klop.

Maar ons het dit nie so gesien nie. Rugby werk eenvoudig nie so nie. 'n Beter plek op die ranglys was nog nooit 'n waarborg vir 'n wen nie. En Engeland het niks gehad om te verloor nie. Juis dít het hulle gevaarlik gemaak.

Ons wedstryd teen die Franse het ons totaal uitgeput – geestelik én fisiek – en ons moes hard werk om ons lywe en koppe reg te kry vir die Engelse.

Rassie het ons opgesweep: Hy het die heeltyd vir ons video's van onlangse wedstryde teen Engeland gewys en ons vertel van die gal wat die Engelse in die pers oor ons braak. 'n Paar van ons ouens het wel van die Engelse geken. Handré het byvoorbeeld by Leicester saam met Dan Cole, George Martin en Freddie Steward gespeel en Faf by Sale saam met Tom Curry en Manu Tuilagi.

Maar Rassie het geweet daar's altyd 'n snykant wanneer ons teen Engeland speel, en hy het dit graag geslyp.

Vier jaar tevore het ons die grootste prys in rugby voor die Engelse se neuse weggeraap, so ons het geweet hulle wou wraak neem. Ons het geweet hulle sou die wedstryd met mag en krag begin.

Dit gebeur toe ook presies so: Hulle het dadelik soos een man aangeval en hul energie in die eerste klompie minute was verstommend. Anders as in die wedstryd teen Frankryk, toe ons die momentum kon omkeer, was ons regdeur die eerste helfte 'n halwe sekonde stadiger as Engeland.

Hulle het hul huiswerk gedoen en geweet jou kans om in die uitklopwedstryde te wen is groter hoe meer jy skop. Toe skop hulle daai bal dood. Hulle het ons agterste driehoek met hoë skoppe gepeper, verwoed gestorm en ons foute laat maak.

Dit was 'n eenvoudige wedstrydplan en het nie vir aanskoulike rugby gesorg nie, maar hulle het groot vertroue daarin gehad. Terwyl sommige toeskouers sekerlik verveeld was, het die Engelse "Swing Low, Sweet Chariot" in die Stade de France gebulder.

Ná 'n halfuur was Engeland 9-3 voor. Toe vervang Handré vir Manie Libbok op losskakel. Dit was nie die eerste keer dat Rassie voor rustyd 'n vars speler opstuur nie. Ons kon dalk met Manie gewen het, maar ek dink nie enige Suid-Afrikaner was teleurgesteld toe Handré opdraf nie. Manie is 'n spesiale speler en hy kan ongelooflike goed met die bal doen, maar dit was bloot die regte wedstrydsituasie vir 'n speler soos Handré.

Ons was rustyd 12-6 agter omdat Engeland in amper elke faset van die wedstryd beter was as ons. Die eerste 90 sekondes in die kleedkamer is gewoonlik stil. Dis tyd om rustig te word ná die waansin van die vorige 40 minute. Maar dié keer was daar nie 'n stille selfvertroue onder ons nie. Dit was 'n benoude stilte. Niemand het mooi geweet wat so pas gebeur het of wat ons moet doen om dinge om te keer nie.

TEN SLOTTE

Rassie het ons weer leuenaars genoem. Hy het gesê dit lyk nie of ons daar wou wees nie. Toe staan Pieter-Steph op. En Pieter-Steph praat omtrent nooit nie – nie voor, tydens of ná 'n wedstryd nie. "Kom by, manne," het hy gepleit. "As jy bang is, sê so. Dan kan iemand anders jou plek vat."

Ná ses minute in die tweede helfte het RG Snyman my vervang. Siya en Duane is ook 'n paar minute later af.

Ons almal weet Rassie het 'n briljante rugbybrein, maar dis nooit lekker om so vroeg afgehaal te word nie, veral nie in die halfeindstryd van 'n Wêreldbeker nie. Maar ons het almal in die plan én in die ouens op die bank geglo.

Toe Owen Farrell se skepdoel die telling ná 53 minute 15–6 maak, was dit duidelik Engeland gaan nie wankel nie. Waar hulle gewoonlik elke aanslaan, strafskop of omkeer van balbesit sou toejuig net om ons te irriteer, was hulle dié keer stil. Hulle was hipergefokus. Al wat hulle wou doen, was wen.

Rassie het rustyd die plaasvervangervoorspelers eenkant gevat: "Julle noem julself die Bomb Squad. Wys ons hoekom."

Maar toe Kurt-Lee ná ongeveer 'n uur 'n bal laat val en vir Engeland 'n skrum sewe meter van ons doellyn af gee, het twyfel in aanvaarding omgesit. Ek kan vir julle 'n mooi storie vertel oor hoe ek die heeltyd geglo het ons gaan wen, maar waar ek van die kantlyn af gekyk het, het ek gedink: Dis verby. Ons volgende wedstryd gaan vir die bronsmedalje wees. Suid-Afrikaners het ook so gedink. Selfs my broer het agterna vertel hoe hy uitgestorm het want hy kon nie meer kyk hoe ons verloor nie.

"Swing Low, Sweet Chariot" het die stadion ekstaties gedreun terwyl die manne reggemaak het om te skrum. Toe dwing Ox 'n strafskop by Engeland se vaskop Kyle Sinckler af met die skrum en skielik voel dit of dinge draai.

Handré skop die bal ver veldlangs en gou het ons nóg 'n skrumstrafskop. Dis duidelik die ouens wat opgekom het, is beter as dié wat begin het. Nóg 'n skrumstrafskop en Handré skop hoekie toe. Ons lynstaan sukkel al die heel aand en Engeland se voorspelers klim verwoed by die rolmaal in om enige dryfbeweging te stuit. Maar ons verras hulle met 'n wegbreekbeweging, RG kry die bal skoon uit by die volgende losskrum en gaan druk 'n lieflike drie.

Toe Handré die doelskop oorsit, is hulle net twee punte voor. As ons die laaste 10 minute met drie punte kan wen, dan wen ons. En toe Engeland se heelagter Freddie Steward 'n hoë skop in sy eie halfgebied loods pleks van om ver veldaf te skop, kry ons ons kans: Dit voel soos 'n ewigheid om die skrum gevorm te kry, maar toe looi ons die Engelse. Toe die skeidsregter Ben O'Keeffe sy fluitjie blaas en sy arm lig, draai Frans Malherbe na my toe en sê: "Hel, hoe het ons dáárdie strafskop gekry?" Eers toe ons agterna na die wedstryd kyk, het ons besef Ellis Genge se knie het net ná die inslaan grond toe gegaan.

Die strafskop was 49 meter ver, maar daar was geen twyfel dat Handré pale toe sou skop nie. En ek het gewéét hy gaan hom oorkry. Handré oefen al dekades lank hiervoor, van kleins af. Dit was die presiese soort onmoontlike skop waarvoor Handré sy lewe lank wag. En juis omdat dit so onmoontlik was, het ek gewéét hy gaan dit nie mis nie. Omdat hy Handré is.

Ek kry nou nog hoendervel wanneer ek aan daai skop dink. Sy voet het die bal presies reg getref en hy's soos 'n pyl uit 'n boog tussen die pale deur. Handré sou later sê dit was dalk sy beste skop ooit. Met net twee minute speeltyd oor was ons vir die eerste keer in die wedstryd voor.

Al wat ons nou moes doen, was om Engeland buite skepskopafstand te hou sonder om 'n strafskop af te staan. Ons toewyding en dissipline in daardie laaste paar minute was onbeskryflik. Engeland het 'n klomp fases opgestapel, maar heeltyd veld verloor, en toe die horlosie in die rooi beweeg, was hulle vasgepen op die halflyn – verder agtertoe as waar hulle begin het. Toe 'n Engelse speler uiteindelik die bal aanslaan, het die skeidsregter sy fluitjie geblaas. In een van die grootste ommekere in die geskiedenis van die Wêreldbeker, het ons gewen.

Anders as met Frankryk, was die gevoel ná Engeland dat ons dié keer 'n bietjie meer geluk gehad het. Engeland was op die dag beter as ons. Maar ons wou nou vorentoe kyk. En ons was beslis nie van plan om in die eindstryd weer met een punt te wen nie. Ons kon dit nie weer aan ons ondersteuners doen nie.

Nieu-Seeland het die aand tevore vir Argentinië in hul halfeind oorrompel en sewe drieë teen nul gedruk. Sedert hulle in hul openingswedstryd teen Frankryk verloor het, het hulle 90 punte teen Italië en 70 punte teen Namibië en Uruguay opgestapel. Boonop het hulle die gunstelinge, Ierland, uitgeskakel. In die aanloop tot die eindstryd het ons rekord-oorwinning twee maande tevore op Twickenham totaal irrelevant gevoel.

Net soos voor die Engeland-wedstryd was ons ondersteuners, vriende en familie oortuig ons gaan die vloer met die All Blacks vee. Maar ek het geweet dié keer was hulle 'n perd van 'n heel ander kleur. Hulle het soveel trots in hul trui en neem enige nederlaag baie persoonlik op. Hulle sal dit haat om twee keer ná mekaar teen ons te verloor. En hierdie was nie sommer net nog 'n toets nie, dit was die Wêreldbeker-eindstryd.

Kort ná ons oorwinning oor Engeland, bars die "wit kant"-bom. Die Engelse flank Tom Curry het Bongi daarvan beskuldig dat hy hom in die halfeindstryd 'n "white c*nt" genoem het. Natuurlik word dit toe 'n groot mediaherrie. Volgens my was dit totaal belaglik. Dit was 'n Wêreldbeker-halfeindstryd en ons wou almal mekaar aan die strot gryp. Curry se klag was kinderagtig. Hierdie was die Wêreldbeker, nie skolesport nie.

Bongi en Curry het natuurlik aanlyn onder kwaai kritiek deurgeloop terwyl Wêreldrugby na die video- en oudio-opnames gaan kyk het. Bongi het heftig ontken dat hy dit gesê het, is uiteindelik vrygespreek en kon in die eindstryd speel. Dankie tog, want hy was die enigste spesialis-haker wat ons oorgehad het.

Ek was verras toe Rassie aankondig ons gaan met 'n 7/1-verdeling op die bank speel, ook toe ons met 'n 5/3-verdeling teen Frankryk en Engeland gespeel het. Die vooruitsig van 'n Wêreldbeker-eindstryd met net een agterspeler op die bank (Willie le Roux) is genoeg om die kalmste ou senuagtig te maak. Maar ons het ons afrigters se oordeel ten volle vertrou.

Ons het vir Pieter-Steph en Kwagga gehad om in die agterlyn te speel indien nodig. Willie kon enige posisie in die agterlyn speel, behalwe vir skrumskakel. Cheslin het die afrigters verseker hy's reg vir no. 9. Maar as ons ons spesialis-skrumskakel (Faf) én Cheslin vroeg sou verloor, sou Rassie vreeslik moes skommel.

TEN SLOTTE

Self hou ek van 'n bank vol voorspelers, maar ek kon verstaan dat van die agterspelers teleurgesteld was toe die span aangekondig is. Cobus Reinach het teen Frankryk en Engeland gespeel, maar hy was nie deel van die finale 23 nie. Faf is gekies om te begin. En Manie Libbok, wat elke wedstryd tot dusver gespeel het, was ook uit.

Daar was geen ruimte vir negatiwiteit nie. Ons het almal geweet waaroor dit gaan. Almal wil in elke wedstryd speel, maar op die ou end gaan dit oor die span en oor die oorwinning. Die ouens wat weggelaat is, is toegelaat om 'n halfuur of so bekaf te lyk, maar toe moes hulle hulle regruk vir die volgende oefensessie. En hulle sou natuurlik soos die res van ons ook 'n goue medalje ontvang sou ons wel weer die wêreldkampioene word.

Terwyl ons vir die eindstryd gewag het, het ons foto's en video's gesien van wat by die huis aangaan: Kroeë en restaurante tjok-en-blok vol fêns wat op grootskerms na ons wedstryde kyk, mense wat uitbundig fees vier in townships. Dit was ongelooflik lekker om dit te sien.

Ná die Frankryk-wedstryd was daar 'n video wat soos 'n veldbrand versprei het. Dit was net nadat ek my drie gedruk het en 'n swart seun het in sy sitkamer op en af gespring en uit volle bors geskree: "Elizebedi! Elizebedi!"

Dit was vir my wonderlik dat ons al ons mense so trots kon maak om Suid-Afrikaners te wees. In die swart gemeenskap staan ek nou alombekend as Elizebedi. Dis ook hoe baie mense my noem wanneer hulle my op straat sien.

As al dié dinge ons harte warm gemaak het, was Rassie gou om 'n emmer koue water oor ons uit te gooi. Hy het dit duidelik gemaak dat Suid-Afrika die enigste land in die wêreld was wat wou hê ons moes wen. Die ander wou sien hoe die All Blacks ons afslag.

Baie dinge het ons ongewild gemaak: Ons het die Noordelike Halfrond se hoop verydel om 'n span in die eindstryd te hê. Ons het die gasheer in die kwarteind uitgeknikker, ons wen teen Engeland was net-net, ons speel vervelige rugby volgens ons kritici en ons pak ons bank vol voorspelers.

Ek het my aan niks hiervan gesteur nie. Nadat ons in 2019 die Wêreldbeker gewen het, het ek vir Siya gesê: "Net dié wat minder as jy bereik het, is jaloers op dít wat jy regkry." Hy het dit onthou, en herinner my steeds daaraan.

En jy kan maar weet jy het iets reggekry wanneer soveel mense wil hê jy moet misluk. Ek glo daaraan om hard en eerlik te speel sonder om arrogant te wees. Respek is vir my veel belangriker as gewildheid.

En ek het geweet niemand sou ons sonder respek kon behandel met twee agtereenvolgende Wêreldbekers agter ons naam nie. Tog het Rassie en Jacques se woorde impak gemaak: Dit het vir ons gevoel dis die wêreld teen ons, en Suid-Afrika teen die wêreld.

Voordat ons na die wedstryd gery het, het Jacques die pap dik aangemaak by die hotel: "Behalwe vir Suid-Afrika, wil niemand anders julle hier hê nie."

Toe ons op die veld draf, kon ons sien hy is reg. Die skare was aan die All Blacks se kant.

Hulle het hul Kapa o Pango-haka gedoen. Aaron Smith het die spaan vasgehou, en is oorverdowend toegejuig. Gelukkig het die meeste van ons al baie haka's in ons leeftyd gesien. Ons geniet dit en het enorme respek daarvoor.

Die wedstryd het begin soos twee swaargewigboksers wat voel-voel aan mekaar in die eerste rondes. Toe word Bongi genekrol deur Shannon Frizell, die All Blacks se steelkantflank. Frizell is koelkas toe, en hy was gelukkig dat sy geelkaart nie 'n rooie geword het nie. Bongi was uit vir die res van die wedstryd. Dit was 'n helse slag: Nie net was hy 'n uiters belangrike wapen vir ons nie, maar ons sou nie ná 50 minute 'n vars haker op die veld kon stuur nie. En Bongi se plaasvervanger, Deon Fourie, het jare laas in daardie posisie gespeel.

Deon het 'n paar jaar tevore uit Frankryk teruggekeer om weer by die Stormers aan te sluit (hy was my kaptein toe WP die Curriebeker in 2012 gewen het). Nadat hy jare lank deur Suid-Afrika se keurders oor die hoof gesien is, het hy die oudste Springbok-debutant geword toe hy in 2022 op die ouderdom van 35 in Bloemfontein teen Wallis uitgedraf het. Daarna is hy as losvoorspeler vir die Wêreldbeker gekies.

Vir Deon om 78 minute van 'n Wêreldbeker-eindstryd teen die All Blacks te speel in 'n posisie wat hy die laaste ruk min gespeel het, was baie gevra. As ek in sý posisie was, sou ek lekker senuweeagtig gewees het. Toe Rassie gepraat het oor die Springbokke wat 'n spesiale spesie is, het hy van 'n ou soos Deon gepraat; hy is nie die grootste nie, maar hy is soos 'n staffie – hy hou net eenvoudig nooit op nie. Hy sal aanhou baklei, maak nie saak hoe wreedaardig die vyand of hoe wanhopig die situasie is nie. Nie een van ons was bekommerd toe hy by ons aansluit nie.

Terwyl Frizell in die koelkas was, het Handré vir ons ses punte bymekaargemaak. Ons was 9–3 voor toe die blaser Wayne Barnes die spel stop en met die TV-skeidsregter begin praat. Niemand het geweet wat aangaan nie. Die skare het nie soos gewoonlik geskree en gejou soos wanneer daar ooglopende vuilspel was nie. Die kykweer het gewys hoe Sam Cane, die All Blacks se kaptein, vir Jesse Kriel hooggevat en Jesse se kop met sy skouer getref het. Cane is koelkas toe en Handré het nog drie punte aangeteken. 'n Paar minute later het die nuus gekom: Cane se geelkaart het 'n rooie geword.

Bok-ondersteuners was dalk oortuig die wedstryd is klaar gewen, maar ek het gedink: Ek hoop nie die ouens dink dit gaan nou maklik wees nie. Ja, hulle moet met 14 man speel, en ons het nog 53 minute speeltyd oor, maar hierdie was nie sommer enige wedstryd nie. Dit was Nieu-Seeland teen hul aartsvyande in 'n Wêreldbeker-eindstryd. Ek het geweet hulle sou verbete terugbaklei en dis presies wat hulle gedoen het.

Mo'unga het kort voor rustyd ons voorsprong tot ses punte laat krimp, en toe het Rieko Ioane baie amper 'n drie gedruk. Gelukkig het Kurt-Lee hom met 'n fantastiese duikslag gekeer.

Kort ná Beauden Barrett die tweede helfte begin het, het Handré 'n hoë hangskop geloods wat deur Siya bemeester is; hy het vorentoe gedryf en is feitlik op die doellyn gestuit. Maar vyf minute later is Siya met 'n geelkaart koelkas toe vir 'n hoogvat op Ardie Savea.

Terwyl Siya af was, het Aaron Smith 'n drie gedruk maar dis toe weens 'n aanslaan by die voorafgaande lynstaan gekanselleer. Kort nadat Siya teruggekom het, het Jordie Barrett 'n lang

TEN SLOTTE

aangee weggekry na Mark Tele'a. Die vleuel het 'n paar verdedigers gesystap, die bal agtertoe na Beauden Barrett geslinger en hy het in die hoekie gaan druk. Dit was die eerste drie wat Suid-Afrika in 'n Wêreldbeker-eindstryd afgestaan het. Mo'unga het die doelskop gemis, maar nou was hulle net met een punt agter. Iemand het daardie week vir my gesê: "Moet asseblief nie weer met een punt wen nie. Ons harte en koppe gaan dit nie hou nie." Ek het nie gedink drie eenpuntoorwinnings ná mekaar is hoegenaamd moontlik nie, maar toe ek bank toe stap en die Munster-slot Jean Kleyn my vervang, het ek gedink: Dit voel verskriklik baie na déjà vu.

Daar was net sewe minute oor toe Cheslin 'n geelkaart kry vir 'n opsetlike aanslaan. Dit het beteken sy wedstryd was verby. Dit was sy 30ste verjaardag en my hart het gebreek om hom daar in die sin bin met sy kop in sy hande te sien sit.

As ons verloor, het ek gedink, gaan hy homself blameer – al sou dit glad nie sy skuld wees nie. My senuwees was klaar, maar daardie sewe minute moes vir Cheslin soos loutere hel gevoel het.

Toe kry Jordie Barrett 'n strafskop pale toe: Dit was die spannendste oomblik van my rugbyloopbaan. Die skop was goed 50 m en teen 'n moeilike hoek, maar beslis nie onmoontlik vir 'n skopper van Barrett se gehalte nie. Ek het gehoop en gebid hy mis. Deur die genade het die bal net links van die paal verbygeswiep.

Vir die res van die wedstryd het ons hulle meestal in hul eie halfgebied vasgepen. Toe, met een minuut oor, steel Kwagga die bal by 'n afbreekpunt, en ek kan weer asemhaal. Die All Blacks probeer nog een keer, maar Anton Lienert-Brown slaan aan.

Die Bomb Squad sak vir 'n laaste skrum. En net toe die All Blacks dink hulle kry 'n strafskop, is die 80 minute verby.

Hulle probeer wéér. Faf wil die bal uitskop, maar hulle keer hom. Gaan hulle die bal kry? Gaan alles in 'n nagmerrie ontaard? Almal speel verbete – ons én hulle. Almal speel vir lewe en dood. Dis desperaat, dis brutaal. En toe uiteindelik by die losskrum blaas die skeidsregter die eindfluitjie.

Ek is in 'n ander wêreld, op 'n ander planeet, 'n plek waar gewone emosies nie bestaan nie. Die euforie is allesoorweldigend, mens kan dit nie beskryf nie.

Dit was al in 2019 so. Maar om dit wéér te doen ... Hemels!

In 2019 het ons baie kritiek gekry, maar niemand kon sê dit was hierdie keer vir ons maklik nie. Ons uitklopwedstryde was teen vyf van die top-tien-spanne ter wêreld, insluitend nommer een, drie, vier en vyf. Ons het die gasheerland én die All Blacks geklop en die laaste drie naelbytwedstryde elkeen met net een punt gewen.

Soos altyd het die All Blacks hul nederlaag waardig en in goeie gees aanvaar. Hulle het ons hande geskud en ons gelukgewens, al kon dit nie maklik wees nie.

Ek was heeltemal oorstelp van blydskap. Vir myself, vir my span, vir my land. Ons het ons kant gebring, ons het gedoen wat Suid-Afrika van ons gevra het. En ek het geweet daar is nou dwarsoor die land iemand wat nog 'n vleisie op die kole gooi, nog 'n bier oop-tsjjj, die musiek harder draai, en partytjie hou tot die son opkom.

Anders as in 2019, was my ouers en broer nie weer in die

stadion toe ek my goue medalje ontvang nie. Maar hierdie keer stap Anlia op die veld, en ek weet sy dra ons ongebore babatjie. Dit was 'n ongelooflike gevoel om haar daar te hê, want in 2019 het ons mekaar nog nie geken nie. Ek het geweet Pa kyk van bo na ons en bars van trots – oor die Wêreldbeker en oor die nuwe Etzebetjie wat op pad was.

Iets wat die Springbokke 'n mededingende voordeel gee is dalk dat baie Bokke dit nie altyd breed gehad het nie. Van ons spelers het sonder skoene grootgeword, honger gaan slaap, gesien hoe ander jongmense van hul gemeenskap met verkeerde dinge deurmekaar raak en in die tronk beland. Dis dinge wat meeste spelers van die ander topspanne hulle nie eens kan indink nie. En dit het ons ongetwyfeld gehelp om in groot wedstryde dieper te delf, harder te baklei, en daai ontwykende wen te gryp.

Daardie aand het ek vir Handré gesê: "Onthou jy wat ek vir jou gesê het toe jy nie vir die span gekies is nie?" Hy het net gelag.

Terug by die hotel kon ons uiteindelik behoorlik partytjie hou. Nadat ons vir weke nie gekuier het of ons monde aan 'n drankie gesit het nie, kon ons daardie aand tot ounag feesvier.

Dit was lekker om te weet ons landgenote laat brand ook almal die vreugdesvure. Vir 'n dag of twee het ons land weer soos die reënboognasie gevoel – verenig in ons vreugde. Ek gaan eendag vir my kinders en kleinkinders die video's wys van hoe die Wêreldbeker ons as nasie bymekaar gebring het.

Terwyl ons in die vroeë oggendure nog gekuier het, het iemand my herinner aan 'n belofte wat ek voor die Wêreldbeker gemaak het. Ek het vir RG Snyman gesê as ons wen, kan hy my hare in 'n mohawk sny soos syne. Iemand het 'n haarknipper in die hande gekry en ek het voor RG gaan sit. Toe versnipper hy sommer nog twee of drie ouens se hare!

Ek het gedink Anlia gaan my mohawk haat, maar toe hou sy eintlik daarvan. En in die weke daarna het ma's en pa's vir my talle foto's gestuur van hul kleintjies met mohawks.

Ek het seker eers agtuur die oggend opgehou partytjie hou, 'n uur of wat geslaap, en toe dadelik weer begin. So ek was behoorlik babbelas toe ons in Suid-Afrika land. Net soos in 2019, het Suid-Afrikaners in hul massas opgeruk om ons te ontvang. Ons het regdeur die land met die trofee getoer, ook na van ons armste gemeenskappe. Oral is ons met uitbundige vreugde verwelkom.

Ek het op 'n kol tussen Felix Jones en Andy Edwards op die bus gaan staan en vir hulle gevra wat hulle van die jubelende skares om ons dink. Hulle kon nie glo wat hulle sien nie, en was eintlik heel emosioneel om deel van so iets te wees.

In Soweto het dit ons omtrent 'n uur geneem om 'n kilometer af te lê. Die strate was tjok-en-blok van mense wat hul helde wou sien. Daar was selfs mense wat die bus op krukke en in rolstoele gevolg het.

Seuntjies en meisies het sommer in trane uitgebars wanneer hulle met Siya, Bongi of Lukhanyo oogkontak maak. Toe ons deur Khayelitsha buite Kaapstad ry, het bondels kinders agter die bus aangehardloop en geskree, "Siya! Siya! Siya!" Toe hoor ek hulle skree ook: "Elizebedi! Elizebedi! Elizebedi!" Ek het na Siya toe gedraai en gesê: "Dít is transformasie."

13

STEEDS HONGER

Jy kan ook net soveel feesvier, selfs al het jy 'n tweede Wêreldbeker in 'n ry gewen. Vir 'n paar weke het ek myself toegelaat om op wolke te loop, en toe's dit terug aarde toe.

Ek het honger gebly vir nog sukses en het geweet die jonger spelers sal my verbysteek as ek nou laat slap lê.

Terwyl die Bokke in Frankryk was, het die Haaie 'n teleurstellende begin in die URC gehad: Eerste vyf wedstryde verloor, ook teen die Italianers se Zebre Parma wat 18 maande laas iets kon wen. Selfs toe ons Bokke terug was, het dinge nie veel beter geraak nie. Op die ou end het ons 14 van ons 18 wedstryde verloor en 14de op die punteleer van 16 geëindig.

Op papier het ons 'n goeie span en 'n paar puik spelers gehad, maar op die veld kon ons net nie dinge laat werk nie. Van ons wedstryde was beroerd en ons het al die kritiek teen ons verdien. Genadiglik kon ons iets uit die seisoen red met 'n aanloop na die eindstryd van die Uitdaagbeker. In ons halfeindstryd teen Clermont – 'n span propvol talentvolle aanvallende hardlopers en voorspelers – het ons 'n agterstand van 10 punte teen rustyd ingehaal en uiteindelik 32-31 gewen. Op papier was ons die tuisspan, maar die wedstryd was by Harlequins' Stoop in

Londen, wat baie nader aan Clermont is as Durban. Dis omdat die reëls bepaal dat geen halfeindstryd in Suid-Afrika gespeel mag word nie.

Die eindstryd was by die Tottenham Hotspur-stadion, 'n ongelooflike plek met 'n veld soos 'n tapyt. Ons het Gloucester gekou en die eerste Suid-Afrikaanse span geword om 'n Europese trofee te wen. Dit was my tweede trofee op provinsiale vlak ná 2012 se Curriebeker, so dit was baie spesiaal.

Mense sê die wenners van die Uitdaagbeker is die 17de beste span in Europa, want die 16 bestes het vir die Kampioenebekerreeks gekwalifiseer. Ek kan nie stry nie, maar ná 'n aaklige seisoen vir die Haaie was dit steeds 'n lekker hupstoot vir ons.

Die eindstryd was voor 35 000 ondersteuners en ons het gewen. Dit het ons toe outomaties vir die volgende seisoen se Kampioenebekerreeks gekwalifiseer. En vir die Europese spanne is dit die gesogste reeks.

Ek kon nie juis baie in die Haaie se 2024/25-seisoen speel nie. Eers weens harsingskudding en toe, net voordat ek weer aan die gang kon kom, 'n dyspierbesering.

Ongelukkig is ons in die groepfase van die Kampioenebeker uitgeskakel en kon ons niks vir die vertoonkas huis toe bring nie. Daarna het ons ook in die kwarteindronde van die Uitdaagbeker en die halfeindstryd van die URC verloor. Hoeveel jou lyf verniel word, wissel van wedstryd tot wedstryd. Soms speel ek die Saterdag 'n toets en word die Maandag wakker en dit voel of 'n trein oor my gery het. Dan voel ek omtrent eers Woensdag se kant weer mens, maar die lekker ding is om die komende Saterdag weer vir jou land uit te draf.

TEN SLOTTE

Hoekom ek so baie beseer was, verstaan ek nie altyd nie, maar dalk het dit gehelp om my loopbaan 'n bietjie te verleng. Dit gee jou ook kans om jou lyf weer sterk en reg te kry, amper soos 'n klein preseason.

Daar was die afgelope dekade 'n groot kopskuif in rugby.

Toe ek vir die eerste keer vir die Springbokke gespeel het, was professionele rugbyspelers in hul middel 30's bejaard, of so het die publiek altans geglo. Ek onthou hoe mense voor die 2015-Wêreldbeker gesê het Jean de Villiers raak nou oud op 34, al het hy week ná week sy kant gebring.

Deesdae speel ouens al hoe langer – tot in hul laat 30's of selfs 40's. Ma'a Nonu, wat al 42 is, het pas weer 'n kontrak met Toulon gesluit. Wallis se Alun Wyn Jones het onlangs op 37 uitgetree, Ierland se Johnny Sexton op 38, en Dan Cole van Engeland ook op 38. Toe Steven Kitshoff op 33 aankondig hy gaan weens 'n nekbesering uittree, het mense gesê hy's in die fleur van sy loopbaan.

Met die volgende Wêreldbeker in 2027 sal ek 36 word, en ek glo en vertrou my lyf sal dit hou. Ek wil soveel moontlik toetse aanhou speel en as ek teen daardie tyd goed genoeg is, sal ek hopelik gekies word. Heelwat Bokke van die 2023-Wêreldbekerspan was toe al in hul 30's en net Duane Vermeulen het daarna sy stewels opgehang. Ons sal moet sien hoeveel manne bly oor vir 2027, maar ons gaan almal probeer.

Goeie nuus vir Springbok-ondersteuners is dat dit lyk asof die Bokke van krag tot krag gaan. In 2024 het ons 11 van ons 13 toetse gewen en twee keer met net een punt verloor. Ons het Ierland vir die eerste keer in agt jaar geklop en ook die Rugbykampioenskap gewen. Om dit te doen het ons die All Blacks twee keer in 'n ry gewen, en algeheel vier keer in 'n ry – die eerste keer sedert 1949! Ons kon toe vir die eerste keer sedert 2013 as oorwinnaars van ons jaareindtoetsreeks terugkeer.

Rassie, terug in sy pos as hoofafrigter nadat Jacques Leinster toe is, het 50 spelers vir die seisoen gekies. Dit het duidelik gewerk, want dit gaan goed met Suid-Afrikaanse rugby. Net sewe jaar tevore het borge gedreig om te onttrek en rugbykenners het voorspel ons gaan 'n tweederangse span word.

Rassie het natuurlik al dié video's vir ons gewys toe hy die leisels in 2018 oorgeneem het.

Daardie doemprofete het nooit vir my sin gemaak nie. Soveel Suid-Afrikaners het destyds regoor die wêreld professionele rugby gespeel, rugbyprogramme by skole was meer professioneel as ooit met moderne geriewe en afrigting, en daar was strawwe kompetisie tussen die topskole. Maar belangriker as dit alles: Rugby was nie meer net in wit Suid-Afrikaners se bloed nie. Al hoe meer swart en bruin spelers het begin speel en bo uitgekom.

Rassie het nie net die span se ingesteldheid verander nie, maar ook hoe ons transformasie aanpak. Hy is sonder twyfel die briljantste rugbyafrigter in die wêreld. En hy's nog lank nie klaar met sy slim planne nie. Ek dink hy sal teen middel 2026 klaar 'n groot groep spelers oormerk vir die 2027-Wêreldbeker. Dalk nie net die heel beste spelers nie, maar ouens wat hul lewe vir die Bokke sal gee. Een van Rassie se groot talente is om die regte ouens in die regte posisies te laat speel.

TEN SLOTTE

Begin 2024 het die Bokke 'n Ierse verdedigingsafrigter, Jerry Flannery, gekry en 'n Nieu-Seelandse aanvalsafrigter, Tony Brown. Jerry was saam met Rassie en Jacques by Munster, en Tony het as losskakel 18 toetse vir die All Blacks gespeel. Hy het ook vir die Haaie en die Stormers uitgedraf en later het hy as afrigter van die Highlanders en Japan presteer. Hy verstaan Suid-Afrikaanse rugbykultuur, maar hy en Jerry bring ook nuwe idees.

Omdat Tony 'n All Black was, het hy aanvallende rugby verstaan. En Rassie wou hê hy moes die Bokke help om beter aan te val. Soos Rassie gesê het: "Ons beter aanpas, anders is dit verby met ons." Hy weet baie goed ons wenresep van 2023 se Wêreldbeker gaan nie weer in 2027 werk nie.

Felix Jones moes op sy beurt ons balhantering opskerp. Ons moes meer doen as net aanval. Verdediging en skopwerk is die twee goed wat jou wedstryde laat wen in internasionale rugby. Op die ou end maak niks anders eintlik saak nie. Die beste rugby is die soort wat jou laat wen – of dit nou onaanskoulike skopwerk of aanskoulike hardlooprugby is.

Onder Tony se leiding het sportontleders ons skielik een van die opwindendste spanne in wêreldrugby genoem, al het sommige steeds oor ons 7/1-bankverdeling gekla. Ons het 24 drieë gedruk om die 2024-Rugbykampioenskap te wen, plus nog 15 in ons drie jaareindtoetswedstryde. Én ons het dinge gedoen wat geen ander span doen nie.

Teen Australië in Brisbane het Cheslin die bal by 'n skrum ingegooi en by 'n ander geleentheid by 'n lynstaan. Ons het ook 'n nuwe lynstaanbeweging uitgedink wat vinnig op sosiale media versprei het: die flank Ben-Jason Dixon het die bal in die middel gevang, dit soos 'n basketbal vir my gegooi, ek het dit dan in die rolmaal beskikbaar gestel, en Siya het gaan druk.

Rugby is baie prosesgedrewe, met spanne wat oor en oor dieselfde dinge doen. Daarom geniet toeskouers dit so as ons iets nuuts probeer. En as 'n taktiek nie werk nie, probeer ons dit net later in die wedstryd weer. Nadat Felix van Engeland teruggekom, het die afrigtingsgroep selfs meer divers en kreatief geraak.

Die ander lande se spanne sal ook oor die volgende paar jaar begin verander. Frankryk het byvoorbeeld goed begin lyk in die 2025-Sesnasies, en Engeland het tekens getoon dat hulle in die regte rigting beweeg. Argentinië het in die 2024-Rugbykampioenskap nuwe hoogtes bereik. In Wellington het hulle 38 punte teen Nieu-Seeland opgestapel, in Santa Fe 67 teen Australië, en toe het hulle ons ook in Santiago del Estero geklop.

Sommige ontleders reken die All Blacks se skrikbewind is vir altyd verby, maar ek stem nie saam nie. In die 2024-Rugbykampioenskap op Ellispark was dit net daardie laaste drie wat ons laat deurskraap het, en in die Wêreldbeker-eindstryd het hulle baie amper die beker onder ons neuse weggeraap.

Natuurlik was dit lekker om hulle vier keer ná mekaar te wen, veral as 'n mens dink hoe baie toetswedstryde ons al teen hulle verloor het. Maar dit sal dwaas wees om te dink ons het nou 'n sielkundige houvas op hulle, en dit sal pleinweg stupid wees om daarmee te spog. Hulle kan steeds op enige gegewe dag enige span in die wêreld ore aansit en hulle sal altyd alles insit om teen die Bokke te wen. As jy die All Blacks vlak kyk, vee hulle die vloer met jou.

TEN SLOTTE

Hoe goed is vandag se Springbok-span? Wel, ek is nog deel van die span, so dis vir my 'n moeilike een om te antwoord. Maar ek dink ons is die eerste span wat naby kom aan die legendariese span wat die Wêreldbeker in 2007 gewen het, en in 2009 op hul beste was toe hulle die Drienasies gewen en die Britse Leeus geklop het. Dit was die era van Smit, Beast, Matfield, Burger, Du Preez, Habana, De Villiers en ander.

Vandag se Bok-span het twee of drie spelers van wêreldgehalte vir elke posisie, soms meer. Op losskakel het ons vir Handré, Manie Libbok en Sacha Feinberg-Mngomezulu, wat mense in 2024 laat regop sit het. En kyk net na ons skrumskakels: Faf, Cobus Reinach, Grant Williams, Jaden Hendrikse, Herschel Jantjies en Morné van den Berg. Hulle almal ding mee om 'n plek in die beginspan.

Mense vergelyk ons graag met die All Black-span van 2011 tot 2015. Dis altyd lekker om oor 'n bier daaroor te gesels, maar dis eintlik 'n bietjie sinloos. Elke All Black wat daardie twee Wêreldbekers help wen het, sal sê hulle sal ons vandag kan uitstof. En elkeen van ons wat óns twee Wêreldbekers help wen het, sal sê ons sal hulle kan troef. Niemand sal ooit weet nie. As ons argumentsonthalwe tien keer teen mekaar kon speel, reken ek hulle sou vyf wen en ons sou vyf wen. Eintlik vermy ek sulke praatjies, want ons moet nou nederig en gefokus bly en ons basse af werk as ons in 2027 suksesvol wil wees.

Anlia Etzebeth, Eben se vrou: *Soms is die lewe se tydsberekening net té perfek om toevallig te wees. My en Eben se eerste ontmoeting was so. Dit klink baie cheesy, maar dit was ongetwyfeld liefde met* *die eerste oogopslag. As ons nie albei op daardie presiese dag in Kaapstad was nie, weet ek nie of ons mekaar ooit sou ontmoet het nie. Eben het in daardie stadium in Frankryk gewoon en gewerk, 12 000 km ver van my af. As ons nou na daardie dag terugkyk, lyk dit asof die noodlot dit so bestem het dat ek en hy mekaar moes vind.*

Toe Eben my die eerste keer gekontak het, was ek in 'n stadium van my lewe waar ek op my musiekloopbaan wou fokus. Ek was vasbeslote om nie in 'n verhouding betrokke te raak nie. Gelukkig het God ander planne gehad! Dit is seker hoekom ek aanvanklik nie baie entoesiasties gereageer het nie. Maar ek was darem ook nie so kortaf soos wat Eben dit altyd laat klink nie!

Voordat ons oor die foon begin gesels het, het ek nie regtig geweet wat om te verwag nie. Ek het nie baie rugby gekyk nie, maar ek het geweet hy het 'n reputasie as 'n vurige ou. Toe ons begin gesels, het ek gou agtergekom hy's eintlik 'n sagte reus en 'n nederige mens.

Met ons ontmoeting het alles net reg gevoel en ons het dadelik gekliek. Ons het albei presies geweet wat ons uit 'n verhouding wou hê en ons was van die begin af baie eerlik met mekaar. Ek het selfs sy ma en pa ontmoet op ons eerste date! Dis seker ongewoon, maar dit het so normaal en bekend gevoel.

Daarna het ons ure lank oor die foon gesels. Voordat ek die eerste keer in Toulon by hom gaan kuier het, het hy vir my 'n liefdesbrief en blomme gestuur. Vandag is hy nog net so romanties. Ons het 'n vertoonkas in ons huis met aandenkings van ons verhouding, soos die spesiale seeskulp waarin sy pa ons ringe vir ons gebring het op ons troudag.

TEN SLOTTE

Eben is nie net romanties nie, hy's ook baie snaaks! Ek onthou hoe ek eenkeer by die huis aangekom het, en hy gemaak het asof hy 'n huisvrou was. Toe ek by die kombuis instap, was hy besig om vir my te kook, kompleet met rooi lipstiffie en een van my voorskote aan! Hy vra toe ook so ewe of hy vir my 'n bier kan skink. Dalk moet ek dit nie vertel nie. Sy teenstanders is veronderstel om bang te wees vir hom!

Ek het 'n paar keer vir Eben in Frankryk gaan kuier en ná vyf maande het ons verloof geraak. Ek het die aand voor my verjaardag in Frankryk aangekom en geen idee gehad van die wonderlike verrassing wat vir my wag nie. Eben het 'n restaurant-bespreking in Nice gemaak, maar hy wou met mag en mening om middernag terug wees in Toulon. Ek kon nie verstaan hoekom nie en hy wou ook nie sê nie.

Ons het toe so 'n wonderlike aand in Nice gehad dat ons eers lank ná middernag daar weggekom het. Ek het voorgestel dat ons ons horlosies twee ure terugdraai en maak asof dit nog nie middernag en my verjaardag was nie.

Toe ons in Toulon aankom, het ons horlosies gewys dis net voor middernag. Ek onthou hoe hy my by sy huis afgelaai het en net gesê het: "Sien jou later!" Daar ry hy weg en los my alleen met 'n skattejag. Toe ek by die huis instap, kry ek die een leidraad ná die ander en besef hier is iets groots aan die gebeur ...

Die laaste leidraad was 'n stel motorsleutels en 'n nota wat lui: Ontmoet my op die plek waar ek jou gevra het om my meisie te wees. Ek het dadelik geweet van watter strand hy praat: Plage de l'Almanarre. Toe ek daar aankom, het ek een van ons gunstelingliedjies gehoor wat van die strand af opklink ("Wish for the World" deur die country-sanger Ryan Hurd. Dit gaan so: "I wish everyone could find someone to love like I love you.") Dit was 'n pragtige lente-aand, windstil, volmaan en 'n Melkweg vol sterre. Toe ek nader stap, wag hy daar omring deur kerse.

Ek het gesien hy het 'n boksie in sy hand en toe ek by hom kom, het hy voor my gekniel. Net daar het ek in trane uitgebars toe hy my vra om sy vrou te wees.

Ek het natuurlik ja gesê! Daarna het ons 'n bietjie sjampanje gedrink en vir 'n spesiale uur of wat die sprokies-oomblik geniet.

Teen die tyd dat ons ons horlosies teruggedraai het, het ons besef dat Eben oor twee ure op die oefenveld moes wees!

Dit was regtig 'n seëning om alleen in Frankryk te kon wees aan die begin van ons verhouding. Ons was in ons eie klein wêreld en ons kon mekaar regtig leer ken. Ek was nie verbaas toe Eben besluit het om terug te keer na Suid-Afrika nie. Eben se pa was terminaal siek en ons albei sou nader aan ons families wees. Dit het ook beteken dat ek kon voortgaan met my loopbaan.

Aan die begin van ons verhouding, toe ons in Toulon was, was Eben se rugbyskedule nie erg nie. Terug in Suid-Afrika, toe Eben by die Bokke aansluit, het ek in die maalkolk van professionele rugby beland.

Ons het mekaar vir lang tye nie gesien nie, maar ek het geweet hy is besig om sy droom uit te leef. Iets van Eben wat ek bewonder, is dat hy altyd daarna streef om beter te word. Sy toewyding is ongekend, in sy professionele én persoonlike lewe.

Alhoewel Eben reeds 'n wêreldklas-rugbyspeler was, het hy nie soveel aandag in Toulon getrek nie. In Suid-Afrika was dit 'n heel ander storie. Wanneer ons gaan uiteet het, het mense altyd vir

TEN SLOTTE

handtekeninge en foto's kom vra. Ek was só trots op hom.

'n Hoogtepunt in ons lewens was toe ek die volkslied met Eben se 100ste wedstryd vir die Springbokke gesing het. Ek het gedoen waarvoor ek lief was en ek het nie net vír die 55 000 toeskouers gesing nie, maar sáám met hulle gesing. Dit was baie spesiaal omdat my verloofde net 'n entjie van my op die veld gestaan het, op die punt om hierdie wonderlike mylpaal te behaal. Dié kosbare oomblik sal ons kinders ook eendag op YouTube kan sien.

Op 4 Februarie 2023 is ek en Eben in die wynlande buite Franschhoek getroud. Dit was 'n absolute sprokie! Ek onthou hoe ons twee 'n entjie weg van die trou-venue af gestap het om vir 'n rukkie op die gras onder die sterre te sit met 'n glasie vonkelwyn. Ons het teruggekyk na al die mense vir wie ons lief is, en ons seëninge getel. Ek het ook vir Eben 'n liedjie geskryf wat ek dié aand van ons troue gesing het. 'n Paar maande later was ek swanger met ons eersteling.

Al is ek en Liv baie keer op ons eie by die huis, maak dit nie saak nie, omdat ons weet ons is die belangrikste in sy lewe.

Eben bring nooit sy werk saam huis toe nie, behalwe die keer toe Rassie vir hom gesê het hy sal nie in die Wêreldbeker-kwarteindstryd teen Frankryk speel nie. Omdat Eben die Springbokke liefhet met sy hele hart en siel, wil hy elke liewe wedstryd speel. Die kwarteindstryd was beslis nie een wat hy wou mis nie.

Vir die grootste deel van die 2023-Wêreldbeker was ek saam met hom in Frankryk. Daar het ek besef onder hoeveel druk Eben en die manne was. Hy was só gefokus op die taak dat hy op 'n gans ander vlak funksioneer. Daardie uitklopwedstryde was baie erg vir ons almal. Die feit dat ek hoogswanger was het dit nie makliker gemaak nie. Gelukkig was my ma, Karien, en broer, Gerrit, by my. Saam het ons baie keer op die pawiljoen gesit en bid. Ek het geweet hoe Eben dit haat om te verloor – met 'n passie! – en hoe belangrik dit vir hom was om die Wêreldbeker te wen. Ek het sy geestelike krag en vasberadenheid net meer en meer bewonder.

Ons praat soms oor die lewe ná rugby en hoe lekker dit sal wees om hom meer by my en die kinders te hê en wie weet hoeveel ons teen daardie tyd sal hê ...

Suid-Afrika sal Eben altyd onthou vir sy prestasies op die rugbyveld, maar vir my is hy die wonderlikste man en vir ons kinders die wonderlikste pappa.

Ek moet myself baie keer herinner dat ek getroud is met 'n Springbok wat twee (hopelik drie!) Wêreldbeker-titels verower het.

Of Eben bekend sal staan as een van die grootste Springbok-rugbyspelers van alle tye sal nie vir enigeen van ons saak maak nie. Dis nie sy titel wat hom definieer nie, maar sy hart. Al wat ek sal sien en nog altyd gesien het, is 'n man met 'n hart van goud en die beste man en pa waarvoor ek en die kinders kon vra. Hy is ons held en ek is so geseënd om hom my man te kan noem.

Soms voel dit steeds onwerklik dat ek 'n Springbok is. Toe ek agt jaar oud was, het ek eenkeer in die middel van die nag opgestaan om saam met my pa en broer te kyk hoe die Bokke teen die All Blacks speel. Ons het 28–0 verloor, en ek was baie ontsteld, maar steeds wou ek graag eendag die Groen-en-goud dra. Toe ek vir Hoërskool Tygerberg se onder 16B's gespeel het,

TEN SLOTTE

het dit nie na 'n realistiese droom gelyk nie. En nou voel dit so vreemd om te dink dit was net 17 jaar gelede.

Ek sou amper enigiets gegee het om net een keer vir die Springbokke te speel, so om een van my helde, Victor Matfield, se rekord van 127 toetse vir die Bokke te ewenaar en selfs te verbeter was onbeskryflik. Ek onthou nog hoe Victor my aangemoedig het toe ek pas begin het om professionele rugby te speel. Ek onthou sy vriendelikheid toe ek en hy saam vir die Bokke uitgedraf het.

My 127ste toets sou in September 2024 wees, teen Argentinië in Santiago del Estero. Rassie het van die ouens vir daardie wedstryd laat rus, maar hy het my vir die bank gekies, want hy het geweet ons volgende toets – my 128ste een – sou in Mbombela, Suid-Afrika wees. En dit het beteken my vriende en familie sou daar kon wees wanneer ek Victor se rekord verbeter.

Daardie week het ek my broer gebel en ons het saam teruggedink aan hoe ons as kinders vir die Bokke geskree het. Vir ons was hulle die beste span in die wêreld. Nie net in rugby nie, maar in alle sport. Hoe goed of sleg hulle ook al was, ons was vir elke toets vasgenael voor die TV. En wanneer ons buite bal geskop het, het ons ons verbeel ons is Springbokke.

Dinge het nie vir Ryen uitgewerk as rugbyspeler nie, maar hy het my grootste ondersteuner geword. Elke keer as ek vir die Bokke uitdraf, voel dit vir hom of hy in my stewels staan. En nou was ek op pad om die Bok te word met die meeste toetswedstryde agter my naam.

Ryen was nooit jaloers op my rugbyprestasies nie. Hoe meer ek presteer het, hoe meer het hy my ondersteun. En maak nie saak wat ek in rugby bereik het nie, hy sal altyd my ouboet en my held bly.

So baie het verander sedert ek 12 jaar tevore my debuut vir die Bokke gemaak het. Ek was toe nog 'n laaitie, skaars uit die skool, en desperaat om my ouers trots te maak. En hoe trots was hulle nie! Ek wens so my pa kon daar wees om te sien hoe ek die rekord slaan. Hy sou van oor tot oor geglimlag het.

Gelukkig kon Anlia en ons dogtertjie daar wees. Agt maande voor daardie wedstryd, op 16 Januarie 2024, het ons haar in die wêreld verwelkom. Ons het haar Elizebedi genoem en daarna die naam verkort na Liv.

Die plan was om saam met Anlia en Liv uit te stap, maar toe ek hoor hoe hard die skare raas, het ek gewonder of dit 'n goeie idee is. Die arme kleintjie se ore! Normaalweg bêre ek my foon 'n paar uur voor die afskop, maar daardie dag het ek vir Anlia 'n boodskap uit die kleedkamer gestuur: Eers wou ek sê ons moet ons plan laat vaar, dit gaan te raserig vir klein Liv wees. Maar toe bedink ek my, en vra haar net om iets op Liv se oortjies te sit om hulle te beskerm.

En vandag is ek só bly ek het dit gedoen, want die foto's van ons drie wat saam uitstap met 'n groot EBEN 128 wat in die agtergrond brand, is kosbaar verby.

Ons het steeds 'n wedstryd gehad om te wen, en gelukkig het ons dit reggekry. Daarmee saam het ons toe ook die Rugbykampioenskap gewen. Pa was nie in die skare nie, maar Ma was daar. Ek het soveel liefde en respek vir haar, en kan oor enigiets met haar praat. Deesdae voel sy eintlik meer soos 'n vriendin vir my as 'n ma. Ek kan my nie indink hoe sy moet voel wanneer sy my vir die Bokke sien speel nie, maar ek het 'n smakie daarvan gekry toe Liv die eerste keer geloop het. Ek en Anlia het soos mal goed op en af gespring en te kere gegaan.

As rugbyspeler sal ek eendag onthou wil word as 'n ou wat sy alles gegee het, nooit teruggedeins het nie, en altyd sy bes gedoen het vir sy span. Maar eintlik wil ek as man en pa onthou word. My gesin was nog altyd die belangrikste ding in my lewe, en my geloof in God.

Liv se geboorte was beter as om die Wêreldbeker te wen. Anders as met 'n rugbywedstryd, is dit iets waarvoor jy op geen manier kan voorberei nie. My liefde vir daardie klein lyfie is net onbeskryflik. Maar dit het my nie sag gemaak op die rugbyveld nie. Inteendeel, dit maak dat ek vir so lank ek kan die beste Springbok te wees wat ek moontlik kán wees.

Dis nie maklik om 'n professionele rugbyspeler te wees nie. Om so baie te reis, om vir die helfte van die jaar in vreemde beddens te slaap, om aan die eise van die kommersiële kant te voldoen, om gehalte-tyd saam met jou gesin prys te gee. Soms vra ek myself: Sien ek nog kans? Maar die antwoord is altyd 'n rasende ja. Ja, ja, en nogmaals ja!

Om vir die Springbokke te speel is 'n enorme voorreg en ek wil dit doen solank ek kan. Met elke seisoen is daar iets nuuts wat my motiveer. Soms is dit om nie een wedstryd in 'n Europese toer te verloor nie. (Ons het dit in 2024 vir die eerste keer in 11 jaar reggekry.) Soms is dit om die Rugbykampioenskap te wen sonder om 'n enkele wedstryd te verloor. (Ons kon dit nog nooit regkry nie).

So is daar altyd iets wat my aanhou dryf en aanvuur. Ek sal

weet wanneer ek nie meer goed genoeg is nie, en dan sal ek ophou. Maar intussen wil ek aanhou werk – vir my span en vir my gesin. Dalk sal Liv my nog in 'n Wêreldbeker-eindstryd sien speel. Dalk sien sy nog hoe ons die Wêreldbeker vir 'n derde keer in 'n ry wen. Dit sal ongelooflik wees.

En wanneer ek eendag uittree, gaan ek nie met 'n kniekombersie op die stoep sit nie. Ja, ek sal die wedstryddae mis, die kameraderie, selfs die reis. Maar ek sal nie wens ek kan dit alles oorhê nie. Ek sal net dankbaar voel vir alles wat rugby vir my gegee het.

Dalk sal ek nostalgies raak wanneer ek na my ou Springboktruie kyk of 'n bord spaghetti bolognese verslind soos voor elke wedstryd. Dalk sal ek almal met my stories oor die gloriedae verveel. Maar ek sal nooit hunker na nog nie, want rugby het my reeds soveel vreugde gegee.

Ek hoop wel Suid-Afrika is op 'n beter plek teen die tyd dat ek my stewels ophang. Ná al my reise dink ek steeds dis die beste land in die wêreld.

En wanneer ek eendag nie meer vir die Springbokke uitdraf nie, wil ek my gesinslewe ten volle geniet. Ek kan ons net sien: By die huis saam met vriende en familie op 'n groot wedstryddag. Die vroue wat wyn drink en slaai maak, die manne wat bier-in-die-hand staan en braai. Anlia en die kinders, almal in hul Groen-en-goud. Dan die afskop, die senuwees, die naelbyt, en ons almal wat ons harte vir die Bokke uit skree.

ERKENNINGS

Dis nie maklik om vir almal dankie te sê wat al tot my lewe bygedra het nie. Ek gaan my bes probeer, maar omdat ek bang is ek laat iemand uit, hou ek dit algemeen.

Vandat ek die eerste keer 'n bal opgetel het, het rugby as 'n sport vir my ongelooflik baie gegee. Van skoolkind tot Springbok kon ek my rugbydrome waar maak danksy al die leiding wat ek by soveel puik afrigters gekry het. Dankie aan elkeen van julle, maar veral aan Hennie Bekker en meneer Gavin Beresford wat iets in my raakgesien het terwyl ek nog baie jonk was. Dankie aan Allister Coetzee wat kort nadat ek skool klaargemaak het my debuut by die Stormers moontlik gemaak het; aan Heyneke Meyer, die eerste afrigter wat my vir die Bokke gekies het; en Rassie Erasmus en Jacques Nienaber wat die Bokke van onderpresteerders in wêreldkampioene verander het. Julle is briljant!

Ek moet ook almal bedank saam met wie ek gespeel het – my skool, provinsie, klubs en my land. Ek het soveel goeie vriende in rugby gemaak – by Hoërskool Tygerberg, Ikeys, die Stormers, NTT Docomo, Toulon, die Haaie, en die Bokke.

Dankie aan die ouens wat vir my 'n spesiale geskenk vir my 128ste wedstryd gegee het: Siya Kolisi, Handré Pollard, Damian

ERKENNINGS

de Allende, Jesse Kriel, Willie le Roux, RG Snyman, Lood de Jager, Frans Malherbe, Cheslin Kolbe, Faf de Klerk, Vincent Koch, Bongi Mbonambi, Franco Mostert, Steven Kitshoff, Malcolm Marx en Pieter-Steph du Toit. Ek sal dit nooit vergeet nie en dit het meer vir my beteken as wat julle ooit sal besef.

Dan is daar ook al die mediese personeel wat oor die jare telkemale my stukkende lyf aanmekaar gestik het. Sonder julle sou my rugbyloopbaan seker al jare gelede tot 'n einde gekom het. Dankie ook aan die honderde ondersteuningspersoneel, van mediabeamptes tot die mense wat die truie was. Sonder julle is daar nie 'n wedstryd nie.

Aan al my huidige en vorige borge: Dankie dat julle my ondersteun het en my toegelaat het om van die beste handelsmerke ter wêreld te verteenwoordig.

En dan, aan al die rugby-ondersteuners: Sonder julle sou professionele rugby nie bestaan het nie. Suid-Afrikaanse fêns is van die passievolste mense in die sportwêreld. Aan almal wat hul swaarverdiende geld spandeer het om te gaan kyk hoe ons speel of vanuit hul sitkamers vir ons geskree het: Ek waardeer jul ondersteuning ongelooflik baie.

Ek het nie besef hoe moeilik dit sou wees om 'n boek te skryf nie. Baie dankie aan my literêre agent, David Luxton, en aan Ben Dirs wat my woorde op papier vasgevang het. Baie dankie ook aan my redakteur, Susannah Otter, en almal by Hodder & Stoughton in Engeland. Dankie aan Jeremy Boraine, Nicole Duncan en almal by Jonathan Ball in Suid-Afrika. Asook Marida Fitzpatrick, Jean-Marie Korff en Stephen Nell wat uit hul pad gegaan het om te help met die Afrikaanse uitgawe. 'n Groot

TEN SLOTTE

dankie ook aan my rugby-agente Christian Abt, Hilton Houghton, Kendra Houghton en Paul van den Berg, wat veel meer as net sakevennote geword het.

Dis vir my onmoontlik om te beskryf hoe lief ek vir my ma en pa is. Ek gebruik die teenwoordige tyd omdat ek weet dat Pa steeds by ons is. My broer, Ryen, wat my steunpilaar is. Ek weet regtig nie of twee broers nader aan mekaar kan wees as wat ons is nie. En dan moet ek my vrou se familie bedank wat my soos hul eie seun in hul harte verwelkom het.

Dankie aan my hemelse Vader wat my geseën het met die talent om rugby te speel en my beskerm elke keer wanneer ek op die veld uitdraf. Sonder Hom sou niks hiervan moontlik gewees het nie.

Laastens, aan Anlia, ons dogter Liv en ons ongebore kind wat nog op pad is: Julle is die rede hoekom ek leef. My liefde vir julle is onbeskryflik en ek kan nie wag om die res van my lewe saam met julle deur te bring nie.

FOTO-ERKENNINGS

Skrywer se versameling: bladsy 1 (bo, regs), bladsy 1 (middel, links), bladsy 1 (middel, regs), bladsy 2 (middel, bo regs), bladsy 5 (bo, links en regs), bladsy 7 (onder, links en regs)

Bladsy 1 (onder, links): © Gallo Images
Bladsy 2 (bo, links): © The Asahi Shimbun via Getty Images
Bladsy 2 (middel, onder regs): © Steve Haag/Gallo Images via Getty Images
Bladsy 2 (onder, links): © Gallo Images
Bladsy 3 (bo): © FRANCK FIFE/AFP via Getty Images
Bladsy 3 (middel): © Chris Hyde/Getty Images
Bladsy 3 (onder, links): © Gallo Images
Bladsy 4 (bo, regs): © Steve Haag/PA Images/Alamy.com
Bladsy 4 (middel, links): © Gallo Images
Bladsy 4 (onder): © Ashley Vlotman/Gallo Images/Getty Images
Bladsy 5 (onder): © David Ramos – World Rugby/World Rugby via Getty Images
Bladsy 6 (bo, links en regs): © Natasha Bouma
Bladsy 6 (middel en onder): © Hanri Human
Bladsy 7 (bo, links): © Gallo Images

FOTO-ERKENNINGS

Bladsy 7 (middel): © Adam Pretty – World Rugby/World Rugby via Getty Images

Bladsy 8 (bo): © Dan Mullan/Getty Images

Bladsy 8 (middel): © Gallo Images

Bladsy 8 (onder): © Natasha Bouma

www.ingramcontent.com/pod-product-compliance
Lightning Source LLC
Chambersburg PA
CBHW072322170426

43195CB00048B/2230